贵州出版集团有限公司出版专项资金资助

乡村振兴与农村产业发展丛书

牛羊产业发展实用指南

陈 祥◎主编

贵州出版集团
贵州人民出版社

图书在版编目（CIP）数据

牛羊产业发展实用指南 / 陈祥主编. -- 贵阳 ： 贵州人民出版社， 2021.12
（乡村振兴与农村产业发展丛书）
ISBN 978-7-221-16850-4

Ⅰ. ①牛… Ⅱ. ①陈… Ⅲ. ①养牛学—产业发展—贵州—指南②羊—产业发展—贵州—指南 Ⅳ. ①F326.33-62

中国版本图书馆CIP数据核字(2021)第233406号

牛羊产业发展实用指南
NIUYANG CHANYE FAZHAN SHIYONG ZHINAN
陈　祥　主编
田兴舟　倪萌萌　副主编

出版人	王　旭
责任编辑	杨雅云
封面设计	谢安东
出版发行	贵州出版集团　贵州人民出版社
社　址	贵州省贵阳市观山湖区会展东路SOHO办公区A座
邮　编	550081
印　刷	贵州新华印务有限责任公司
规　格	890mm×1240mm　1/32
字　数	214千字
印　张	9.875
版　次	2021年12月第1版
印　次	2021年12月第1次印刷
书　号	ISBN 978-7-221-16850-4
定　价	39.00元

《乡村振兴与农村产业发展丛书》编委会

《牛羊产业发展实用指南》编委会

主　　编：陈　祥

副 主 编：田兴舟　倪萌萌

编　　委：（按姓氏笔画为序）

王春梅　王惟惟　付天岭　卢　琦

朱二鹏　李世军　阮　涌　许厚强

苏　伟　陈胜昌　赵佳福　郭　伟

骆金红　程振涛　董　瑞

前言

党的十八大以来，以习近平同志为核心的党中央把脱贫攻坚摆在治国理政的突出位置，组织实施了人类历史上规模最大、力度最强、惠及人口最多的脱贫攻坚战，完成了消除绝对贫困的艰巨任务，创造了彪炳史册的人间奇迹。贵州作为全国脱贫攻坚主战场之一，得到了习近平总书记的亲切关心和特殊关怀。贵州各族干部群众在贵州省委、省政府的团结带领下，牢记嘱托、感恩奋进，向绝对贫困发起总攻，66个贫困县全部摘帽，923万贫困人口全部脱贫，减贫人数、易地扶贫搬迁人数均为全国之最，在国家脱贫攻坚成效考核中连续5年为“好”，在贵州大地上书写了中国减贫奇迹的精彩篇章。经过这场感天动地的脱贫攻坚大战，贵州经济社会发展实现历史性跨越，山乡面貌发生历史性巨变，农村产业取得历史性突破，群众精神风貌实现历史性转变，基层基础得到历史性巩固，实现了贵州大地的“千年之变”。

贵州是中国唯一没有平原支撑的省份，93%的土地由丘陵和山地构成，难以开展规模化农业生产，因地制宜发展特色农业成为必然。“十三五”期间，贵州省委、省政府围绕农业供给侧结构性改革，聚力发展现代山地特色高效农业，创新性地成立了农村产业发展工作专班和专家团队，主抓茶叶、蔬菜、辣椒、食用菌、水果、中药材、生猪、牛羊、生态家禽、生态渔业、刺梨、特色林业等 12 个农业特色优势产业。贵州现代山地特色高效农业发展取得明显进展，12 个农业特色优势产业持续壮大，其中，茶叶、辣椒、李子、刺梨、蓝莓种植（栽培）规模位列全国第一，猕猴桃、薏仁、太子参等产业规模进入全国前三；蔬菜、食用菌、火龙果等产业规模进入全国第一梯队；农民增收渠道持续拓宽，农产品精深加工快速推进，农村创新创业热火朝天。贵州大学积极响应省委、省政府号召，发挥自身专业特长，成立 12 个农业特色优势产业专班，为贵州 12 大特色优势产业提供强有力的科技支撑，为贵州取得脱贫攻坚全面胜利做出了突出贡献。

脱贫摘帽不是终点，而是新生活、新奋斗的起点。实现巩固拓展脱贫攻坚成果同乡村振兴有效衔接、推进乡村全面振兴是“十四五”期间农村工作特别是脱贫地区农村工作的重点任务。2021 年 2 月，习近平总书记视察贵州时提出，贵州要在新时代西部大开发上闯新路，在乡村振兴上开新局，在实施数字经济战略上抢新机，在生态文明建设上出新绩。这是习近平总书记为贵州下一步发展所作的战略部署。

乡村振兴是包括产业振兴、人才振兴、文化振兴、生态振兴、组织振兴在内的全面振兴，其中产业振兴是乡村振兴的基础和关键。“十四五”时期，贵州省委、省政府坚持以高质量发展统揽全局，巩固拓展脱贫攻坚成果，全面推进乡村振兴。实施乡村振兴战略的总目标是农业农村现代化。农业现代化的关键是农业科技现代化。

我国正由农业大国向农业强国迈进，必须牢牢掌握农业科技发展的主动权，大力发展农业科技，赋能农业现代化和高质量发展。乡村产业振兴使贵州农业发展方式实现根本性转变，开启了贵州农业农村现代化的新征程。

高质量推进乡村产业振兴，重在因地制宜、突出特色、精准规划。为响应党中央和贵州省委、省政府的号召和部署，加快推进贵州农业现代化和进一步做大做强农业特色优势产业，我们编写了《乡村振兴与农村产业发展丛书》，通过对农村产业进行精准定位，具体分析各产业发展的人口、人文、气候、地理、自然资源、传统优势、政策扶持、市场等因素，发掘产业发展的独特优势，构建现代产业结构和体系，积极为贵州农业高质量发展贡献力量，为建设现代山地特色高效农业强省提供行动指南。

该套丛书具有很强的科学性、系统性、知识性和可读性，并突出其实用性和指导性。既有理论论述，又有实践经验，既有政策分析，又有路径方法，可学可用，对广大农业科技工作者，全省各级干部、大专院校师生等具有重要参考价值。

编者

2021 年 12 月

CONTENTS 目录

第一章 贵州牛羊产业现状

贵州省委、省政府高度重视牛羊产业健康发展。2019 年，贵州省委、省政府出台了《省委省政府领导领衔推进农村产业工作制度》《贵州省农村产业革命牛产业发展推进方案（2019—2021 年）》等文件，明确生态畜牧业作为全省深入推进农村产业革命的十二大产业之一，由 1 名省领导领衔主抓，省、市、县三级分别成立工作专班，明确专业队伍负责产业发展。贵州省农村产业革命牛羊产业发展领导小组相继出台了《2020 年贵州省牛羊产业发展工作计划》《贵州省 2021 年肉牛产业发展工作》，相关重点牛羊产业市（州）、县分别出台了牛羊产业发展规划。2019 年，贵州省财政厅、贵州省地方金融监督管理局出台了《关于做好保险支持贵州省农村产业革命工作的通知（黔财金〔2019〕23 号）》等系列保障牛羊产业发展的政策，贵州省生态畜牧产业发展领导小组印发了《贵州肉牛产业“六个重点”实施方案》和《贵州肉羊产业“五个环节”实施方案》等文件，为贵州牛羊产业发展提供政策保障。

第一节 贵州牛产业发展现状

一、产业发展情况

随着居民收入不断提高、膳食消费结构升级、肉类消费结构优化，牛肉消费需求呈明显增长态势。2020 年，全国牛肉进口 211.83 万吨，同比去年增加 27.7%，约占全国产量（672 万吨）的三分之一，价格一直保持高位运行，市场空间巨大，发展前景广阔。牛产业对贵州省而言，既是传统产业，也是朝阳产业，特别是肉牛产业比重大、链条长、带动强，不仅是支撑乡村振兴的优势产业，而且是带动农民增收的主导产业。

（一）生产情况

2020 年末，贵州省牛存栏 517.71 万头（全国第 7 位），出栏 176.14 万头（全国第 12 位），同比去年分别增长 5.0%、4.5%。牛肉产量 23.1 万吨，同比去年增长 7.4%。牛出栏、牛肉产量增幅比全国平均增幅分别高 3.8%、6.6%（表 1–1、表 1–2）。

表 1–1 贵州省牛生产及排位情况表

年份	牛				
	存栏（万头）	全国排位	出栏（万头）	全国排位	存栏（万头）
2020	517.71	7	176.14	–	382.38
2019	492.96	6	168.56	–	380.25
2018	465.32	6	157.53	12	401.53

来源：国家统计局

表 1–2 贵州省牛出栏、肉产增幅情况

年度	牛出栏增幅（%）		牛肉产量增幅（%）	
	贵州省	全国	贵州省	全国
近三年平均增幅	5.28	1.71	6.63	1.96
2020	4.50	0.70	7.39	0.77
2019	7.00	3.10	8.09	3.61
2018	4.33	1.32	4.41	1.49

来源：国家统计局

（二）产值情况

2020 年，贵州省牛产业一产产值 193.1 亿元，同比去年增长 7.5%，占全省畜牧业产值（1019.01 亿元）的 18.95%，占全省农林牧渔业总产值（4358.62 亿元）的 4.43%。牛产业全产业链综合产值达 550 亿元，同比去年增长 5.2%（表 1–3）。

表 1–3 2020 年贵州省牛产业产值情况表

指标	一产产值			综合产值（亿元）
	总量（亿元）	增长（%）	占比（%）	
农林牧渔业	4358.62	6.5	100	–
畜牧业	1019.01	2.8	23.38	–
牛羊产业	250.17	6.1	5.74	665
肉牛产业	193.1	7.5	4.43	550

来源：国家统计局、行业调整

（三）品种情况

贵州省有关岭牛、巫陵牛（思南牛）、威宁牛、黎平牛、务川黑牛5个黄牛地方品种，贵州水牛、贵州白水牛2个水牛地方品种。总体来看，全省牛以贵州地方品种及其杂交后代为主，养殖量占全省总量的96%左右，其余为引进的西门塔尔牛、安格斯牛、利木赞牛等品种（表1–4）。

表1–4　贵州牛品种基本情况表

<table>
<tr><th colspan="2">种类</th><th>品种</th><th>存栏量（万头）</th><th>全省存栏量占比（%）</th><th>主要分布区域</th></tr>
<tr><td rowspan="3">牛</td><td>地方品种</td><td>关岭牛、思南牛、威宁牛、务川黑牛、黎平牛、贵州水牛、贵州白水牛</td><td>171.48</td><td>33.12</td><td>关岭、镇宁、紫云、六枝、思南、石阡、沿河、德江、凤冈、印江、松桃、威宁、赫章、七星关、纳雍、务川、道真、正安、黎平、从江、榕江等县区</td></tr>
<tr><td>引进品种</td><td>安格斯、西门塔尔、利木赞、夏洛莱</td><td>16.32</td><td>3.15</td><td>全省不同程度均有分布</td></tr>
<tr><td>杂交品种</td><td>引进品种与本地品种杂交后代</td><td>329.91</td><td>63.73</td><td>全省不同程度均有分布</td></tr>
</table>

来源：行业调度

（四）产业布局

贵州省牛养殖主要分布在沿乌蒙山—大娄山—武陵山的“黔北、黔西北、黔东北”等区域，毕节市、遵义市、铜仁市为全省牛主产区。根据贵州黄牛资源禀赋、产业基础、发展意愿等因素，确定全省肉牛产业重点县（区、市）11个：关岭县、凤冈县、习水县、大方县、黔西县、威宁县、德江县、思南县、六枝特区、黄平县、兴义市（表1–5）。

表 1–5　肉牛产业重点县生产情况表

序号	县名	存栏（万头）	同比增长（%）	出栏（万头）	同比增长（%）	牛肉产量（万吨）	同比增长（%）
1	威宁县	3.51	5.53	10.58	1.30	1.37	1.73
2	凤冈县	4.64	6.15	5.84	5.51	0.78	19.45
3	关岭县	3.66	17.42	4.32	–2.50	0.59	1.10
4	习水县	13.53	7.32	5.09	4.90	0.72	4.80
5	黔西县	12.70	5.80	4.20	3.15	0.56	6.90
6	德江县	11.12	26.13	3.67	4.18	0.47	17.03
7	大方县	10.88	2.33	3.49	6.89	0.46	9.27
8	思南县	0.43	8.59	3.34	9.85	0.43	11.91
9	六枝特区	9.22	0.69	3.05	–1.11	0.40	1.60
10	兴义市	7.79	2.99	3.61	2.72	0.45	19.96
11	黄平县	3.92	7.12	1.36	18.40	0.17	15.48
合计		41.39	8.54	8.55	4.78	6.39	8.16

来源：贵州省统计局

（五）经营主体

2020 年，养殖规模 500 头以上的企业 159 家。组建了“贵州黄牛产业集团”及其县级 SPV 公司引领全省黄牛产业发展（表 1–6）。

表 1-6　全省牛养殖规模企业情况表

畜种	合计	饲养量	数量（个）	饲养量	数量（个）	饲养量	数量（个）	饲养量	数量（个）
牛	159	10000头以上	3	3000至9999头	6	1000至2999头	36	500至999头	114

来源：贵州省统计局

（六）屠宰加工

全省肉牛年设计屠宰能力 101.5 万头，2020 年完成肉牛定点屠宰 8.12 万头。2020 年，贵州活牛调出省 21.3 万头，调入 11.64 万头，净调出 9.66 万头（表 1-7）。

表 1-7　全省牛及其产品调运情况表

年度	牛调出		牛调入	
	活牛（万头）	牛产品（吨）	活牛（万头）	牛产品（吨）
2020	21.3	1347	11.64	628
2019	53.1	485	11.18	1173

来源：贵州省动物卫生监督所

（七）品牌建设

全省已认定关岭牛、思南黄牛等 12 个国家地理标志保护产品；注册牛产品各类品牌商标 80 余个。“跑山牛”“关岭黄牛”等区域品牌崭露头角，“贵州黄牛集团”“贵州黔道食品”等企业品牌逐渐壮大，“牛头牌”“牛来香”“鳛滋味”等产品品牌知名度不断提升。贵州牛系列产品已进驻全国 100 多家生鲜超市并设置专售档口。贵州黄牛有很大的发展潜力和空间。

二、产业发展成效

（一）形成了产业发展新合力

按照贵州省委、省政府的部署安排，省级层面成立了省牛羊产业发展领导小组，建立了由省级统筹、市级督导、县级落实和上下联动、部门协同、齐抓共管的工作机制，省委组织部、省农业农村厅分别组建工作专班，组织贵州大学、省农科院有关行业专家成立牛、羊、草 3 个省级产业技术体系，贵州大学组建牛羊产业技术服务团队、“博士村主任”等，为产业提供人才和科技支撑保障。省牛羊产业发展领导小组定期召集省科技厅、省自然资源厅、贵州大学等有关部门及有关市、县召开专题会议，研究部署牛羊产业发展重点工作。各市（州）、重点县比照省级成立领导小组，组建工作专班。省牛羊产业发展领导小组与 5 个市（州）和 11 个肉牛重点县（区）党委（政府）签订了《省市县三级合作推进肉牛产业发展协议》，进一步压实地方责任，明确工作职责，细化任务分工，有效改善行业部门“包打天下”的单兵作战劣势，推动形成上下合力推进产业发展的良好局面。

（二）组建行业引领新龙头

以混合所有制改革为契机，由省大一型国有企业贵州现代物流集团和民营企业贵州羊鼎黄牛农业发展有限公司共同出资组建了贵州黄牛产业集团，围绕打造贵州黄牛全产业链生态体系，着力推动产业降成本、扩规模、拓市场等重点工作；同时发挥行业龙头企业引领带动作用，衔接上下游企业抱团发展，组建县级 SPV 公司，负责各县肉牛标准化科学饲养，并由集团整合屠宰、加工、营销等资源统一打造“贵州黄牛”品牌。

（三）探索金融贷款新路径

针对牛重点企业融资难题，探索创新以财政资金为风险补偿、放大比例撬动银行贷款的政银企协同融资新机制。由省农业农村厅、省农担公司分别与贵州现代物流集团、省农发行签订合作协议。针对家庭牧场和农户贷款难题，以牛生物资产保单质押为突破口，创造性提出了“政府推动、部门服务、龙头引领、农户主体、保险增信、银行放贷”的“六方合作”信贷模式，压实了地方政府和业务部门“两个责任”，激发了龙头企业和养殖农户生产主体的“两个活力”，提振了银行敢投、保险敢保的“两个信心”，打破了长期以来制约生物资产不能形成抵押物贷款的局面。

（四）提炼产业发展新模式

立足贵州凤冈、关岭等县“小规模、大群体”的肉牛养殖经验做法，总结提炼出“分户饲养、集中育肥、培育品牌、统一营销”的产业发展模式：即由农户分散饲养能繁母牛，合作社统一收购犊牛饲养“架子牛”，贵州黄牛集团县级 SPV 公司统一收购“架子牛”进行集中育肥，最后由贵州黄牛集团对育肥牛进行集中屠宰、分割、包装和销售，统一打造“贵州黄牛”品牌。该模式与农业农村部《推进肉牛肉羊生产发展五年行动方案》提出的探索“母畜分户饲养、仔畜集中育肥”发展模式高度契合。

（五）提高标准化生产新水平

在原有国家、行业、地方标准的基础上，结合实际重新梳理、整合完善贵州黄牛系列标准，加强应用推广。在良种繁育及品种改良上，建成了贵州省种公牛站，为贵州黄牛育种繁育体系建设打下了坚实基础。在生产规范上，组织制定了“3+37”贵州黄牛标准体系（贵州黄牛犊牛培育规程、架子牛饲养技术规程、育肥技术规程；圈舍建设、育种、育肥、饲草料、屠宰分割与质量控制、疫病防控和安全生产等37项技术标准），并在部分企业、合作社推广。

（六）探索养殖降本新方式

针对我省牛养殖成本偏高的问题，组织开展降成本系列研究工作。主要有以下几种新方式：（1）开展酒糟饲料化利用降低肉牛养殖成本和提高牛肉品质系列研究；（2）建立贵州牛专用饲料生产基地，打通“铁—海—铁”物流运输通道，降低玉米等饲料原料大宗采购价格，从而降低饲料成本、提高养殖经济效益；（3）在关岭等县开展饲草生产、收割、青贮打包等机械化作业试验，初步探索出“平地饲草生产全程机械化、坡耕地饲草山地轨道运输、坡耕地履带式运输车+抓草装载机”3种模式。同时，在德江、威宁组织开展“划区分片、围栏轮牧”放牧肉牛试点，进一步提高天然草地开发利用率，促进节本增效。

（七）打造市场营销新体系

为拓宽贵州生鲜牛肉省外销售渠道，组织省牛产业协会在上海、广州等大城市建设运营贵州黄牛异地精深分割加工厂，构建贵州黄牛“本地屠宰+异地分割”的市场供应新体系。目前，上海市、广东省的贵州黄牛异地精深分割加工厂已建成运营，开发出系列精细化分割及加工产品，供应上海、苏州、浙江、广州、东莞等地区，逐步打通了贵州黄牛产品从西南山区到长三角、珠三角市场的“最后一公里”。定位长三角、粤港澳大湾区、成渝滇、湘黔“四大区域”市场，实施精准营销战略，不断拓展“线上展示、线下体验、无接触配送”的贵州牛羊产品新零售渠道。

三、存在的主要问题

（一）品种选育有待加快

贵州本地牛单个品种核心群规模较小，群体相对分散；全省还未建立牛联合育种机制，本地品种提纯复壮和优势新品种的培育工作有待加快，还未形成牛种业优质优价的良性循环，育种工作的持续性还不够。

（二）组织化程度有待提高

尽管近年大力推广“龙头企业＋合作社＋农户”等组织形式，推动农民组织化程度有所提升，但一些农户的“社员”意识、“合作”意识还不强，合作组织联结作用还不充分、组织化程度还不高。龙头企业、合作社与农户在产业链中的利益联结较为松散，农户参与牛养殖、牧草种植的收益还不稳定，产业发展模式推广有待加强。

（三）科技支撑有待加强

一些科技项目还停留于“试验田”，科技成果转化不足，产学研用结合不紧密。企业科研投入不足，技术研发能力不强，未成为技术创新和成果产出与转化的主体。

（四）品牌打造还需加强

贵州省牛产业的公共品牌打造力度还需加强，对终端消费市场的研究分析还不够；组织开展的宣传推介载体不多元、活动不丰富，存在“小、散、零”的现象。

（五）服务体系有待健全

基层畜牧兽医技术人员普遍缺乏，在编不在岗、在岗不专职的现象较为突出；现有技术人员年龄结构老化，专业素质不高，新知识、新技能更新较慢，难以完全满足产业发展需要。

四、产业发展措施

（一）抓产业投入

争取政府和社会资本投入，以财政资金为杠杆，撬动更多社会资本注入，积极宣传引导黔籍企业家、乡贤、农民工、大学生和退役士兵等人员返乡创业投身牛产业发展中，努力营造返乡发展牛产业，推动乡振兴的良好氛围。

（二）抓经营主体

1. 强化资源整合

采取兼并重组、股权合作等方式对行业饲草料体系、养殖体系、屠宰加工体系、品牌体系等现有资源进行统筹整合，加强与行业协会、技术体系的沟通协作，切实保障资源有效配置，形成产业有机共同体。

2. 培育龙头企业

加快龙头企业的培育，建立现代企业制度，提升企业现代化经营治理能力，鼓励引导企业完善牛羊养殖、饲草饲料、屠宰加工、销售配送等经营板块，积极参与行业标准、地方标准制定。

3. 壮大产业群体

以实施“十百千”示范工程为抓手，大力推广“龙头企业+合作社+农户”组织方式和“小群体、大规模”发展模式，充分发挥以农户为主体的产业发展生力军作用，调动更多农民群众参与到牛养殖、饲草种植中来。发挥企业在育种、育肥、屠宰、销售等方面的引领带动作用，培育壮大牛专业合作社，推动形成龙头企业、合作社、养殖户紧密相连的产业发展共同体。

（三）抓科技支撑

加大品种选育、饲料配方、饲草种植、疫病防控、标准建设、粪污利用等方面技术支持。强化品种繁育，建设具有独立知识产权、市场认可的良种繁育体系。加快科技成果的转化与应用推广，调优牛种源结构，以规模化养殖企业为重点，大力推行科学化、规模化、标准化养殖，全力提升养殖科技水平。健全溯源体系，进一步优化数据采集、模块设计、信息监管等重点环节，做到数据录入简便、数据分析科学、数据调出便捷、数据管理可控，实现从“牧场到餐桌”全程质量可追溯，为肉牛产业发展提供科技支撑。

（四）抓市场拓展

1. 推动屠宰加工发展

进一步推广“本地屠宰+异地分割”模式，推进省内屠宰扩能增效，统筹做好全省牛定点屠宰设置规划与建设指导，加快生产线和生产工艺改造升级，推进屠宰场资源整合。积极引进培育肉制品加工企业，做大做强食品加工业，提升产品附加值。

2. 精准定位区域市场

瞄准京津冀、长三角、粤港澳大湾区和成渝经济区等高端目标市场，按照“借船出海”“搭乘快车”的思路，借助线上高端品牌的成熟供应链，有计划地批量式供应；加快建设省外重点销售区域的精细分割中心。

3. 加快发展数字新零售

结合贵州省实施大数据战略行动，着眼全国消费格局转型，发展“线上展示、线下体验、无接触配送”的数字新零售业态，以生鲜体验和社区配送为重点，整合产品供应链和大宗销售渠道，推动大规模牛产品走向全国市场。

（五）抓品牌打造

整合相关资源，构建公共品牌良性发展机制，形成以品牌开拓市场，以市场引领发展的产业格局。引导社会消费，做优做精贵州黄牛特色品牌。依托龙头企业，开展专业品牌营销，综合运用传统媒体和新媒体宣传手段，组织贵州牛企业参加省内外各类推介活动，加快品牌塑造。

第二节 贵州羊产业发展现状

贵州省地处云贵高原，由于独特的气候条件和自然生态环境，经过长期的自然选择和人工选择，形成了丰富而独特的畜种资源。据第二次全国畜种遗传资源普查显示，贵州山羊品种主要有贵州黑山羊、贵州白山羊、黔北麻羊、黔东南小香羊等，绵羊品种主要有威宁绵羊和贵乾半细毛羊等。这些地方种质资源具有繁殖力高、耐粗饲和肉质好等特点，是培育新品种不可缺少的原始素材，也是贵州省畜牧业可持续发展的宝贵资源，在提升畜牧业竞争力方面具有潜在优势。目前，贵州省形成较大产业规模的主要有黔北麻羊、贵州黑山羊和贵州白山羊。

一、产业发展情况

贵州黑山羊 1981 年存栏 64 万只，1995 年存栏 68 万只，2005 年存栏 149.86 万只，到 2008 年年底存栏 158.86 万只，2015 年种羊基础母羊存栏 3586 只。

贵州白山羊 1981 年存栏为 90 万只，1995 年为 106.6 万只，2005 年年底为 224.97 万只，近 15 ～ 20 年来其体型有所增大，发育较快，繁殖率升高，2015 年贵州白山羊存栏近 150 万只。

黔北麻羊 1984 年存栏 20 余万只；1995 年存栏 16.86 万只；2005 年 47.63 万只，其中：公羊 11.23 万只，母羊 36.40 万只，公、母羊分别占 23.58% 和 76.42%，用于配种的成年公羊 2.43 万只，能繁母羊 22.12 万只，分别占整个羊群的 5.10% 和 46.44%。2018 年存栏 23.59 万只，2020 年存栏 31.8 万只。

威宁绵羊近年来存栏数急剧下降，1981 年时存栏数 10 万只，1995 年存栏数 19167 只，2005 年年底存栏数只有 3361 只。目前，纯种绵羊只有在非常偏远、交通不便的乡（镇）才能找到，已处于濒危状态，2016 年仅存有 300 只左右。

（一）生产情况

2020 年末，全省羊存栏 382.38 万只（全国第 20 位），出栏 297.37 万只（全国第 21 位），同比去年分别增长 0.6%、1.3%；羊肉产量 4.98 万吨，同比去年增长 0.1%（表 1–8）。

表 1–8　贵州省羊生产及排位情况表

年份	羊			
	存栏（万只）	全国排位	出栏（万只）	全国排位
2020	382.38	20	297.37	21
2019	380.25	20	293.55	21
2018	401.53	19	297.12	22

来源：国家统计局

（二）贡献情况

2020 年，羊产业一产产值 57.07 亿元，同比去年增长 1.8%。肉羊产业综合产值 115 亿元，同比去年增长 1.8%（表 1–9）。

表 1–9　2020 年全省羊产业产值情况表

指标	一产产值			综合产值(亿元)
	总量（亿元）	增长（%）	占比（%）	
农林牧渔业	4358.62	6.5	100	–
畜牧业	1019.01	2.8	23.38	–
肉羊产业	57.07	1.8	1.31	115

（三）品种情况

我省有黔北麻羊、贵州黑山羊、贵州白山羊、威宁绵羊等地方品种，有培育品种贵乾半细毛羊，当前，我省羊以贵州地方品种及其杂交后代为主，养殖量占全省总量的 97% 左右，其余为引进的波尔山羊、简州大耳羊、杜泊羊等品种（表 1–10）。

表 1–10　贵州羊品种基本情况表

种类		品种	存栏量（万只）	全省存栏量占比（%）	主要分布区域
羊	地方品种	贵州黑山羊、贵州白山羊、黔北麻羊、威宁绵羊	218.51	57.15	水城、沿河、习水、盘州、威宁、赫章、德江、思南、务川、桐梓、仁怀、金沙等县
	引进品种	波尔山羊、简州大耳羊、努比亚山羊、南江黄羊、杜泊羊、考利代羊等	10.79	2.82	全省不同程度均有分布
	杂交品种	引进品种与本地品种杂交后代	153.08	40.03	全省不同程度均有分布

来源：行业调度

（四）产业布局

根据贵州羊资源禀赋、产业基础、发展意愿等因素，确定全省肉羊产业重点县8个，分别是威宁县、赫章县、习水县、桐梓县、务川县、沿河县、水城区、三都县。

（五）经营主体

2020年，养殖规模在700只以上的规模企业108家（表1–11）。

表1–11　全省羊养殖规模企业情况表

畜种	合计	饲养量	数量（个）	饲养量	数量（个）	饲养量	数量（个）	饲养量	数量（个）
羊	108	10000只以上	2	3000至9999只	7	1000至2999只	27	700至999只	72

来源：贵州省统计局

（六）屠宰加工

全省肉羊年设计屠宰能力185.8万只，2020年完成肉羊定点屠宰5.14万只。2020年，贵州活羊调出省4.03万只，调入31.9万只，净调入27.87万只（表1–12）。

表1–12　全省羊及其产品调运情况表

年度	羊调出		羊调入	
	活羊（万只）	羊产品（吨）	活羊（万只）	羊产品（吨）
2020	4.03	15.1	31.9	3255.2
2019	4.79	18.9	49.5	3611.8

来源：贵州省动物卫生监督所

二、存在的主要问题

近年来，虽然我省养羊业发展迅速，但发展过程中还存在整体水平不高、生产方式落后、保障体系不健全。发展过程中暴露出良繁体系不全，良种山羊数量不足、引种成本高、良种山羊扩繁慢、羔羊死亡率高等问题，严重影响了产业发展。

贵州山羊品种作为优良地方遗传资源，产肉性能好、抗病力强、适应山区粗放饲养，目前已具有一定产业化发展基础，市场前景良好，具有重要的经济价值和品种优势，但也面临着亟待解决的产业化发展技术难题。一是由于长期以来存在重引进、轻培育，重改良、轻保护的现象，陷入了“引种—退化—再引种—再退化”的恶性循环，导致良种繁育体系建设滞后、良种供种能力不足、种群规模不足，扩繁能力有待提高；二是季节性草料不足，农作物秸秆饲料化利用率低，缺乏自己特有、成熟的种植和加工饲草饲料模式，现有饲草饲料均衡供应模式仅停留在粗放的加工利用方式上，未充分考虑“能氮结合”及“干湿结合”等因素，不能保证饲草饲料的均衡供应；三是产品加工转化率低、产业链条较短。基本是出售初级产品，下游链条主要集中在羊肉汤锅、羊肉粉餐桌食品，深加工环节薄弱，深加工附加值较高产品空白；四是环保压力增加，“新环保法”颁布实施和土地等资源约束，使我省畜禽养殖项目总量不宜快速大幅度提高；五是品牌影响力不够，市场竞争力不强；六是，疫病防控观念淡薄，防止措施不当，很多山羊养殖场仍然受到传统观念的支配，形成了有病则治，无病不防的错误观念。羊屠宰基本上是作坊式生产，屠宰设备落后。屠宰检疫流程不够规范，检疫设备和检疫方法落后，产品安全无法保障。

因此，为加快我省生态肉羊产业持续、稳定、高效地发展，满足人们对高质量羊肉产品需求。加强贵州山羊品种良种繁育体系建设，加快优质饲草饲料利用加工，开发肉羊专用饲料，提高标准化养殖水平，开发羊肉深加工产品，打造贵州山羊全产业链。对加速贵州特色肉羊产业发展，助力乡村振兴具有重大战略意义。

三、产业发展措施

为推进贵州肉羊产业高质量发展,助推农业供给侧结构性改革，围绕黔北麻羊、贵州黑山羊、贵州白山羊三大地方优势品种，聚焦“扩群增量、良种繁育、发展模式、产业标准、节本增效”等五个环节，推广“龙头企业＋合作社＋农户”组织方式，健全完善利益联结机制，推进产业提质增效，服务乡村振兴战略。

（一）加快良种繁育体系建设

贵州山羊在适应喀斯特地貌环境方面具有独特的优势，但是也由于长期的闭锁繁育，导致山羊品种退化较快，为维持和改善贵州地方山羊品种，持续地进行良种繁育体系建设势在必行。在良繁体系建设中，需要注意将优良的种公母羊及时选育出来，要有目的地淘汰不良个体，同时建立纯繁保护区，系统性地开展优良群体的选育和提纯复壮工作，提高山羊的繁殖性能。坚持龙头企业为主体、政府提供服务的育种模式，依托现有原种场企业开展黔北麻羊、贵州黑山羊、贵州白山羊等地方品种良种繁育；持续开展性能测定、遗传评估，逐步提升地方品种的生产性能和品质；对选育的种羊进行快速繁殖，迅速扩大优质种羊群体规模，提升供种能力；在重点县（市）建立种公羊站，通过本交及人工授精、流动配种，快速提高广大养殖户肉羊的良种化程度。

实施母羊养殖精细化管理，提高母羊饲养量。在规模肉羊养殖企业或合作社推广应用人工授精、胚胎移植等现代繁育技术，加快母羊扩繁速度，提高母羊生产性能；鼓励现有养羊企业、合作社采取向养殖户提供基础母羊和技术指导，由养羊企业、专业合作社按最低保护价包收购的措施，提高养殖户积极性；对饲养能繁母羊规模大的农户，提供专门的技术服务，解决养殖户养羊难问题。健全完善龙头企业、规模场、合作社与养殖户的利益联结机制，发展适度规模和专业化养殖，促进养殖户向家庭牧场转型，加强能繁母羊培育力度，做好疫病防控，实现肉羊扩群增量。

（二）加大饲草料资源开发利用，降低生产成本

开展天然草山草坡放牧管理、天然草地改良、高产饲草种植和加工、冬闲田（土）种草、农业副产物加工与综合利用、非常规饲料加工利用等生产供应技术体系建设。扩大饲草料来源，就地就近解决饲草料问题，依靠放牧、种草和农作物副产物等解决粗饲料问题。通过改良天然草地，提高载畜量，建设冬闲田饲草种植基地，推广高产优质牧草种植，建立稻草、玉米秸、高粱秸、大豆秸、花生秧、酒糟等农作物副产物饲料化利用技术体系，进一步扩大低成本饲草料来源。研发地方肉羊各阶段全价饲料产品、功能性饲料产品、秸秆饲料产品及饲草料供给服务体系建设；强化精细饲喂，提高饲草料利用率，通过青贮、微贮或铡短、粉碎处理，制作草颗粒、全价料等，推广 TMR 饲喂技术和全价颗粒料快速育肥技术，提高粗饲料适口性和消化利用率，减少饲料浪费。降低饲草料物流运输成本，推进饲草料来源多元化、加工专业化、利用最大化、配送网络化，实现全年饲草料低成本均衡供应。

（三）延伸贵州羊产业链，扩宽销售渠道

健全完善利益联结机制。大力推广“龙头企业＋合作社＋农户”组织方式，探索推广“五统一”产业发展模式，统一种羊饲养品种，建立利益联结的合作社及农户，在龙头企业的监督下，饲养指定的肉羊品种。统一饲养管理模式，由龙头企业根据当地实际情况，制定饲养管理标准，统一指导合作社及农户遵照实行。统一繁育和选育标准。龙头企业负责种羊的繁育和提纯复壮，交由合作社及农户饲养，对育成后的商品羊进行回收。统一免疫程序，由地方畜牧兽医主管部门负责统一开展免疫工作。统一品牌销售，龙头企业负责构建完善产品供应链，自主经营品牌，搭建销售平台渠道，统一回购羊保证农户收益并组织销售。

此外，建立健全贵州山羊全产业链的发展建设，科学布局全省肉羊屠宰场，扩大肉羊屠宰和精深加工覆盖面，提高肉羊屠宰企业屠宰加工量。提高消费者羊肉产品餐饮体验质量，不断提升肉羊产业价值和效益。强化市场端反哺养殖端，鼓励有实力的加工企业在取得一定市场份额和经济效益后，主动提高肉羊收购价格，提高养殖经济效益，推动羊产业的良性发展。

（四）加大投资力度

贵州山羊产业的发展离不开资金的投入，要坚持政府政策扶持引导，市场需求导向发展的主线，通过加大扶持力度吸引更多的社会资金投入贵州山羊产业的发展中，同时充分利用农业专项资金对农户开展抵押贷款服务，解决农户养殖中资金不足的难题，充分调动农户养殖山羊的积极性。通过持续的招商引资，吸引更多的外来资金促进贵州山羊产业的发展，形成整个山羊产业链的良性循环发展。

第二章 贵州牛羊品种

第一节 贵州地方牛品种

牛在动物分类学上属脊索动物门（Chordata）、脊椎动物亚门（Vertebrata）、哺乳动物纲（Mammalia）、偶蹄目（Artiodactia）、反刍亚目（Ruminantia）、牛科（Bovidae）、牛亚科（Bovinae），牛属（Bos）和水牛属（Bubalus）。牛属分 7 个牛种：普通牛（Bos taurus）、瘤牛（Bos indicus）、牦牛（Bos grunniens）、爪哇牛（Bos sondaicus）、犏牛（Bos gaurus）、大额牛（Bos frontalis）和野牛（Bison）。

普通牛（Bos taurus）涵盖了世界上各种奶牛、肉牛、兼用牛品种和我国大多数黄牛品种。黄牛是我国劳动人民在长期生产生活中培育出以役用为主的品种。由于我国地域辽阔，不同地区生态环境差异很大，在长期进化过程，形成遗传多样性丰富的地方品种。根据分布地域，我国黄牛可分为北方牛、中原牛和南方牛三大类型，其中，秦川牛、南阳牛、鲁西牛、延边牛和晋南牛是当前我国最主要的良种黄牛。关岭牛、思南牛、威宁牛、黎平牛、务川黑牛等黄牛和贵州水牛、贵州白水牛 7 个品种是贵州地方优良牛种资源，这些品种素以耐粗饲、适应性强、肉味浓香著称，是贵州肉牛产业发展的重要地方品种资源。

一、关岭牛

（一）产区与分布

关岭牛产于贵州省西南部的 19 个县、区、市，这些地方多为苗族、布依族、仡佬族的聚居地。按产区地貌划分，关岭牛主产区在贵州关岭县，分布于黔中镇宁、紫云、六枝、西秀、普定、织金、平坝、清镇，黔西南盘县、普安、晴隆；黔南兴仁、贞丰、兴义、安龙、册享、望谟等地。

（二）品种特征和性能

关岭牛是贵州省特有的黄牛品种之一，具有耐粗饲、抗逆性强、役用性能好、肉质鲜美、 风味独特等特点。因中心产区在贵州省西南部关岭布依族苗族自治县而得名，属于役肉兼用型黄牛品种。

1. 外貌特征

关岭牛毛色以黄色居多，但有深黄色与浅黄色之分，深黄色有近于红色毛者，浅黄色中最淡为草黄色，褐色与黑色其次，一般在眼睛周围、唇周围、下腹及四肢内侧毛色较浅。体型结实匀称。头大小中等，额宽平或有微凹，鼻镜宽大，口方平齐。角短，角形多为“萝卜角”或“鹰爪角”，有的角基部能活动，故有“响铃角”之称。颈较短，垂皮发达。公牛肩峰发达，一般超出背线 8 ～ 10

厘米（个别可达 18 厘米），峰型分为高峰和肉峰两种类型；母牛肩峰平缓，一般胸较深而略显窄。背腰平直，欠宽大。肩部较宽，多斜尻。四肢筋腱明显，系部强壮，蹄质坚实，前肢正直，后肢呈外弧形。尾根较高，尾细长，尾帚过飞节。乳房较小，乳头细短。皮薄而富有弹性，毛细软。鼻镜多数呈黑色，少数呈肉色（图 2–1）。

关岭牛（公）

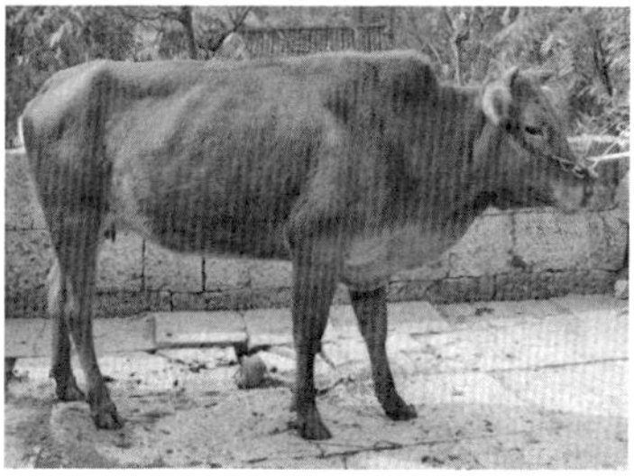

关岭牛（母）

图 2–1　关岭牛外貌特征

2. 繁殖性能

关岭牛性成熟较早，公牛为 10 ～ 11 月龄，母牛为 8 ～ 10 月龄；初配年龄公牛 24 ～ 30 月龄，母牛 18 ～ 24 月龄。母牛多在春、秋两季交配繁殖，发情周期 21.2 天，发情持续期 27 小时，妊娠期 285 天，母牛育龄期一般 16 年，多数 3 年产犊 2 胎，少数一年一胎，终生产犊 9 ～ 10 头，个别母牛 20 多岁还可产犊，繁殖率 35%。初生重公犊 14 ～ 15 千克，母犊 13 ～ 14 千克；断乳重公犊 86 ～ 96 千克，母犊 76 ～ 86 千克；哺乳期日增重公犊 0.4 ～ 0.45 千克，母犊 0.35 ～ 0.40 千克。犊牛断乳成活率为 98.0%。

3. 生产性能

产肉性能，对产区自然饲养条件下的 5 头膘情中等、品种特征明显的关岭牛成年牛进行了屠宰性能测定，结果显示宰前活重（千克）：367.1 ± 55.89，胴体重（千克）：212.40 ± 37.08，屠宰率（%）：53.71 ± 1.77，净肉率（%）：48.88 ± 3.22，背膘厚（厘米）：0.58 ± 0.35，眼肌面积（平方厘米）：80.96 ± 12.48，肉骨比：6.62 ± 0.64。

二、思南牛

（一）产区与分布

思南牛主要分布在贵州省的思南、石阡、沿河、务川、德江、道真、正安 7 县，中心产区为思南县。

（二）品种特征和性能

1. 外貌特征

思南牛毛色较杂，以黄色毛为主，其次为黑色，少量为棕色、黑褐色、草白色，乳黄色等。一般体躯上部色深，腹及四肢内侧毛色较浅。体质结实，结构紧凑、匀称，肢蹄强健。头中等，体躯粗短，胸较宽，面部平整，轮廓清晰。角型多样，“倒八字角”为主要角型，角色有黑色、灰黑色、乳黄色、乳白色等。四肢细长，前肢雄健，骨骼细致结实，筋腱明显，后体斜，后肢飞节间距离较狭。蹄形端正（俗称“木鱼蹄”），蹄质坚实，以黑色“铁蹄”为多。公牛头雄壮，额较宽短，肩峰肥厚，高出背线 6 ~ 8 厘米，颈较粗短，头、颈、躯部结合良好，垂皮从下颌至前胸有较小皱褶。母牛头清秀，面较长，角相对较短，角尖钝圆，向前向上微弯，颈细长，肩峰不明显，垂皮不发达且皱褶少（图 2–2）。

思南牛（公）

思南牛（母）

图 2–2　思南牛外貌特征

2. 繁殖性能

通常犊牛的性成熟期较晚，需要在 2 ～ 2.5 岁才会进行第 1 次交配，平均发情周期为 21.7 天，持续时间多为 2 ～ 3 天，少部分会持续 4 天左右，母牛性成熟为 12 月龄（出现初次发情），初配年龄 18 ～ 24 月龄，母牛一年四季均有发情，但以春季 4 ～ 5 月，秋季 8 ～ 10 月为配种旺季，发情周期多为 18 ～ 22 天，发情持续期为 6 ～ 36 小时，平均 18 小时，妊娠期平均 280 天。繁殖率较低，约为 46.24%，成活率达 92.06%。

3. 生产性能

对 5 头思南牛成年公牛进行屠宰性能测定，结果显示宰前活重（千克）：288.9 ± 36.2，胴体重（千克）：153.1 ± 18.3，屠宰率（%）：53.6 ± 1.7，净肉率（%）：44.2 ± 1.1，背膘厚（厘米）：0.77 ± 0.06，眼肌面积（平方厘米）：80.7 ± 12.4，肉骨比：5.4 ± 0.3。

三、黎平牛

（一）产区与分布

黎平牛主产于贵州省东南部的黎平、从江、榕江、锦屏 4 县，天柱、剑河、雷山，台江等县也广有分布。

（二）品种特征和性能

1. 外貌特征

黎平牛体型矮小，丰厚紧凑，结构匀称。头中等大小，角为黑褐色。全身被毛为贴身短毛，多为黑色和黄色，褐色次之，亦有少量黑白花和黄白花，皮肤呈黑色或粉色。四肢短小结实，后肢多外弧形，蹄质坚实，四蹄呈黑色、黑褐色或灰色。尾粗细适中，尾长达飞节以下，为小尾帚。

公牛头部略显宽短，额宽平，眼大睛明，嘴圆而大，口角深；耳平伸，耳壳厚、耳端尖；角粗大，呈倒八字形，多为“竹笋角”；颈粗短，垂皮发达；体躯细致紧凑，鬐甲高而长、不丰满，结合紧凑，肩峰高大、突出（一般高出背线 5 ～ 7 厘米），多为肉峰型，中躯较短，结实紧凑；胸宽深，肩短，背腰平直；前肢较直且肌肉发达，后肢向前弯曲，肌肉欠丰满；后躯较差，但去势牛后躯丰满。

母牛头清秀，角细短，向前两侧弯曲，大多数为黑褐色；眼睑颜色为黑色或粉色；颈较薄、细长，垂皮不发达、褶皱较少；鬐甲低平，肩峰不突出，腹部圆润、大而充实；四肢短小，后躯稍高于前躯，后躯发育良好，尻部较宽而丰满，尻部倾斜，多为斜尻，不易发生难产（图 2–3）。

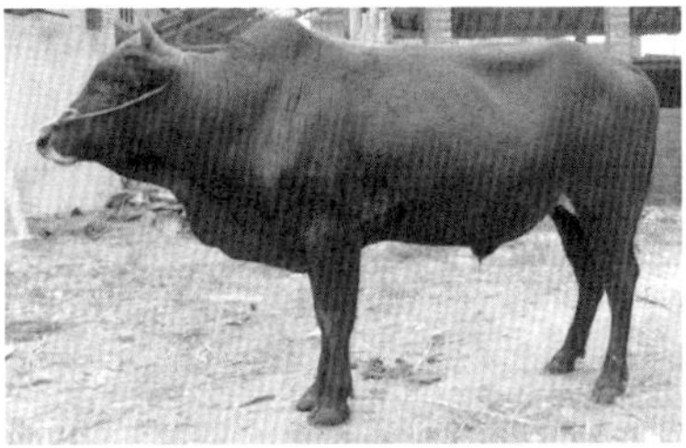

黎平牛（公）

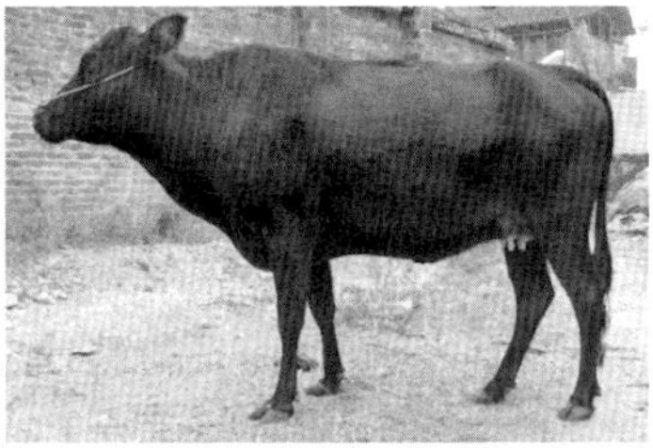

黎平牛（母）

图 2–3　黎平牛外貌特征

2. 繁殖性能

黎平牛性成熟较早，公牛配种年龄一般为 1 ～ 1.5 岁，母牛 1.5 岁左右开始发情，配种年龄 2 岁左右。母牛一年四季均可发情，以 7 ～ 11 月为发情旺季，10 ～ 11 月为放牧配种旺季；母牛繁殖年限 15 ～ 20 岁，繁殖率 73.33%，一般三年产两胎，少数一年一胎，终生可产犊 6 ～ 7 头，犊牛成活率 98.27%。

3. 生产性能

对产区内自然饲养条件下的 5 头膘情中等、品种特征明显的黎平牛成年公牛进行了屠宰性能测定，结果显示，宰前活重（千克）：283.08 ± 18.45， 胴体重（千克 ）：153.39 ± 18.41，屠宰率（%）：54.06 ± 3.55，净肉率（%）：44.75 ± 2.42，背膘厚（厘米）：0.16 ± 0.09，眼肌面积（平方厘米）：55.24 ± 8.55，肉骨比：5.93 ± 0.71。

四、威宁牛

（一）产区与分布

威宁牛主要分布在威宁县、赫章县、毕节市、纳雍县、大方县、黔西县、金沙县。

（二）品种特征和性能

1. 外貌特征

威宁牛全身被毛较短且贴身，毛色主要是黄色，黄褐色、黑色次之，偶有少量黄白花。皮肤颜色为粉红或黑色。眼睑颜色为粉色或黑色。头大小中等，稍长而清秀，额平直，鼻镜宽，口方正。角短，角形不一，多为萝卜角或鹰爪角。颈较短，颈躯、头颈结合较好，垂皮不发达。公牛肩峰较高，母牛肩峰平直；胸深，宽度明显不足，背腰平直，腰部丰满，尻稍倾斜稍高。四肢细而结实，前肢端正，后肢多为狭蹄和前踏，蹄质坚硬，四蹄颜色为灰色或黑褐色。尾着生较高，长过飞节（图 2–4）。

威宁牛（公）

威宁牛（母）

图 2–4　威宁牛外貌特征

2. 繁殖性能

威宁牛性成熟年龄公牛为 10 ～ 12 月龄，母牛为 9 ～ 11 月龄；初配年龄公牛为 22 月龄，母牛为 24 月龄；母牛发情的季节性不强，多以春、秋两季交配繁殖为主，发情周期 21 天，发情持续时间约 24 小时，妊娠期 270 ～ 283 天，一般三年产两犊，少数一年一胎，终生产犊 7 ～ 10 头。初生重公犊为 13 ～ 14 千克，母犊为 11 ～ 12 千克；断乳重公犊为 85 ～ 95 千克，母犊为 74 ～ 86 千克；哺乳期日增重公犊为 0.40 ～ 0.45 千克，母犊为 0.35 ～ 0.40 千克。犊牛断乳成活率为 97.8%。

3. 生产性能

对 5 头威宁牛成年公牛进行屠宰性能测定，结果显示平均宰前活重（千克）：264.0 ± 40.0，胴体重（千克）：144.3 ± 23.5，屠宰率（%）：54.6 ± 0.5，净肉率（%）：44.3 ± 1.3，背膘厚（厘米）：0.5 ± 0.2，眼肌面积（平方厘米）：59.9 ± 9.3，肉骨比：4.6 ± 0.1。

五、务川黑牛

（一）产区与分布

务川黑牛主要分布在务川县、凤冈县、道真县、绥阳县、遵义县、正安县、德江县、沿河县。

（二）品种特征和性能

1. 外貌特征

务川黑牛全身被毛黑色，毛细短，皮肤呈黑灰色。体质结实，体态匀称，结构紧凑，体格中等。头中等大小，额中等，宽而平。

角黑色偏小，向前上方伸出而后向内弯。眼大有神，形如弹子，俗称“牛鼓眼”，眼睑呈粉红色。耳壳薄、耳短尖。头颈长度适中，鬐甲高长不丰满。颈宽粗短，肩峰丰满中等偏高。背长短适中、平直。尻部较短、稍倾斜。四肢粗壮端正，关节结实，前肢直，后肢向前弯如镰刀，四蹄呈黑色，肢蹄肌肉发育匀称适中。尾长达飞节以下，为大尾帚。公牛头偏大，角多呈“萝卜角”，耳大，肩峰丰满，中等偏高，中躯较短，背腰平直，腹圆而大、不下垂，后躯丰满度较差，阉牛后躯非常丰满。母牛头较小，角以“挑担角”（亦称“抢柴角”）为主，耳偏小，颈较薄、细长，肩峰不明显，垂皮不发达，肩部肌肉欠发达，肋骨开张，呈弓形，背腰平直而不宽阔，长短适中，后躯发育良好。乳房小，乳头匀称（图 2-5）。

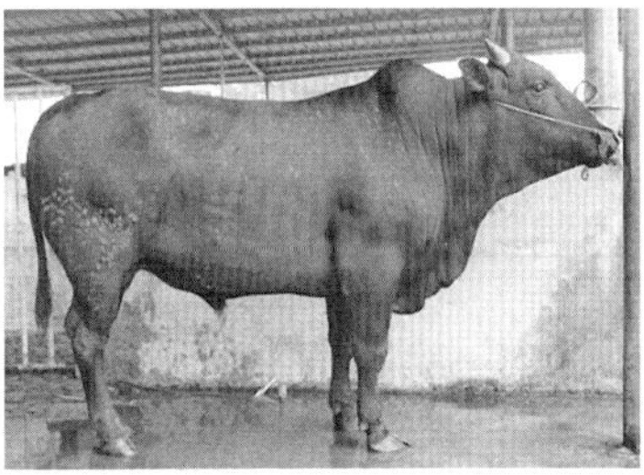

务川黑牛（公）

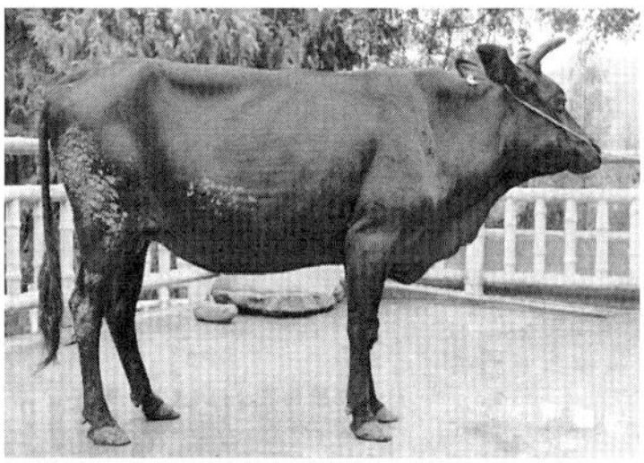

务川黑牛（母）

图 2-5　务川黑牛外貌特征

2. 繁殖性能

务川黑牛性成熟年龄公牛为 16 月龄，母牛为 18 月龄。初配年龄公牛为 23 月龄，母牛为 25 月龄。母牛一年四季均有发情，多以春秋两季交配繁殖为主，发情周期 18 ～ 22 天，发情持续期 12 ～ 36 小时，妊娠期为 258 ～ 300 天，一般三年产犊两胎，少数一年一胎，终生产犊 7 ～ 9 头。母牛利用年限一般在 10 ～ 15 年。公犊初生重平均为 23 千克、母犊平均为 20 千克，犊牛断乳重公犊为 96 千克、母犊为 83 千克，哺乳期通常 10 ～ 12 个月，犊牛断乳成活率为 96.8%。

3. 生产性能

对务川县都濡镇的 5 头务川黑牛成年公牛进行了屠宰性能测定，结果显示，宰前活重（千克）：324.0 ± 37.83，胴体重（千克）：166.35 ± 20.26，屠宰率（%）：51.34 ± 1.54，净肉率（%）：41.89 ± 1.12，背膘厚（厘米）：0.89 ± 0.19，眼肌面积（平方厘米）：57.82 ± 16.34，肉骨比：5.15 ± 0.26。

六、贵州水牛

（一）产区与分布

贵州水牛主要分布在黔南布依族苗族自治州、黔东南苗族侗族自治州、黔西南布依族苗族自治州。

（二）品种特征和性能

1. 外貌特征

贵州水牛毛色多为灰色，被毛为贴身短毛，至成年为青灰色，皮肤为粉红色，鼻镜、角、蹄为琥珀色。颈下、胸前有 1 ～ 2 条 V 形白色环带，体表旋毛明显，多见于额部和肩胛部。颈细长，鬐甲稍高，胸部宽深，背腰平直。公牛颈粗短，头颈、颈躯结合良好，肩峰不明显；母牛颈细长。体躯粗糙、紧凑、结实。头短宽，额宽且平，鼻面部长。耳大、直立，耳壳厚、耳端尖。角形多呈圆盘状，少数呈倒八字形。体短而粗，腹圆大。尻长而斜，四肢粗短，后肢关节内靠。蹄质坚实，多为碗形蹄，少数为剪刀蹄、木鱼蹄和踏蹄。尾较短，尾帚小（图 2–6）。

贵州水牛（公）

贵州水牛（母）

图 2–6　贵州水牛外貌特征

2. 繁殖性能

贵州水牛公牛性成熟年龄一般在 1 ～ 1.5 岁，初配年龄为 3 岁，4 ～ 10 岁配种能力最强，以后逐年下降。母牛性成熟年龄 10 ～ 12 月龄，初配年龄 2.5 ～ 3 岁，发情和产犊都表现出明显的季节性，配种旺季多集中在 6 ～ 11 月份，此阶段发情母牛数占全年发情配种数的 67.38%；产犊多集中在 6 ～ 11 月份，占当年产犊数的 69.16%。发情周期 22.4 天，持续期 58.78 小时，妊娠期 315 ～ 317 天，母牛利用年限 15 岁左右，最长 20 ～ 25 岁，终生产犊 6 ～ 8 头，平均产犊间隔 2.26 年。

3. 生产性能

对红花岗区自然饲养条件下的 5 头成年贵州水牛生产性能进行测定，结果显示，宰前活重（千克）：306.30 ± 15.70，胴体重（千克）：164.30 ± 5.74，屠宰率（%）：53.70 ± 1.77，净肉率（%）：42.60 ± 1.12，背膘厚（厘米）：1.20 ± 0.05，眼肌面积（平方厘米）：76.10 ± 1.55，肉骨比：4.00 ± 0.21。

七、贵州白水牛

（一）产区与分布

贵州白水牛主要分布在凤冈县、务川县、德江县、湄潭县、余庆县、绥阳县。

（二）品种特征和性能

1. 外貌特征

贵州白水牛全身被毛呈白色、致密有光泽，皮肤呈粉红色。体格匀称，鬐甲稍高，结构紧凑。头大小适中，头部平直，面部平齐，轮廓清晰，额宽，前额平坦，眼大稍突出、明亮有神。嘴宽阔，口为“红口”，口裂浅，上下唇整齐厚实。鼻部稍大，鼻梁直，鼻孔大，鼻镜宽广呈肉色，多有黑点（斑）。耳中等大小，呈尖叶形，耳缘毛细密而长，生于角基后方。角形为圆盘状，稍向后弯，又称弯八字角，角基呈方形，角上部渐成圆尖形（俗称招财角），角质细致、紧密，颜色黄白微透明。四肢细长，筋腱明显，肢形端正，球节明显。前肢端正、紧凑，肌肉较发达；后肢肌肉欠丰满。蹄形端正，蹄质致密坚固，多为“木碗蹄”，呈琥珀色。尾稍大，长至飞节。公牛头形粗重，颈较粗短，头颈、颈躯结合良好，肩峰隆起，肋骨开张良好，中躯较短，背腰平直，腹圆大，胸部宽深。母牛头形稍轻，颈较轻薄、细长，鬐甲和肩峰不明显，肩部肌肉欠发达，肋骨开张，呈弓形，背腰平直、不宽阔、长短适中、结合良好，腹圆、不下垂，乳房发育良好，4 个乳头大小均匀，排列整齐，尻部较短、稍微倾斜。

贵州白水牛（公）

贵州白水牛（母）

图 2–7　贵州白水牛外貌特征

2. 繁殖性能

贵州白水牛繁殖性能较强，公牛 1 ~ 1.5 岁开始有性行为，2.5 ~ 3 岁达到性成熟开始配种，5 ~ 10 岁配种能力最强，以后逐渐减弱；母牛 1.5 ~ 2 岁开始发情，3 岁左右开始配种繁殖。发情多以 7 ~ 9 月份为主，发情周期 19 ~ 24 天，妊娠期 310 ~ 330 天，一般 3 年产 2 胎，终生产犊 8 ~ 10 头，终产年龄 18 岁左右，个别母牛 20 岁以上还有繁殖能力。初生重公犊为 28 ~ 30 千克，母犊为 25 ~ 30 千克；断乳重公犊为 150 ~ 180 千克，母犊为 130 ~ 150 千克。哺乳期 10 ~ 12 个月，犊牛哺乳期日增重

476.92～443.18 克，断乳成活率 98.3%。

3. 生产性能

贵州白水牛成年牛屠宰性能为宰前活重（千克）：380.0±34.7，胴体重（千克）：193.0±1.4，屠宰率（%）：50.8±1.1，净肉率（%）：42.4±1.0，背膘厚（厘米）：0.58±0.35，眼肌面积（平方厘米）：64.2±5.0，肉骨比：5.0±0.1。

第二节 贵州地方羊品种

山羊在动物分类学上属于哺乳动物纲（Mammalia）、偶蹄目（Cetartiodactyla）、反刍亚目（Ruminantia）、洞角科（Bovidae）、羊亚科（Caprovinae）、山羊属（Capra）。

我国山羊品种资源丰富，著名的有中卫山羊、辽宁绒山羊、济宁青山羊、内蒙古绒山羊、成都麻羊、南江黄羊等。中卫山羊生产白色二毛裘皮，花穗弯曲美观，排列整齐。辽宁绒山羊具有产绒量高、绒毛长等特点。济宁青山羊被毛由黑白二色毛混生，呈青色、粉青色或铁青色，以青猾皮质量最好，母羊每胎繁殖率为 270%左右。贵州主要的地方羊遗传资源有 7 个，包括贵州白山羊、贵州黑山羊、黔东南小香羊、贵州黑马羊、贵州威宁绵羊、黔北麻羊和贵乾半细毛羊。

一、贵州白山羊

（一）产区与分布

贵州白山羊主要分布在铜仁、黔东南和黔东北等地，而其养殖数量在沿河县最多。

（二）品种特征和性能

1. 外貌特征

贵州白山羊呈良好的肉用体型。被毛以白色为主，少部分为黑色、褐色及麻花色等，部分羊面、鼻、耳部有灰褐色斑点。全身为短粗毛，极少数全身和四肢着生长毛。头大小适中，头型呈倒梯形，额宽平，多数羊有角、呈褐色，角扁平或半圆，从后上方向外微弯，呈镰刀形，公羊 角粗壮，母羊角纤细。公羊额上有卷毛，鼻梁平直，耳大小适中，平伸，额下有须。公羊颈部短粗，母羊颈部细长，少数母羊颈下有 1 ～ 2 个肉垂。胸深，肋骨开张，背宽平，后躯比前躯高，尻略斜，体躯呈圆桶状，四肢较矮，蹄质坚实，蹄色蜡黄，体长。少数母羊有副乳头。

贵州白山羊（公）　　贵州白山羊（母）

图 2-8　贵州白山羊外貌特征

2. 繁殖性能

贵州白山羊有着繁殖力强、性成熟早和适应能力强等特点，其肉质具有细嫩、膻味轻较轻等优点。母羊初情期为 3 ～ 4 月龄，发情周期 17 ～ 20 天，发情持续 2 天，妊娠期 149 ～ 152 天，性成熟年龄为 4 月龄，初配年龄为 6 月龄。公羊 3 ～ 4 月龄有性行为，性成熟年龄为 5 月龄，初配年龄为 8 月龄，1 岁后便去势育肥。母羊全年发情，具有多胎性能，初产单羔率为 77.41%，双羔率为 20.92%，三羔率为 1.67%，平均产羔率为 124.27% ；经产单羔率为 42.70%，双羔率为 53.24%，三羔率为 3.78%，四羔率为 0.27%，平均产羔率为 160.54%。

3. 板皮品质

贵州白山羊所产板皮属四川路，板质优良，纤维致密，毛眼稀疏，厚薄适中，拉力强而柔，平均板皮面积 5150 平方厘米，重量 500 ～ 750 克，板皮上留有头、尾皮，与其他路板皮有明显区别。

4. 生产性能

在沿河土家族自治县新景乡保种选育场测定贵州白山羊成年羊宰前活重（千克）：33.36 ± 6.68，胴体重（千克）：16.74 ± 3.65，屠宰率（%）：50.18 ± 3.67，净肉重（千克）：12.89 ± 3.11，净肉率（%）：38.64 ± 3.52。

二、贵州黑山羊

（一）产区与分布

作为贵州省三个山羊品种之一，贵州黑山羊养殖分布区主要在贵州省毕节市及周边地区。这些地区以高山丘陵为主，平均海拔为1600 米，平均温度为 13 ℃。在这种特殊的生态环境下，贵州黑山羊慢慢形成了耐湿寒的体态结构、耐粗饲等特点。其主要分布在威宁县、赫章县、水城县、盘县、毕节市、六盘水市、安顺市、黔南布依族苗族自治州、黔西南布依族苗族自治州。

（二）品种特征和性能

1. 外貌特征

贵州黑山羊被毛主要为黑色，占比为 60% ～ 70%，而麻色占比为 20%，花色及白色占比约为 10%。根据着生部位和毛长短的不同，贵州黑山羊可分为短毛型、半长毛型和长毛型 3 种。半长毛型羊体躯下缘着生长毛；长毛型羊体躯主要部分着生 10 ～ 15 厘米长的覆盖毛。

贵州黑山羊体格中等，体躯近似长方形、体质结实、结构紧凑。头部大小适中、头型略显狭长，额平，额下有须，耳小且平伸。大多数羊有角，呈镰刀形，向后、向外扭转延伸。而无角羊（俗称马头羊）仅占 9.24%，颈部细长且无皱褶，颈下有一对肉垂。体躯近似长方形，背腰平直，胸部狭窄，腹围相对较大；四肢略显细长，蹄质结实，强劲有力，骨骼细致结实，肌肉发育丰满（图 2–9）。

贵州黑山羊（公）

贵州黑山羊（母）

图 2-9　贵州黑山羊外貌特征

2. 繁殖性能

性成熟早是贵州黑山羊公羊的特征，公羊 3 ～ 4 月龄能够有性行为，其 4.5 月龄达性成熟，9 月龄达初配年龄，一般在当年配种期过后即去势育肥，第二年另选小公羊配种；母羊多数在春、秋两季发情，可全年发情，发情周期为 20 ～ 21 天，发情可持续 2 ～ 3 天，母羊初情期为 5 ～ 6 月龄，性成熟年龄为 6.5 月龄，初配年龄为 8 ～ 10 月龄，妊娠期 149 ～ 152 天，平均产羔率 152%。一般一年一胎，海拔低的地区可一年两胎或两年三胎。据对 1466 胎次调查，初产母羊每胎产羔 1.21 只，经产母羊每胎产羔 1.49 只，以第 3 ～ 6 胎双羔率高，羔羊初生重 1.49 千克，断乳重 9.15 千克，羔羊断乳成活率 90%。贵州黑山羊板皮属云贵路，板皮厚满，皮毛质软细小，是重要出口物资。

3. 板皮品质

贵州黑山羊板皮属云贵路，板皮厚满，皮毛质软细小，是重要出口物资。

4. 生产性能

1～1.5 岁贵州黑山羊宰前活重（千克）：9.39 ± 3.25，胴体重为（千克）：8.51 ± 1.51，屠宰率（%）：43.89 ± 2.12，净肉重（千克）：5.99 ± 1.19，净肉率（%）：30.89 ± 2.16；而 2.5～5 岁贵州黑山羊宰前活重（千克）：28.91 ± 4.44，胴体重（千克）：12.66 ± 2.30，屠宰率（%）：43.79 ± 3.38，净肉重（千克）：9.10 ± 1.70，净肉率（%）：31.48 ± 3.07。

三、黔北麻羊

（一）产区与分布

黔北麻羊是贵州喀斯特地区独有的地方优良山羊品种，2017 年荣获国家市场监督管理总局“地理性标志保护产品”。习水县发展麻羊产业历史悠久，当地养殖氛围浓厚，存栏量为 30 万只，年出栏量为 25 万只。主要分布在仁怀市、习水县、赤水市、遵义市、金沙县、桐梓县。

（二）品种特征和性能

1. 外貌特征

黔北麻羊被毛为褐色，有浅褐色和深褐色两种，两角基部至鼻端有两条上宽下窄的条纹（俗称狸面），有黑色背线（即从两角基部中点沿颈椎、背线延伸至尾根有一条黑色毛带）和黑色颈带（即沿两侧肩胛经前臂至蹄冠又有一条黑色毛带），腹毛为草白色，背毛较短，肤色为白色或粉红色。羊群中 10%～20%的羊有乌羊特征，即眼睑、舌前端和尾跟内侧呈乌黑色。幼年公羊背脊及颈部被毛较短，毛色较浅，成年后背脊及颈部被毛较长，毛色较深，为灰白色。一旦去势以后，毛色逐步变成深褐色。羊群中约5%的羊毛比较长，为半蓑衣毛羊。

此外，黔北麻羊体格较大，体质结实，结构紧凑，骨骼粗壮，肌肉发育丰满。头呈三角形，大小适中，额宽平，鼻梁平直，耳小，向外平伸。公、母羊均有角，呈褐色，角扁平或呈半圆形，向后上外微弯，呈倒镰刀形。公羊角粗壮，母羊角细小，极少数羊无角。颈细长、无皱褶，少数有一对肉垂。体躯呈长方形，胸宽深，肋骨开张，背腰平直，尻略斜。四肢较高、粗壮，蹄质结实，蹄色呈蜡黄色或黑色。公羊威武雄壮，前胸发达；母羊腹部圆大，乳房发育良好，体型丰满，略呈楔形（图2-10）。

黔北麻羊（公）

黔北麻羊（母）

图2-10　黔北麻羊外貌特征

2. 繁殖性能

黔北麻羊性成熟较早，公母羊4月龄性成熟，母羊8月龄左右配种。母羊全年发情，发情周期 19 ～ 21 天，发情持续时间 24 ～ 48 小时，妊娠期 150 ～ 152 天，产羔率 197.53%。羔羊初生重 1.71 千克，羔羊断乳重 12.5 千克，羔羊断乳存活率 93.21%。河谷地带母羊每隔 7 个月产 1 胎，地势较高地区母羊每隔 9 ～ 10 个月可产 1 胎，2 胎以上经产母羊产双羔、三羔的合计比例占经产母羊的 80%，少数还可产 4 羔。公羊初配年龄为 5 ～ 6 月龄，配种后即去势育肥，故羊群中极少有公羊。

3. 板皮品质

黔北麻羊板皮属“四川路”，板皮质地致密、油性足、厚薄均匀、富有弹性，伤残少，涨幅较大，等级皮占总数的 90.76%，涨幅较大，平均为 0.52 平方米，是重要的出口物资之一。板皮面积特级皮为 0.60 平方米，一级皮为 0.38 平方米，二级皮为 0.36 平方米，三级皮为 0.28 平方米，等外皮 0.26 平方米。

4. 生产性能

1 ～ 1.5 岁黔北麻羊宰前活重（千克）：31.16 ± 3.62，胴体重（千克）：14.80 ± 2.40，屠宰率（%）：47.50 ± 2.92，净肉重（千克）：11.32 ± 1.96，净肉率（%）：36.33 ± 2.47；2 ～ 4.5 岁黔北麻羊宰前活重（千克）：33.97 ± 3.67，胴体重（千克）：15.74 ± 2.23，屠宰率（%）：46.34 ± 2.66，净肉重（千克）：12.15 ± 1.93，净肉率（%）：35.77 ± 2.41。

四、黔东南小香羊

（一）产区与分布

原名雷山“小香羊”、榕江“塔石小香羊”，该羊以其生长发生发育快，成熟早，抗病力强，产羔率高、个体小等特点而著称。主要分布在榕江县、雷山县、从江县、黎平县、凯里市。

（二）品种特征和性能

1. 外貌特征

黔东南小香羊被毛以白色为主（约占 80%），其次为麻、黑和褐色，极少数为黑白花。头形略长，上宽下窄，额宽平，角多呈倒八字形，略长而细，角褐色，鼻梁平直，两耳斜立，大小适中；颈部粗，长短适中，无皱褶，无肉垂；全身着短粗毛，公羊头顶部多有卷毛，肤色为白色；体质结实、结构紧凑均匀，体型小、四肢短小粗壮、结实有力，肌肉发育丰满适中；体躯呈长方形，胸宽深，背腰平直，腹围较大，母羊乳头大，均匀，部分有副乳头（图 2–11）。

黔东南小香羊（公）

黔东南小香羊（母）

图 2–11　黔东南小香羊外貌特征

2. 繁殖性能

黔东南小香羊性成熟较早。公羊 2 月龄即有爬跨行为，3 月龄后达到性成熟，4 ～ 5 月龄开始初配；母羊 4 月龄左右出现第一次发情，发情周期 19 天，妊娠期 148 天，5 ～ 6 月龄开始配种。产羔率 260.8%，双胎率 65.2%，年产胎次 1.75 胎，初生重公羔为 1.567 千克、母羔为 1.425 千克，断乳期 75 天，断乳重公羔为 8.582 千克、母羔为 7.821 千克，哺乳期日增重公羔为 77.6 克、母羔 73.0 克。利用年限公羊 4 ～ 5 年，母羊 5 ～ 6 年。

3. 生产性能

1 ～ 2 岁公羊，宰前体重（千克）：22.40 ± 4.38，胴体重（千克）：9.55 ± 3.04，屠宰率（%）：42.11 ± 5.33，眼肌面积（平方厘米）：4.87 ± 1.87，腰部肌肉厚（厘米）：1.95 ± 0.92，大腿肌肉厚（厘米）：1.70 ± 0.28，净肉重（千克）：7.54 ± 2.64，净肉率（%）：33.12 ± 5.29，净骨重（千克）：1.78 ± 0.25，肉骨比（%）：4.35 ± 0.92；1 ～ 1.5 岁母羊，宰前体重（千克）：14.00 ± 4.26，胴体重（千克）：6.05 ± 2.17，屠宰率（%）：42.77 ± 5.58，眼肌面积（平方厘米）：3.26 ± 1.39，腰部肌肉厚（厘米）：1.60 ± 0.45，大腿肌肉厚（厘米）：1.13 ± 0.21，净肉重（千克）：4.33 ± 1.83，净肉率（%）：30.28 ± 6.79，净骨重（千克）：1.25 ± 0.34，肉骨比 /%：3.46 ± 0.79。

五、贵州黑马羊

（一）产区与分布

贵州黑马羊源于有角贵州黑山羊的分化，而经过长期选育，其种群已表现出耐粗饲、早熟易肥、抗寒耐湿、皮薄骨细、肉质优美等特点，具有优良的种质特性。主要分布在赫章县、威宁县、纳雍县、六盘水市。

（二）品种特征和性能

1. 外貌特征

贵州黑马羊全身被毛为黑色，为短粗毛，肤色白色；体格较大，体质结实，结构匀称，其头无角，少数羊颈部有一对肉垂，呈对称分布，无皱褶，头形似马，老百姓又称其为“黑马羊”或“马头羊”。头部呈倒三角形，大小适中，额较宽而微凸，鼻梁平直，耳朵大小适中、前倾，颌下有髯，颈部呈圆筒状；体躯呈长方形，结构紧凑，胸宽深、肋开张，背腰平直，后躯略高，斜尻；四肢较长而强健有力，蹄质坚实，蹄壳呈黑色，小尾上竖；肌肉发育良好，骨骼强健，肌肉丰满；公羊雄壮，长有胡须，颈部粗、短；母羊头部清秀，颈大小适中，无皱褶，性情温顺（图 2–12）。

贵州黑马羊（公）

贵州黑马羊（母）

图 2–12　贵州黑马羊外貌特征

2. 繁殖性能

贵州黑马羊公羊3月龄开始有性行为，6月龄性成熟，一般配种使用年限为3年。母羊6月龄性成熟，发情周期21天，发情季节多在5～6月份，7～8月龄开始配种，妊娠期为145～150天，年产1～2胎或两年三胎，繁殖年限6～8年。初产母羊多为单羔，经产母羊双羔率达80%左右，羔羊成活率为89.1%，母羊难产或流产少有发生。

3. 生产性能

1～1.5岁贵州黑马羊宰前体重（千克）：28.20 ± 10.25，胴体重（千克）：13.27 ± 4.77，屠宰率（%）：46.99 ± 17.48，眼肌面积（平方厘米）：8.13 ± 3.11，腰部肌肉厚（厘米）：2.30 ± 0.79，大腿肌肉厚（厘米）：1.96 ± 0.68，净肉重（千克）：36.65 ± 13.78，净肉率（%）：36.65 ± 13.78，骨重（千克）：2.24 ± 0.84，肉骨比（%）：4.31 ± 1.61；2.5～4.5岁贵州黑马羊宰前体重（千克）：36.22 ± 7.17，胴体重（千克）：16.80 ± 3.98，屠宰率（%）：46.14 ± 3.54，眼肌面积（平方厘米）：9.17 ± 2.30，腰部肌肉厚（厘米）：2.62 ± 0.47，大腿肌肉厚（厘米）：2.30 ± 0.43，净肉重（千克）：13.28 ± 3.33，净肉率（%）：36.38 ± 3.11，骨重（千克）：2.91 ± 0.53，肉骨比（%）：4.53 ± 0.44。

六、威宁绵羊

（一）产区与分布

绵羊在动物分类学上属于哺乳动物纲（Mammalia）、偶蹄目

（Cetartiodactyla）、反刍亚目（Ruminantia）、洞角科（Bovidae）、羊亚科（Caprovinae）的绵羊属（Ovis）。威宁绵羊主要分布在威宁县、赫章县、盘州市、毕节市、水城县黔西县、大方县、纳雍县、织金县、金沙县。

（二）品种特征和性能

1. 外貌特征

威宁绵羊头部呈三角形、大小适中，额平，鼻梁隆起，耳小、平伸，颈部呈圆筒状，稍长而细，体躯呈圆桶状、前低后高，肋开张，腰肷丰满，背腰平直，臀部略倾斜。呈现出公羊大多数有角而母羊少数有角的情况。公羊角型多为半圆形角，少数呈螺旋形；母羊角退化，多为小角。四肢骨骼较细，尾短瘦呈锥形，腿较长，蹄呈蜡黄色。威宁绵羊全身被毛主要为白色，少数为花色或黑色，全身白色极少（图 2-13）。

威宁绵羊（公）

威宁绵羊（母）

图 2-13　贵州威宁绵羊外貌特征

2. 繁殖性能

威宁绵羊 7 月龄性成熟，初配年龄为 10 月龄。母羊秋季发情，发情周期20天，妊娠期150天。一般为1胎1羔，产双羔者极少，产羔率为78%～82%，羔羊初生重2.14千克，120日龄断乳重13.82千克，羔羊断乳成活率86.32%，繁殖成活率为55%～62%。

3. 产毛性能

威宁绵羊属粗毛羊，全身被毛覆盖较差，颈下缘、前肢肘关节以下、后肢股骨以下和腹下基本无绒毛。其毛被外层为粗毛和两型毛，毛少弯曲，肉层为绒毛。羊毛密度差、油汗少。每年可剪毛3次，分别在3月、6月和9月，3月平均每只产毛0.196千克，6月平均每只产毛0.248千克，9月平均每只产毛0.26千克，全年每只产毛量共0.705千克。3次剪毛以3月毛较长，绒毛较厚，多用来纺线；6月毛较短，多用作制毡；9月毛最短且粗，用来制披毡。公羊年剪毛量为1.33千克，母羊为0.685千克。

4. 生产性能

3～5岁公羊宰前活重（千克）：29.10±5.48，胴体重（千克）：14.41±2.42，屠宰率（%）：49.52±5.90，净肉重（千克）：10.36±1.98，净肉率（%）：35.60±4.28，眼肌面积（厘米）：13.71±3.87，腰部肌肉厚（厘米）：2.80±0.41，大腿肌肉厚（厘米）：2.52±0.23，骨重（千克）：3.30±0.44，肉骨比：3.14±0.23；3～4岁母羊宰前活重（千克）：25.25±1.26，胴体重（千克）：12.60±0.51，屠宰率（%）：49.90±4.03，净肉重（千克）：9.40±0.86，净肉率（%）：37.22±4.88，眼肌面积（厘米）：12.85±2.49，腰部肌肉厚（厘米）：2.48±0.10，大腿肌肉厚（厘

米）：2.40 ± 0.36，骨重（千克）：2.75 ± 0.19，肉骨比：3.42 ± 0.35。

七、贵乾半细毛羊

（一）产区与分布

贵乾半细毛羊主产于贵州省毕节市，主要分布于西部高寒山区的毕节、威宁、赫章、盘县、水城、大方、纳雍等市（县）。

（二）品种特征和性能

1. 外貌特征

贵乾半细毛羊体质结实，体型匀称。公、母羊均无角，颈短，背平直，肋骨开张、后肢略高，体躯呈圆桶形，较为丰满。被毛为白色，头、耳、四肢下端及会阴部着生刺毛部位间有黑色或棕褐色斑点。套毛着生头部一般到两腿连线， 前肢到腕关节，后肢到飞节。皮肤较薄，呈粉红色，有弹性。羊毛密度稍稀，呈开放型毛被，毛丛长度 9 ～ 10 厘米，具有明显或不明显大波状弯曲。油汗适中，被毛表层因受雨淋冲刷，油汗稍有不足。

贵乾半细毛羊（公）

贵乾半细毛羊（母）

图 2-14　贵乾半细毛羊外貌特征

2. 繁殖性能

公羊 10 ～ 12 月龄性成熟，18 月龄适配。母羊发情周期 14 ～ 21 天，发情持续时间 16 ～ 30 小时，8 ～ 10 月龄初次发情，适于 12 ～ 18 月龄初配，初产母羊产羔率 105.88%，经产母羊产羔率为 117.07%。

3. 产毛性能

产毛量，成年公羊平均 5.95 千克，母羊 5.57 千克。公羊毛长 14.18 厘米，母羊毛长 14.19 厘米。公羊毛细 30.14 毫米，母羊毛细 28.07 毫米。

4. 生产性能

在贵州省毕节市牧垦场、威宁县种羊场、威宁县盐仓镇甘家院子村和高峰村、赫章县兴发乡中营村和中寨村对贵州乾细毛羊屠宰性能进行测定，结果显示，宰前活重（千克）：39.16 ± 0.86，胴体重（千克）：18.92 ± 0.65，屠宰率（%）：48.32，净肉率（%）：14.80 ± 0.32。

第三章 牧场建设

第一节 牛场建设

一、牛场选址

（一）选址原则

选择场址时应注意要与本地区农牧业的总体发展规划相符合，同时也要与城乡建设发展规划、环境保护规划及土地利用发展规划等要求相适应。严格执行《畜牧法》《动物防疫法》规定。养牛场必须在行政部门规定的可养区内建场，必须配备完善的粪污处理设施设备，采取科学的粪污无害化处理及污水净化处理工艺，实行严格的环保管理制度，并经环保部门环境评估和审批才能建立养牛场，并接受环保部门的监测和监管。

（二）地势地形

场地的选择应在地势高燥之处，同时要注意能够避风且阳光充足。牛饲养在这样的环境中，可充分利用该地形防潮湿，有利于排水等特点，减少疾病的发生，有利于生长生产。与河岸保持一定距离，特别是在水流的溪流旁建场时更要注意。一般要高于河岸，至少要做到高于该地区的历史洪水线。同时要注意，地下水位应保证在 2 米以下，即在生产中要能够确保当最高地下水位时距青贮窖底部至少有 0.5 米，这样的地势可以避免雨季洪水的威胁，减少土壤毛细管水上升而造成的地面潮湿。向阳背风，主要是要确保场区周边的小气候相对稳定，如冬春季风雪期时减少对牛场的侵袭影响，尤其需要注意避开西北方向的风口和长形谷地。牛场地面要做到平坦略有坡度，一般 1% ～ 3% 为宜，方便排水，不容易造成积水或泥泞。地面最大坡度小于或等于 25%，总坡度应与水流方向相同。山区地形变化大，可酌情而定；但要避开悬崖、山顶、雷击区等地。场区面积的确定要根据多种因素，如牛场的规模、饲料贮存和加工及饲养方式等。场区要布局紧凑，地形应开阔整齐，尽量少占地，并留有余地为将来发展。牛场过于狭长和边角太多时，不利于布局整个牛场，使防护设施费用增加。

（三）交通

为了保护环境，最大限度地降低牛场废弃物带来的污染，尽可能减少由此对人类造成的危害，避免人畜共患病的交叉传播，同时也防止居民区对肉牛场的干扰，生活噪声影响牛的休息和反刍等。因此，肉牛场应选择在居民点的下风向、径流的下方、距离居民点 500 米以上，海拔不得高于居民点；为避免居民区与肉牛场的相互干扰，可在两地之间建立树林隔离区。

便利的交通是牛场对外进行物质交流的必要条件，但在距公路、铁路、飞机跑道过近时建场，交通工具所产生的噪声会影响牛的休息与消化，人流、物流频繁过往也易传染疾病，所以牛场应选择距离主要交通干线500米以上，一般交通线200米，便于防疫。

（四）土壤

根据土壤特性，将土壤分为沙土、黏土和沙壤土。沙土透气性好、吸湿性差、透水能力强、易导热、热容量小、毛细管作用弱，故易保持干燥，不利于细菌繁殖；但昼夜温差大，不利于牛体温的调节。黏土透气性差、吸湿性好、吸水能力强、不易导热、热容量大、毛细管作用明显，此类土壤的牛舍和运动场内潮湿、泥泞，不利于牛健康；但昼夜温差小，有利于牛体温的调节。沙壤土介于沙土和黏土之间，作为肉牛场场址的土壤，应该透气透水性强、毛细管作用弱、吸湿性小、导热性小的土壤，这样场址内较干燥，地温较恒定是较理想的土壤。

（五）水源、电源

牛场的建设需要保证水源充足，主要依据是能够满足牛的饮水及其他生产用水，以及牛场人员的相关生活用水，以及防火需求及未来发展可能的需要。以肉牛场为例，需水量按成年牛当量计算，每头成年肉牛每日耗水量为45～60千克。水质要能达到良好状态，即不经处理也能达到饮用水的相关标准，该种状态最为理想，而且要能够做到方便取用，再投资少，且应用技术简便且处理易行。此外，在选址上还需要进行调查，要了解该地区是否出现过因水质不良而引发地方性疾病等。可供肉牛场选择的水源有3类，即地表水、地下水和雨水。江、河、湖、水库等为地表水；地下水最为理想，地表水次之，雨水易被污染，最好不用。并有电源设施，便于饲草、饲料加工。

（六）饲草料来源

饲草料的来源，尤其粗饲料，决定着牛场的规模。一般应考虑5000米半径内的饲草料资源，距离太远经济不合算，根据有效范围内年产各种饲草、秸秆总量，减去原有草食家畜消耗量，剩余的富余量便可决定牛场规模。

（七）防疫和环境

牛场场址必须符合兽医卫生要求，一般不宜在旧养殖场建场，以避免吸灭性传染病的发生，牛场周围不应有污染严重的化工厂、屠宰厂、制革厂、制药厂、牲畜贸易市场等（距离大于3000米）。若以放牧为主时，为确保牛的行走安全，要注意牛的牧道不能与主干交通线或是铁路等有交叉。

二、规划与布局

（一）规模

规模化牛场的布局应因地制宜，便于饲养管理，有利于生产和提高工作效率，能为肉牛生产提供适宜的环境。牛场布局一般分为5个区，包括管理区、生产区、隔离区、粪污处理区、辅助区等；场内各建筑物要合理布局、统一安排，尽可能做到整齐、紧凑、美观。生活区，办公区要与生产区分开，且在生产区的上风向。饲料房应靠近牛舍，便于饲料取用，做好下水道，规划好道路，植树绿化等。

（二）布局

1. 生产区

生产区包括牛舍、人工授精室等设施，为整个肉牛场的核心和产生经济效益的主体。设立生物安全隔离围墙，与其他区域隔离，设进场大门和出场后门两道门。进场大门为净道入口，设置车辆消毒通道严格要求工作人员经过消毒杀菌方能进入养殖生产区内。后门为肉牛粪便、污物、肉牛进出场通道（污道）出口。养殖区内设净道和污道两条道路，净道为生产及管理人员、饲料和生产投入品进入养殖车间通道，一般设在养殖场中间；污道为粪便污物和肉牛出栏通道。净道和污道不能交叉，路面为混凝土硬化路面或柏油路面，净道一般宽 6 米以上，污道宽 4 米左右。牛台要靠近生产区的中央，牛舍间要有 5 ～ 10 米的间距，以保证运动、采光和防疫等需要；青贮窖（氨化池）草料棚、精料库、饲料加工间等与饲料有关的设置应位于牛舍附近上风向或侧风向的一侧，以便饲料的取用。如图 3–1 为肉牛场生产区。

图 3–1　肉牛场生产区

2. 管理区

作为肉牛场工作人员办公、全场生产指挥、对外联系的主要场所，可分为办公、接待、会议等功能区，因管理区对外联系频繁，应与生产区严格隔离，尽量靠近牛场的主大门，位于生产区的上风处。

3. 辅助区

包括粗饲料库、精饲料库、加工车间、青贮窖、机械库等；可设在管理区与生产区之间，为肉牛养殖场的饲料调制、贮存、加工、设备维修等部门。辅助区的面积应按养殖规模决定，布局需适当集中，这样便于管理，同时，可以节约水电管道线路，也可以缩短饲草料的运输距离等。

精饲料库、青贮窖及加工车间等，需要注意要尽可能离牛舍近些，以方便运输。粗饲料库则需要布局在生产区的下风口处，且要保证地势相对较高，与其他建筑物保持防火距离，至少要达到60米。

4. 隔离区

隔离牛舍包括兽医诊疗室，应位于牛场的一角，远离其他牛舍，是观察新购牛、隔离、治疗患病牛、病死畜等的场所，为牛场的重要组成部分。隔离区要四周砌围墙，设小门出入，出入口建消毒池、专用粪尿池，严格控制病牛与外界接触，以有效避免疫病传播和蔓延。

5. 粪污处理区

粪污处理区包括堆粪池和污水池，应位于生产区、管理区、辅助区、隔离区的下风向，尽可能远离牛舍，防止污水粪尿废弃物蔓延污染环境。

6. 风向与分区

在建牛场时，应根据场址夏季主风向来合理布局各区，管理区要位于夏季主风向的上风方向，生产区和隔离区应位于管理区的下风方向，隔离区及粪污处理区等应位于整个牛场的最下风向。

7. 地势与分区

地势布局应尽量布置管理区在牛场地势较高的地方，生产区地势略低于管理区，隔离区与粪污处理区位于地势最低处。当夏季主风向与地势不能满足布局要求时，宜优先考虑地势布局要求，特别是在坡度比较大的场址。图 3–2 为贵州大学牛羊产业技术团队设计的榕江县平江镇巴鲁扶贫产业肉牛养殖场效果图。

图 3–2　肉牛养殖场效果图

三、牛舍建设

（一）牛舍的类型

总体而言，牛舍的建造要设计合理、经济实用等特点，还要符合兽医卫生的基本要求。根据牛的品种、育肥阶段、年龄、当地全年的气温变化，常见的牛养殖方式有拴系式和散养式两种，牛舍分为拴系式牛舍和散栏（围栏）式牛舍。建筑形式分为敞棚式或半开放式。牛舍内部排列方式视养牛规模而定，主要有单列式、双列式。牛舍建筑面积按每头基础能繁母牛占用圈舍 10 平方米，带犊母牛和犊牛合计按每头 10 平方米，每头育成牛占用圈舍 8 平方米，育肥肉牛占用圈舍 6 平方米设计牛舍。

1. 拴系式牛舍

拴系式牛舍是肉牛集中饲养最常用的方式，用牛颈枷（链绳）固定拴系每头牛于食槽或栏杆上，限制活动，每头牛都有固定的槽位和牛床，这种喂养方式便于肉牛饲喂和观察，适合养牛大户和小型肉牛场；但不利于牛舍的通风、光照、卫生等。

（1）拴系式牛舍类型

按照牛舍跨度大小、牛床的排列形式，可分为单列式和双列式。

单列拴系式牛舍：只有一排牛床，跨度小，宽度一般 5 ～ 6 米，易于建筑，通风良好，但散热面大，适合小型牛场和坡度较高的山区采用。

双列拴系式牛舍：有两排牛床，分左右两个部分，能满足自然通风的要求，以牛头对牛头的双列式应用较多，便于饲喂和机械操作，缺点是清粪不方便，如图 3–3。

图 3–3　拴系式牛舍

（2）拴系式牛舍的建筑要求

规模约为 50 头的养殖场，且场地受限，可修建成单列式；饲养头数较多、场地又不受限时，最好修建成双列式，其他要求如下：

舍内干燥，地面应保湿、不透水，不滑；舍内有窗户，可保证足够太阳光线的射入；舍内清洁卫生，空气新鲜牛舍供水充足，污水、粪尿能排净；根据饲养头数，建适宜面积的兽医室、隔离室、人工授精室；根据饲养头数，建适宜面积的粗饲料库、精饲料库、加工车间、青贮窖等。

（3）拴系式牛舍的设施要求

以牛头对牛头双列式牛舍为例，牛舍内的设施与建设时的主要要求如下：

①喂料通道（净道）　通道于牛舍纵向的正中间，可根据运料车的宽度确定窑料通道的宽度，一般为 1.5 ～ 2.0 米，长与牛舍相等，两边依次为饲槽、颈和、牛床、排尿沟、粪便清理通道。

②饲槽　饲槽口（上）净宽 45 ～ 60 厘米，饲槽深 30 ～ 35 厘米；槽底为圆弧形，应采用高标号的水泥，饲槽内表面需清光，便于肉牛采食和清洁卫生；饲槽内沿（靠牛床）高 35 ～ 45 厘米，饲槽外沿（靠喂料通道）高于内沿 10 ～ 20 厘米。

饲槽根据与饲道的高度分为低饲槽、高饲槽两种，低饲槽前沿与饲道表面为同一平面，施工时通道需一定的填方量；高饲槽前沿（靠喂料通道）比饲道表面高 60 ～ 70 厘米，高饲槽饲喂时费工费时，不利于机械化（TMR 喂料车）操作，生产效率低；规模化养牛建议以低饲槽为好，可提高生产效率。

③隔栏（颈枷）　隔栏高度约为 150 厘米，位于饲槽内沿与牛床的连接处，隔栏的作用是阻止肉牛跑出或污染饲槽、饲料。隔栏可分 3 种：横式、柱式和颈枷，横式和柱式要配合捆牛绳使用，投资少；颈枷的投资较大，但使用方便。

④牛床　长度一般为 1.6 ～ 1.8 米，向后 (排尿沟方向) 倾斜度为 1% ～ 3%，前高后低。建造牛床，务必夯实填料。牛床的地面一般采用水泥地面，地面要抹成粗糙横行的花纹，防止肉牛滑倒，冬季需垫料。

⑤排尿沟　排尿沟的表面应光滑、不渗漏，要向牛舍的里端倾斜，倾斜度 1% ～ 3%，排尿沟与舍外污水池相连；排尿沟的宽度约为方头铲的宽度，为 25 ～ 35 厘米，深为 5 ～ 10 厘米。

⑥粪便清理通道　在排尿沟后面，宽度为除粪车的宽度，约 1.2 米。

2. 围栏式牛舍

围栏式牛舍是指肉牛在牛舍内不拴系、不固定的一种饲养方式，将肉牛分群后、散放饲养，自由采食、自由饮水的一种圈养方式。围栏式牛舍多为开放式或棚舍，采用这种牛舍时，整个牛场内圈舍、进出口等之间要设置固定和可活动的围栏配合使用，围栏式牛舍如图 3-4、图 3-5。

（1）围栏式牛舍的建筑要求

①建造围栏式牛舍不设置拴系式牛舍用的牛床和运粪通道，把拴系式牛舍内牛床位置的面积加大，单侧牛圈的宽度为 10 ～ 12 米，根据场地和需要确定牛舍的长度。

②围栏式牛舍的饲喂通道、饲槽、栏杆的建造与拴系式牛舍相同。牛舍内根据牛群的大小，设若干隔栏，每个隔栏均可活动，便于分群和饲养管理。

③牛舍建成后，牛舍内形成了多个长方形的单个牛圈，每个单圈牛舍饲槽栏杆的宽度是隔栏长度的一半，如隔栏长 6 米，饲槽栏杆每一隔的宽度为 3 米；隔栏的两头可以活动、中间是固定的；当需要除粪或分群时，通过移动隔栏，让整排牛舍形成通道，便于机械除粪或分群。

④围栏式牛舍的饲养密度较小（围栏式牛舍每头牛占用的圈内面积为 5 ～ 6 平方米，而拴系式牛舍每头牛占用的圈内面积为 1.5 ～ 2 平方米）。

⑤围栏式牛舍适合养殖机械（TMR 喂料机、铲粪用的铲车）的使用，对牛群的管理更简单、高效。

图 3-4　围栏式牛舍

（2）围栏式牛舍的设施要求

①地基　地基坚实、干燥，深度为 80 ～ 100 厘米，需用石块或砖砌好。

②屋檐　屋檐太高不利于保温；过低则影响舍内光照和通风。屋檐距地面 300 ～ 350 厘米为宜。

③顶棚　顶棚距地面 380 ～ 400 厘米，宜采用导热性低和保温的材料，做到防暑、防雨并通风良好。

④牛床　肉牛的牛床比奶牛的稍小，长度为 170 ～ 180 厘米，宽度为 115 ～ 125 厘米。

⑤门窗　牛舍大门不设门槛，坚实牢固，宽度为 200 ～ 250 厘

米。牛舍内的南窗应较多、较大（约为 100 厘米 ×120 厘米），北窗则宜少、较小（约为 80 厘米 ×100 厘米）。

图 3-5　围栏式牛舍

（二）牛舍的建设要求

牛场的设计与建造应合理布局生产区、管理区、辅助区、粪污处理区、隔离区。应根据肉牛的生理特点，对肉牛进行合群、分舍饲养，并按群设运动场。

其基本要求是：建牛舍应经济实用，尽量就地取材，以降低成本；符合兽医卫生要求，科学合理；舍内干燥卫生，空气新鲜；冬季保温性能好，夏季通风效果好；墙壁、天棚等结构的导热性小，耐热，防潮；地面保温，不透水、不打滑；污水、尿等能自然排放，封闭式牛舍采光要好。牛舍建筑结构可采用砖混结构或轻钢结构，棚舍可采用钢管支柱。双坡型屋顶，夹层彩钢瓦屋面，牛舍内通风良好，空气中有毒有害气体含量应符合要求，温度、湿度、气流、光照符合肉牛不同生长阶段要求。

四、牛舍的配套设施

（一）运动场

根据饲养肉牛的数量和种类确定运动场的大小，运动场内设有饲槽、饮水槽、遮阳棚等，饲槽和饮水槽多采用可移动式的水泥槽，放置于围栏边，拴系式育肥牛场一般不设置运动场，但饲养繁殖母牛和种公牛的牛舍必须设有运动场。

（二）饲料饲草加工与贮存设施

1. 青贮设施

规模化牛场制作青贮料常用青贮窖和裹包青贮两种方式。根据深入地下的深度，青贮窖分为地上式、半地上式、地下式 3 种。选择青贮窖的建造方式，应根据当地地下水位的高度、建造成本、使用方便程度等。根据青贮料鲜重 600 千克 / 立方米，每头牛平均每天采食 20 千克，预计的饲养天数、肉牛头数来计算所需青贮窖的容积、所需青贮饲料的数量，所需建造青贮窖的大小、长度和深度。为了保证青贮的质量，便于青贮料的制作和取用，青贮窖的高度一般不超过 5 米，宽度不超过 8 米，长度不超过 50 米。青贮窖的底部和四周应用砖、石头砌壁，水泥抹平，密封，底部应留有排水孔，如图 3–6。

裹包青贮制作需要配套专用机械设备，不需建造青贮窖；制作简单、成功率高、浪费少、保存时间长，但成本稍高。青贮窖适合大型肉牛养殖场，裹包青贮适合小型肉牛养殖场。

图 3-6　青贮饲料池

2. 精料加工车间

规模化牛场的精料加工车间与普通饲料厂的建筑基本相同，大小和类型根据牛场养殖规模，所需加工饲料的类型和生产需要确定，建筑面积为 50 ～ 100 平方米，具备防潮、不漏水、防鼠、防鸟、可满足生产需要等条件。

（三）防疫与无害化处理设施

1. 防疫设施

（1）隔离沟

在疫情严重的地区，大型育肥场周围应设隔离沟，沟宽不少于 6 米，沟深不低于 3 米，水深不少于 1 米，最好为有水源，以防病原微生物的传播。

（2）隔离墙

育肥场周围应设隔离墙，以控制闲杂人员随意进入生产区。墙高一般不低于 3 米，把生产区、办公生活区、饲料存放加工区、粪场等隔离开，避免相互干扰。

（3）消毒池及消毒室

为了严防病原微生物等进入生产区，外来车辆首先需要在入口处经过消毒池。消毒池设有排水口，一般长度为 4 ～ 5 米、宽度在 2.5 米以上、深度至少 15 厘米，并且池沿一般采用 15° 斜坡设计。需要进入生产区的外来人员需经过消毒室消毒方可进入，消毒室一般建造为列车式串联的两个 5 ～ 8 米小隔间，一间是设小型消毒池和紫外线灯的消毒室，一般是 2 盏紫外线灯，一间是更衣室。外来人员应在更衣室换上罩衣、长筒雨鞋后方可进入生产区。

（4）隔离牛舍

隔离牛舍为隔离外购牛或本场已发现的、可疑为传染病的病牛，上两种牛应在隔离牛舍观测 10 ～ 15 天以上。隔离牛舍床位数计算是：存栏周期的 2 倍（以月计）除年均存栏数。例如，计划 3 个月出栏、圈存牛数为 200 头，则隔离牛舍牛床位数为 33 头；若计划 8 个月出栏，则隔离牛舍牛床位数为 13 头。隔离牛舍应在生产区的下风向 50 米以外。

（5）道路硬化与绿化

场内主要道路应用砖石或水泥硬化，主道宽 6 米，岔道为 3 ～ 4 米，主道应承重 10 吨以上，牛舍间、道路旁应植树、种草等，进行绿化。

2. 粪污无害化处理设施

（1）堆肥场

堆肥场一般需要包括成品堆肥存放地、粪便贮存池和堆肥场地等。场地建设的贮存池，需要根据牛的数量及牛场规模等多种因素综合考虑。例如，间歇式堆肥处理的粪便贮存池，在建造时需要注意，有效体积需要保证能容纳至少6个月的粪便产生量来计算设计。场内还应建立贮存池来收集堆肥渗透液，在建造时还要考虑防渗漏，另外，还要配置防雨淋设施和完善的排水系统，如图3-7。

图3-7 堆肥场

（2）贮存池

贮存池的位置选择应满足《畜禽养殖业污染防治技术规范》中第5.2条的规定。总有效容积要根据贮存期的长短而确定，总体来说，需要考虑当地农作物生产用肥最大间隔时间，以及雨季最长降雨期或是冬季封冻期等，一般至少要保证30天的排放总量。其结构建造需要符合《给水排水工程构筑物结构设计规范》（GB 50069）的有关规定，一定要具备防渗漏功能，不能影响周边地下水。有些地方易被侵蚀，要按照《工业建筑防腐蚀设计规范》（GB

50046）的规定进行防腐蚀处理，另外贮存池还要配置排污泵等。

（3）沼气池（站）

有条件和投资能力的肉牛场，可根据实际情况修建沼气池或沼气站。

（四）其他设施

1. 水井和水塔

水井应选在污染最少的地方，若井水已被污染，可采取过滤法去掉悬浮物、用凝结剂去掉有机物、用紫外线净水器杀灭微生物，当用氯和初生态氧杀灭微生物时，对瘤胃消化不利。水中矿物微元素过量可采用离子交换法或吸附法除去。

水塔应建在牛场中心，较建在其他地方相比，高度可适当低些，供水效能也高。牛场的水塔与用水范围有关，如，用水周径不大于 100 米时，高度至少 5 米；用水周径大于 100 米且小于 200 米时，高度至少 8 米。水塔的容积要至少能够保证牛场 12 个小时正常生产及生活的用水量，高寒地区水塔应作防冻处理，也可配备相应功率的无塔送水器。供水主管道的直径由满足全场同时用水的需要而定。

2. 其他

规模化肉牛养殖场还应配置装（卸）牛台、保定架（配种架）地磅等。

第二节 羊场建设

一、羊场选址

（一）选址原则

场址选择应符合当地畜牧产业和土地发展利用总体规划、城乡建设发展规划和环境保护规划的要求。最大限度地发挥本地区土地、饲草资源和人力优势，最大限度地减少环境污染，保障环境和生产协同发展。

（二）地形地势

选址最好有天然屏障，使外人和牲畜不易经过，如高山、河流、防护林等。背风向阳、高燥，有利于防洪排涝，地下水位在 2 米以下，不出现断层、滑坡、陷落或塌方。朝向以有利于阳光采集和通风的坐北朝南或类似方位的斜坡为好，切勿建在低凹处或风口处，以避免汛期积水和冬季防寒困难。

分期建设时，选址应按总体规划需要一次完成，土地随用随征，预留远期工程建设用地。

（三）交通

远离交通主干线但交通运输方便，便于防疫隔离，以方便、有效避免传染病发生为宜。

（四）土壤

沙壤土最理想，因其土质松软，透水性强，吸湿性、导热性小，雨水、尿液不易积聚，利于保持羊舍及运动场的清洁卫生，有利于减少蹄病及其他疾病的发生，其他土壤类型应根据土壤特性做好排水等特殊设计。场地附近土壤最好适宜建造放牧地和可生产高产、优质饲草。

（五）水源、电源

水源要保证水质良好，无污染，合乎卫生要求，水源充足，取用方便。电源设施以能够饲草、饲料加工为宜。

（六）防疫和环境

建场前应对选址周围地区进行调查，选择四周无疫病发生的地点建场，符合兽医和环境卫生要求，无人畜共患，具体为：场区距高速公路、交通干线、铁路等大于 1 000 米；距一般道路大于 500 米。距兽医机构、其他畜牧场、畜禽屠宰场等有感染风险的设施大于 2 000 米。距居民区大于 3 000 米，位于居民区及公共建筑群常年主导风向的下风向。

二、规划与布局

（一）规划

1. 生活区与生产管理区

包括办公室、宿舍、食堂等建筑、工具室、停车场等。

2. 生产区与辅助生产区

包括公羊舍、母羊舍、羔羊舍、育肥（淘汰）羊舍、青贮窖、饲料加工车间及草料库、药浴池、分群栏、消毒设施等。

3. 病羊隔离区与废弃物无害化处理区

包括兽医室、隔离羊舍、堆粪场、污水收集池、病死羊无害化处理设施区等。

（二）布局

生活区与生产管理区要建在羊场的上风方向，生活区应设在场外，离办公区和饲料供应区至少 100 米。

羊场生产区要布置在管理区的下风向或侧风向，羊舍应布置在生产区的上风向，生产区的布局由南向北依次按产羔舍、育成羊舍、成年羊舍的顺序安排，避免成年羊对羔羊造成感染，主产区入口处必须设置消毒池；羔羊舍与育成羊舍设在羊场生产区上方，远离成年羊舍，育成羊舍设在羔羊舍和成年羊舍之间，便于转群，公羊舍可与配种室或人工授精室建在一起；在生产区内应按规模大小、饲养批次的不同，将其分为若干个小区，各小区之间保持一定距离。草料库要与羊舍保持一定的距离，以利于防火、便于运输，饲料供应区和办公区应设在与风向平行的一侧，距生产区 80 米以上。药浴池应建在羊场外面，最好在下风。

兽医室、粪便污水处理区应设在下风口或地势较低的地方，间距 100 ～ 300 米。隔离羊舍、粪污处理点和病死羊处理区应设在生产区主风向的下风向或侧风向。具体布局如图 3-8、图 3-9 所示。

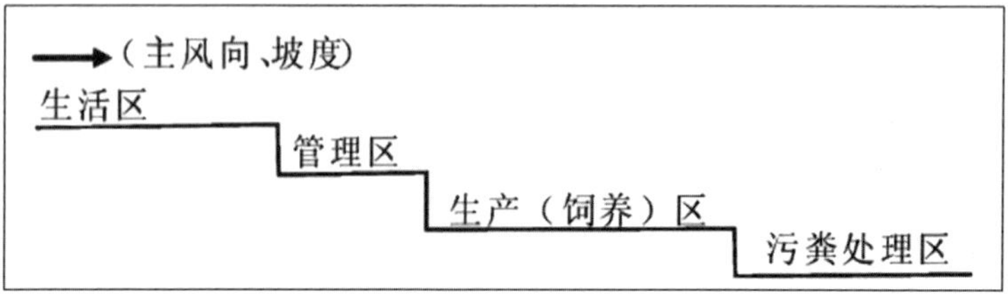

图 3-8 养殖场布局图

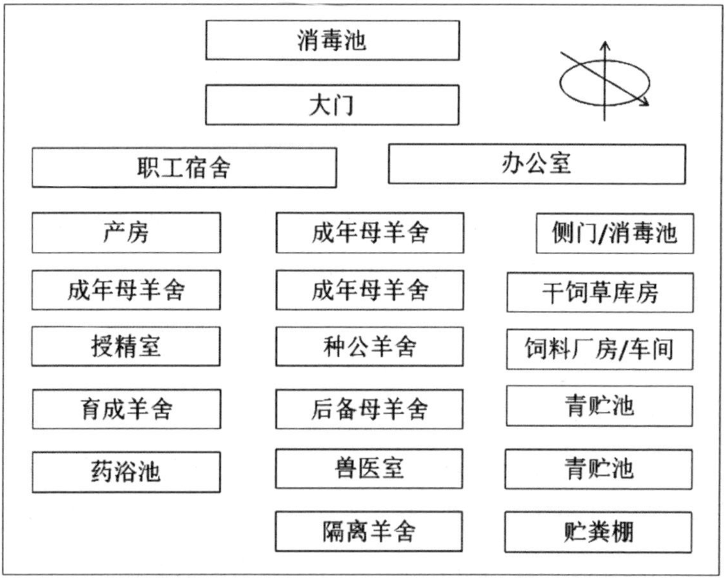

图 3-9 规模羊场建设参考平面布局图

绿化对净化空气、吸收粉尘、美化环境、减少噪音等有积极作用，可在夏季减少辐射热，冬季阻挡寒流，因此羊场绿化在有条件养殖场和地区最好纳入羊场规划布局中。围栏、房舍等发现损坏后要及时维修。道路、运动场、过道等应保持清洁，并定期消毒。净道、污道分开设置。在山区由于实际条件限制，做起来比较困难，可以采取种植树木、建阻隔墙等防护措施加以弥补。

三、羊舍建设

（一）家庭牧场羊舍建设

1. 设计参数依据

不同生长阶段和不同性能的羊只所需圈舍面积见表 3–1（规模羊场同适用）。

表 3–1　不同羊只面积需求表

不同用途羊只	面积（平方米 / 只）	羊别	面积（平方米 / 只）
种公羊（单饲）	4.0 ～ 6.0	空怀期母羊	1.0 ～ 2.0
种公羊（群饲）	2.0 ～ 2.5	育成母羊	0.7 ～ 0.8
育成公羊	0.7 ～ 1.0	产羔母羊	1.5 ～ 2.0
断奶羔羊	0.4 ～ 0.5	怀孕母羊	1.5 ～ 2.0
育肥羊	0.6 ～ 1.0	混合饲养羊群	1.0 ～ 2.0
产羔室面积按产羔母羊数的 25% ～ 35% 计。运动场为羊舍面积 2 倍。			

2. 羊舍建筑形式

羊舍建筑形式可根据具体条件而定，可采用开放式、半封闭式或有窗封闭式，产房或羔羊舍采用有窗封闭式，山区羊舍朝向一般依山或依地势而建，采用单列式或双列式（图 3–10、图 3–11）。

屋顶可采用双坡、单坡或不等坡。双列式、单列式羊舍建设规格见表 3-2。标准化羊舍可建筑采用砖混结构或轻钢结构，小型养殖场（养殖户）、养殖小区可用木结构或砖木结构等。

表 3-2　双列式、单列式羊舍建设规格表

单列式羊舍		双列式羊舍	
类别	长度、宽度或高度（米）	类别	长度、宽度或高（米）
羊舍跨度长	5 ～ 6	羊舍跨度	8 ～ 12
高檐高	≥ 3.0	檐高	≥ 3.5
矮檐高	≥ 2.0	矮檐高	≥ 2.4
中间喂料通道宽	1.5 ～ 3.0	工作喂料通道宽	2. 0 ～ 3.0
料槽宽	0.3 ～ 0.4	料槽宽	0.3 ～ 0.4
羊舍长度	≤ 50.0	羊舍长度	≤ 60.0

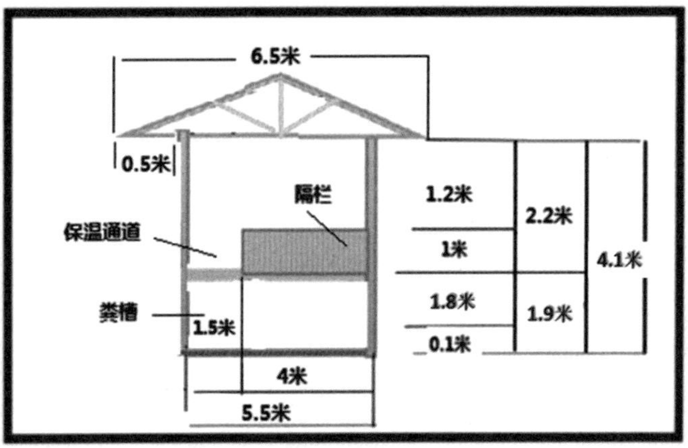

图 3-10　单列式羊舍横切及落粪槽图

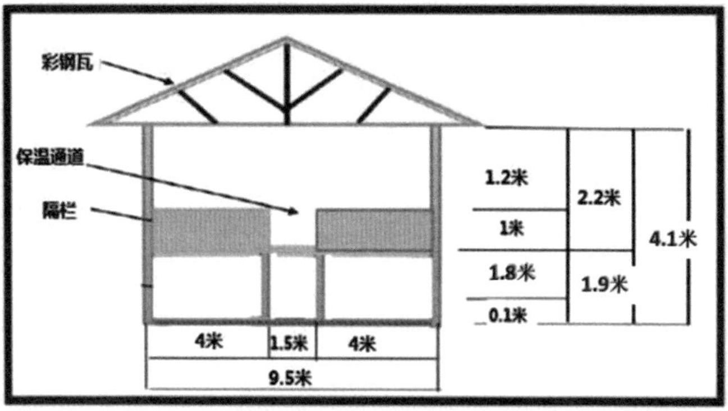

图 3-11　双列式羊舍横切及落粪槽图

3. 羊舍建设（以砖混或轻钢结构的家庭牧场羊舍为例）

羊舍结构：羊舍房屋结构主要采用钢架结构，建筑高度 5.2 米，其中檐高 3.7 米，屋檐到屋顶 1.5 米。屋顶采用蓝色彩钢瓦，无动力通风设施。

羊舍屋面：呈双坡式，屋面防水级别为Ⅲ级，采用 75 毫米厚蓝色夹芯彩钢板，中间间隔透明采光板。

墙体：墙体采用标准砖，除标注外，外墙均为 240 毫米厚，内外墙均为水泥砂浆墙面。羊圈采用镀锌钢管围栏；粪槽呈凹形槽。羊舍具体建设式样可参考图 3-12。

图 3-12　羊舍建设式样图

漏缝地板：羊床采用木条漏缝地面，木条缝隙宽要略小于羊蹄的宽度，两木条之间缝隙 1.0 ～ 1.5 厘米；木条本身宽 2 ～ 5 厘米，厚 3 ～ 5 厘米，木板条亦可用竹条、铁网、成品塑料羊床等替代。

颈架：采用水泥等材质制作饲槽采食时，可采用钢筋焊接颈架（横向或纵向）；实践中也可用可调节活动铁框、木框等，大小以能固定羊头且羊只不能跑出圈即可，颈架方向可横向或纵向，横向及纵向颈架高度宽度见表 3-3。

表 3-3　不同类别羊只横纵向颈架高宽度表

横向颈架		纵向颈架	
羊别	高度（厘米 / 只）	羊别	宽度（厘米 / 只）
成年公羊	25 ～ 36	成年公羊	20 ～ 36
成年母羊	20 ～ 30	成年母羊	16 ～ 30
羔羊	12 ～ 20	羔羊	10 ～ 18

羊舍饲槽：采用直径 30 厘米弧形半圆水泥或铁皮料槽，或用木板制作的 U 型料槽（图 3–13），料槽低部高于羊床 15 厘米，外沿与饲料通道水平，靠羊舍内侧比外侧高 15 厘米，便于投料与清扫，也可防止采食过程中饲料撒进羊舍内。

图 3–13　木制饲槽

羊舍围栏：公羊舍围栏高 1.4 ～ 1.8 米，母羊舍围栏高 1.2 ～ 1.6 米。

饮水：每个羊圈运动场内侧安装 2 个自动饮水器（高 60 厘米左右，低 25 厘米左右）或水池（长 60 厘米、宽 30 厘米、深 25 厘米），便于羊饮水。

羊舍门和窗户：每栋羊舍两端设移动门，门高 2.1 米。窗户设在羊圈边墙中间，玻璃双开窗，高 1.5 米、宽 1.5 米。以上具体数字为常规推荐参数，实践中再根据具体地形地势等方面综合确定。

（二）规模羊场建设

1. 生活区与生产管理区

羊场设综合办公楼，砖混结构，包括办公室、员工宿舍、检测室、展示厅、培训中心、食堂、工具室、停车场等。

2. 生产区与辅助生产区

（1）羊舍建筑

双列式羊舍宽 10 ～ 11 米，舍内羊圈呈对头双列式排列，中间喂料通道宽 3 米，料槽宽 0.4 米。每间羊圈长 8 米、宽 4 米，羊舍外设运动场。

羊舍结构：羊舍房屋结构主要采用钢架结构，建筑高度 5.2 米，其中檐高 3.7 米，屋檐到屋顶 1.5 米。屋顶采用灰色彩钢瓦，无动力通风设施。

羊舍屋面：呈双坡式，采用夹芯彩钢板，中间间隔透明采光板。

墙体：墙体采用标准砖，除标注外，外墙均为 240 毫米厚，内外墙均为水泥砂浆墙面。羊圈采用镀锌钢管围栏。

羊床地板：羊床地板采用成品防腐竹条漏缝地板，漏缝地板宽度 3 厘米，板间空隙为 1.0 厘米，见图 3–14。

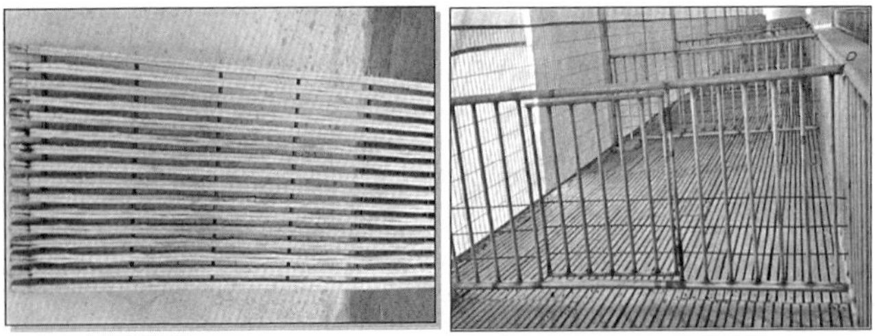

图 3–14　羊床地板式样图

颈架：采用水泥等材质制作饲槽采食时，可采用钢筋焊接纵向颈架（图 3–15）、横向颈架（图 3–16），或用可调节活动铁框。大小以能固定羊头为宜。横向及纵向颈架高度、宽度见表 3–4。

表 3–4　不同类别羊只横纵向颈架高宽度表

横向颈架		纵向颈架	
羊别	高度（厘米 / 只）	羊别	宽度（厘米 / 只）
成年公羊	25 ～ 36	成年公羊	20 ～ 36
成年母羊	20 ～ 30	成年母羊	16 ～ 30
羔羊	12 ～ 20	羔羊	10 ～ 18

图 3–15　纵向颈架式样图

图 3–16　横向颈架式样图

羊舍饲槽：采用直径 30 厘米弧形半圆水泥料槽，料槽低部高于羊床 15 厘米，外沿与饲料通道水平，靠羊舍内侧比外侧高 15 厘米，既便于投料与清扫，也可防止采食过程中饲料撒进羊舍内，见图 3–17。

图 3-17　羊舍饲槽式样图

自动饮水器：每个羊圈外墙内侧安装 1 个自动饮水器（高 60 厘米左右，低 25 厘米左右），便于羊抬头饮水，下装水泥托水盘引漏水出外墙，防止水漏粪沟。

羊舍门和窗户：每栋羊舍两端设移动门，门高 2.1 米、宽 2 米。窗户设在羊圈边墙中间，玻璃双开窗，高 1.5 米、宽 1.5 米。

运动场：每栋圈舍两侧均设有运动场，运动场围墙为砖混结构或钢管护栏，高 1.2 ～ 1.4 米，运动场内安装 C0812 镀锌钢管隔门，且每个运动场单元有通道联通。

自动刮粪系统：有条件的可在每栋羊舍内修建刮粪沟，沟深 0.6 米，向刮粪出口有 1% 的降低坡度，安装自动刮粪机，可将每栋羊舍自动刮送到羊粪加工车间，见图 3-18、图 3-19。

图 3-18　羊舍刮粪沟样式图

图 3-19　总刮粪沟样式图

地面斜度：运动场地面向外侧墙排污沟倾斜 3%，凡设有地漏或出水口的楼地面，除图上已标注的坡度外，均应做 0.5% 的坡度，坡向地漏或出水口，地面为人工种植草地。

人员消毒通道：人员消毒通道位于生产区入口，建筑面积 10 平方米，长 5 米、宽 2 米、高 3 米，砖混结构，平层建筑。

3. 饲料加工区

（1）饲料加工生产区布局

饲料加工区位于羊场上风区，面积根据羊场养殖规模确定，采用钢架大棚结构，屋面呈圆拱形，屋面防水级别为Ⅲ级，采用 75 毫米厚灰色夹芯彩钢板，中间间隔透明采光板。墙体采用多孔砖或标砖，内外墙均为水泥砂浆墙面。饲料加工区大棚共分为 4 部分，依次分为精料原料库房、配合饲料加工间、干草贮存区、青贮饲料池，平面布局图见图 3–20。

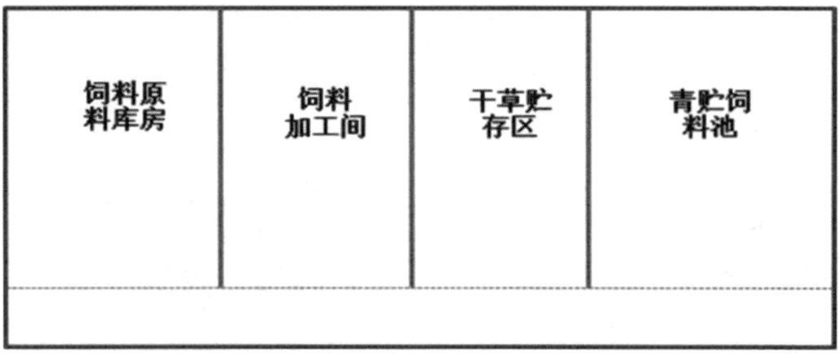

图 3–20 饲料加工区平面布局图

选择地势高、干燥、地下水位低、土质坚实、离羊舍近的地方建青贮池，长方形青贮池，宽 2.0 ～ 3 米、高 3 ～ 4 米左右，长度和宽度应视需要而定，由砖或石块与水泥砌成，或用混凝土模具制成（图 3–21）。

图 3–21　青贮池实例图

（2）土建工程

羊场饲料加工区土建工程包括精料原料库房、配合饲料加工间、干草贮存区、青贮饲料池、道路及地面硬化、绿化、排水沟渠等土建工程。饲料加工区建设坚持高标准、现代化原则，厂房、库房和房屋结构采用钢架结构。质量要求，内部结构和布局合理，符合各种生产与管理功能的需要。

4. 隔离区及无害化处理区

隔离区土建工程见表 3–5，主要建设内容有：修建隔离舍，粪污无害化处理大棚，兽医室，污水处理池 1 个。

表 3-5　隔离区土建工程

序号	建筑名称	单位	数量	建筑结构
1	隔离羊舍	栋	1	钢结构、彩钢瓦屋面
2	羊粪收集运输沟	米	13	毛石混凝土结构
3	排水沟	米	2200	毛石混凝土结构
4	有机肥生产大棚	平方米	400	钢结构、彩钢瓦屋面
5	污水处理池	立方米	500	毛石混凝土结构

（2）隔离舍

建筑面积根据实际需求建设。

屋面：呈双坡式，屋面防水级别为Ⅲ级，采用 75 毫米厚蓝色夹芯彩钢板，中间间隔透明采光板。

墙体：墙体采用砖，外墙均为 240 毫米厚，内外墙均为水泥砂浆墙面。羊圈采用 1 寸镀锌钢管围栏。

羊床地板：羊床地板采用规格为木条漏缝地板或竹条漏缝地板，漏缝地板宽度 3 厘米，板间空隙为 1.0 厘米。

（3）兽医室

兽医室建筑面积为砖混结构，屋面为预制板层面。

5. 辅助设施

包括粪污收集大棚，钢结构，彩钢瓦屋面。污水收集处理池为砖混结构，需作防水处理。

6. 公共基础设施

（1）道路

道路包括进场大道、生产用道、净道和污道、出场道路，见图

3–22。

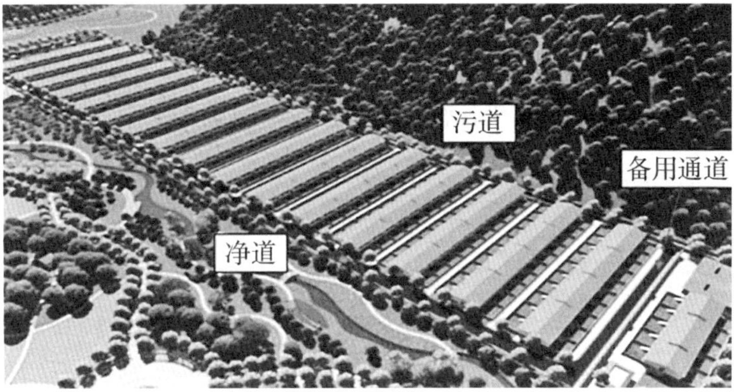

图 3–22　羊场道路布局图

（2）给水系统

场内主要用水分为生产用水、生活用水二类。主要计算种羊场和办公区生产生活用水。

场内员工生活用水标准取 150 升 / 人 / 天，则生活用水量为 15 立方米 / 天，每只羊每天用水量为 10 升 / 头 / 天，消防预备用水量约 20 立方米 / 天。生活用水和生产用水水源依托羊场附近的供水管网或建立自备水源。

（3）排水系统

羊场内污水排放系数以上述用水量总量的 70% 进行计算，则为 49 立方米 / 天，场内的养殖污水集中处理利用。规划采用的排水体制为雨污分流，计划以场内的道路网为基础，在其旁边建立排污管网，使污水与流域内的地表水分离，避免污染地表水。在污水集中地区建污水处理设施，按环保要求处理达标后排放或引入人工草场灌溉。新建污水处理池一个，对场污水进行净化去污处理。

（4）电力安装方案

场内电路建设及设备设施根据实际需求安装。

第四章 饲草饲料开发利用

第一节 饲料分类

饲料是指能提供饲养动物所需养分、保证健康、促进生长和生产且在合理使用下不发生有害作用的可食物质。为了方便了解及合理利用饲料原料，对其进行分类很有必要。

一、饲料分类方法

饲料按养殖者饲喂时的习惯可为精饲料、粗饲料、多汁饲料三类。按照饲料来源，又可将饲料分为植物性饲料、动物性饲料、矿物质饲料、维生素饲料及添加剂饲料五大类。这些传统的分类方法主要是人们在长期的实践中总结经验得到的，符合人们习惯，但科学性不强，不能很好地反映饲料营养价值的属性及特点，也不便于应用计算机进行大数据管理和配方使用。

因此，国际饲料分类法应运而生。该方法根据饲料的营养特性，将饲料原料分为粗饲料、青绿饲料、青贮饲料、能量饲料、蛋白质饲料、矿物质饲料、维生素饲料和添加剂八种，分类依据原则见表 4–1。

表 4–1　国际饲料分类依据原则

饲料类别		划分依据	
	水　分（自然含水%）	粗纤维（干物质%）	粗蛋白质（干物质%）
粗饲料	＜45	≥18	
青绿饲料	≥45	—	
青贮饲料	≥45	—	
能量饲料	＜45	＜18	＜20
蛋白质补充料	＜45	＜18	≥20
矿物质	—	—	
维生素	—	—	
饲料添加剂	—	—	

来源：王恬和王成章，《饲料学》。

二、中国饲料分类

张子仪院士等（1987）国际饲料分类法基础上，同时结合我国的传统饲料分类习惯，建立了我国饲料数据库管理系统及饲料分类方法，习惯将其划分为 17 亚类。

（一）青绿多汁类饲料

天然水分含量≥45%的植株，主要包括各种天然牧草，栽培牧草、草地牧草、藤蔓、野菜及部分未完全成熟的谷物植株等。

（二）树叶类饲料

针对新鲜采摘的树叶，其饲用时天然水分含量在45%以上的是青绿饲料；采摘的树叶风干后进行饲喂，其干物质中粗纤维含量在18%以上的是粗饲料，如松针叶。

（三）青贮饲料

由新鲜植物性饲料调制而成，含水量在65%至75%的青贮饲料为常规青贮。直接由天然水分含量为45%至55%的半干青绿植物调制成的称为低水分青贮饲料或半干青贮饲料。以新鲜玉米等籽实类原料为主，保证水分含量在28%至35%，不经干燥处理即贮于密闭青贮设备内进行乳酸发酵的方式称为谷物湿贮。

（四）块根、块茎、瓜果类饲料

指天然水分含量在45%以上的块根、块茎及瓜果类原料，如胡萝卜。进一步经脱水处理，干物质中的粗纤维及粗蛋白含量较低，即是能量饲料。

（五）干草类饲料

干物质中粗纤维含量在18%以上的是粗饲料，大部分的干草类饲料都是此类；干物质中粗纤维＜18%，粗蛋白＜20%的是能量饲料；干物质中粗纤维＜18%，粗蛋白≥20%的是蛋白质饲料。

（六）农副产品类饲料

干物质中粗纤维含量＜18%，粗蛋白含量≥20%的是蛋白质饲料；干物质中粗纤维含量＜18%、粗蛋白含量＜20%的是能量饲料；干物质粗纤维含量≥18%的是粗饲料。

（七）谷实类饲料

一般干物质中的粗纤维＜18%，粗蛋白＜20%的是能量饲料，如玉米、小麦等。

（八）糠麸类饲料

各种粮食碾米、制粉等加工得到的副产品的干物质中粗纤维＜18%，粗蛋白＜20%的是能量饲料，如小麦麸。一些粮食加工所得到的低档副产品，其干物质中粗纤维＞18%的是粗饲料，如统糠。

（九）豆类饲料

豆类籽实中干物质粗蛋白≥20%，粗纤维＜18%的是蛋白质饲料；干物质中粗蛋白＜20%的是能量饲料。

（十）饼粕类饲料

干物质中粗蛋白≥20%，粗纤维＜18%的是蛋白质饲料；干物质中即使粗蛋白≥20%，只要粗纤维≥18%的饼粕类都是粗饲料；干物质中粗蛋白＜20%，粗纤维＜18%的是能量饲料。

（十一）糟渣类饲料

糟渣的干物质中粗纤维≥18%的是粗饲料；干物质中粗蛋白＜20%，粗纤维＜18%的是能量饲料，如醋糟；干物质中粗蛋白≥20%，而粗纤维＜18%的是蛋白质饲料，如豆腐渣。

（十二）草籽树实类饲料

干物质中粗纤维≥18%的草籽是粗饲料；干物质中粗纤维＜18%，粗蛋白质＜20%的草籽是能量饲料；干物质中粗纤维＜18%，粗蛋白质≥20%的草籽是蛋白质饲料，但少见。

（十三）动物性饲料

干物质中粗蛋白≥ 20%的动物性饲料是蛋白质饲料，如鱼粉；干物质中粗蛋白< 20%，粗灰分含量少的是能量饲料；干物质中粗蛋白< 20%，粗脂肪含量低，主要以钙磷补给为目的是矿物质饲料，如贝壳粉。

（十四）矿物质饲料

指可饲用的天然矿物质，化工合成的无机盐，金属离子螯合物等。来源于动物性饲料的骨粉、贝壳粉也属此类。

（十五）维生素饲料

指通过提取或工业合成得到的单一或复合的维生素制剂，如维生素 A、维生素 B_1、维生素 B_2、维生素 E 等。

（十六）饲料添加剂

为了达到改善饲料品质，保障动物健康，促进动物生长繁殖等目的，掺入饲料少量或微量的营养性及非营养性物质被称为饲料添加剂。如饲料防腐剂。

（十七）油脂类饲料及其他

以补充能量为目的。动物油如猪油、牛油、鱼油等，植物油如菜籽油、棉籽油、玉米油等。

第二节 牧草栽培

草产业是畜牧业发展的基础，贵州有丰富的牧草资源，热带、亚热带、暖温带牧草均有分布。全省天然草地共有饲用种子植物203科100属5000多种，优良牧草资源2500多种，居全国牧草种质资源的第3位。2019年全省人工种草累计253.35万亩，天然草地总面积为2402万亩。人工草地和天然草地年总产量2151.1万吨。此外，全省有500多万亩田地坎，每年有1100多万吨农作物秸秆、600多万吨藤蔓，饲草料资源理论载畜量925万牛单位。

饲草的种类很多，根据其生长年限不同可分为：一年生和多年生牧草；根据其来源不同又可分为：豆科牧草、禾本科牧草、叶菜类、根茎瓜类、水生类、木本类等。

一年生牧草：即在一年或一个生长季的时间内完成萌发、生长、繁殖及死亡的生活周期全过程，并以种子状态渡过不利于生活的环境的植物，如青饲玉米。其中秋播，生长到第二年夏季死亡的牧草又称为越年生牧草，如黑麦草、金花菜等。

多年生牧草：即在适宜条件下能够生活二年以上的植物。多年生植物在一年中的某个特定时期可能会枝叶枯萎凋落或休眠，但在下一年还可恢复生长。其既可以种子繁殖，也可以营养繁殖。部分植物是“二年生”，但其实际上不属于严格的多年生植物，通常在第二个生长季之后死亡。例如红三叶、白三叶、紫花苜蓿、菊苣等。这类牧草品种在不同地区可以春播，也可以秋播。

在生产中应用最为广泛的有以下几类：

豆科牧草：豆科类植物，根部生有根瘤，可以固定空气中的氮素。茎、叶蛋白质含量比较高，干物质中粗蛋白质含量20%左右，少数高达25%以上，是优良饲料，并可替代部分精料，如紫花苜蓿、红三叶、白三叶、金花菜、红豆草、紫云英、苕子、紫穗槐等。

禾本科牧草：一般根系发达，叶片多。干物质中含粗蛋白约4%～10%，高的可达12%以上，如黑麦草、鸭茅、青贮玉米、高羊茅、皇竹草等。

叶菜类牧草：一般叶大而宽，根系粗大，植株体膨大，属青绿多汁牧草，为各类畜禽所喜食，如菊苣、串叶松香草、紫粒苋等。

饲料作物：包括一些作物的籽实、秸秆、块根块茎等。如青贮玉米、墨西哥类玉米、高粱、谷子、大麦、燕麦、黑麦、荞麦、蚕豆、豌豆、菊芋、胡萝卜、甘薯、饲用甜菜、芜菁甘蓝、菊苣等均可作为牛、羊的饲料饲用。

一、贵州适宜种植的牛羊饲草料品种

（一）豆科牧草

多年生牧草有白三叶、红三叶、紫花苜蓿、紫云英、百脉根等。一年生牧草有箭筈豌豆、毛苕子等（图4-1）。

紫花苜蓿
（多年生，亩产 3.0~4.0 吨 / 亩）

白三叶
（多年生，亩产 3.0~3.5 吨 / 亩）

红三叶
（多年生，亩产 3.5~4.0 吨 / 亩）

紫云英
（多年生，亩产 2.0~3.0 吨 / 亩）

百脉根
（多年生，亩产 1.5~3.0 吨 / 亩）

箭筈豌豆
（一年生，亩产 1.5~3.0 吨 / 亩）

毛苕子

（一年生，亩产 2.0~3.0 吨 / 亩）

图 4-1　常见豆科牧草

（二）禾本科牧草

一年生牧草主要有一年生黑麦草、青贮玉米、甜高粱、苏丹草等。多年生牧草主要有多年生黑麦草、鸭茅、雀稗、象草、高羊茅、皇竹草等（图 4-2）。

一年生（多花）黑麦草

（一年生，亩产 3.0~4.0 吨 / 亩）

青贮玉米

（一年生，亩产 3.5~4.5 吨 / 亩）

甜高粱
（一年生，亩产 4.0~6.0 吨 / 亩）

苏丹草
（一年生，亩产 4.0~6.0 吨 / 亩）

多年生黑麦草
（多年生，亩产 3.0~4.5 吨 / 亩）

鸭茅
（多年生，亩产 3.0~4.5 吨 / 亩）

雀稗
（多年生，亩产 3.0~4.0 吨 / 亩）

高羊茅
（多年生，亩产 3.0~4.0 吨 / 亩）

象草

（多年生，亩产 6.0~10.0 吨 / 亩）

皇竹草

（多年生，亩产 6.0~10.0 吨 / 亩）

图 4–2　常见禾本科牧草

（三）功能性饲料

主要有构树、白刺花、紫穗槐、多花木兰、胡枝子、菊苣、葛藤、金荞麦等（图 4–3）。这类饲料与传统饲草相比，其叶、茎、籽实、分泌物、提取物和加工副产物等富含单糖、寡糖、多糖、不饱和脂肪酸、甾醇、萜类化合物及功能性氨基酸，具有增强动物免疫力、抗氧化，显著改善肠道微生态环境，并增加维生素合成，进而提高机体免疫并改善动物体健康水平，同时还可提高单胃动物的生长性能、胴体性能、饲料转化率及改善奶牛泌乳性能和禽蛋品质的作用。

构树

（多年生，亩产 4.0~6.0 吨 / 亩）

白刺花

（多年生，亩产 0.5~1.0 吨 / 亩）

紫穗槐
（多年生，亩产 2.0~3.0 吨 / 亩）

多花木兰
（多年生，亩产 1.5~2.5 吨 / 亩）

胡枝子
（多年生，亩产 0.5~1.0 吨 / 亩）

菊苣
（多年生，亩产 3.0~4.0 吨 / 亩）

葛藤
（多年生，亩产 3.0~5.0 吨 / 亩）

金荞麦
（多年生，亩产 2.0~3.0 吨 / 亩）

图 4-3　功能性饲料

（四）种植区域划分

1. 高海拔区（海拔 1500 米以上）

主推牧草有白三叶、红三叶、紫花苜蓿（秋眠级 5 ～ 6）、黄花苜蓿、多年生黑麦草、鸭茅等，以豆科与禾本科牧草混播为主，也可单播。

2. 中高海拔区（海拔 1200 ～ 1500 米）

主推牧草有白三叶、百脉根、红三叶、推紫花苜蓿（秋眠级 6 ～ 7）、高羊茅、鸭茅、多年生黑麦草等，可单播或豆禾混播。

3. 中海拔地区（海拔 800 ～ 1200 米）

可选用白三叶、红三叶、紫花苜蓿（秋眠级 7 ～ 8）、百脉根、宽叶雀稗、菊苣、多年生黑麦草、鸭茅等，可单播或豆禾混播。

4. 低海拔地区（海拔 800 米以下）

主推紫花苜蓿（秋眠级 8 ～ 9）、青贮玉米、苏丹草、甜高粱、雀稗、皇竹草等产量优势明显的饲草种类。

（五）主要单播、混播组合及播种量（千克 / 亩）

1. 单播用量

紫花苜蓿 2.0 ～ 2.5 千克 / 亩；红 / 白三叶草 2.0 ～ 2.5 千克 / 亩；青贮玉米 2.5 ～ 3.0 千克 / 亩；甜高粱 2.5 ～ 3.0 千克 / 亩；高丹草 2.5 ～ 3.0 千克 / 亩；黑麦草 2.0 ～ 2.5 千克 / 亩；高羊茅 2.0 ～ 2.5 千克 / 亩；鸭茅 2.0 ～ 2.5 千克 / 亩；菊苣 0.5 ～ 0.8 千克 / 亩。

2. 混播用量

白三叶 0.4 千克 / 亩＋多年生黑麦草 1 千克 / 亩＋鸭茅 0.5 千克 / 亩；紫花苜蓿 0.6 千克 / 亩＋鸭茅 0.5 千克 / 亩＋多年生黑麦草 1

千克 / 亩；白三叶 0.4 千克 / 亩＋宽叶雀稗 0.4 千克 / 亩＋多年生黑麦草 0.6 千克 / 亩；紫花苜蓿 0.6 千克 / 亩＋鸭茅 0.5 千克 / 亩＋宽叶雀稗 0.7 千克 / 亩。

（六）人工高产草地载畜量

载畜量通常是指放牧期（或饲养期间）内单位面积草场所能放牧（或饲喂）牲畜的头数。

一只成年羊，一天所需青贮饲料约为 3 ～ 4 千克，一年为 1100 ～ 1500 千克。

一头成年牛，一天所需青贮饲料约为 15 ～ 20 千克，一年为 5500 ～ 7300 千克。

农户可根据所种植的牧草品种及面积简单估算能够饲养的牲畜数量。

（七）播种地选择及前期处理

1. 地块选择

选择平缓、土壤养分和墒情较好的田地进行饲草料种植。

2. 整地

全垦翻犁，碎土平地，去除杂草，清除地面较大的石块。整地方式为深耕和播前整地，深耕深度可根据土壤情况而定，以 20 ～ 25 厘米为宜，将土块平整精细，清除土壤中残留的石块、杂草等杂物。

二、播种技术要点

（一）播种时间

春播一般在 2 月下旬到 3 月中旬完成。在海拔较低的区域可以适当提前，海拔高的区域要延后。

（二）播种方式

一般采用条播或撒播。一般牧草条播行距15～30厘米。撒播要求精细整地，以提高播种质量和控制播种深度。

（三）播种量

各种牧草播量根据牧草品种情况确定。

（四）种子处理

1. 豆科硬实种子处理

用 70℃～ 80℃热水倒入种子，边倒边搅拌，待温度降至 30℃时即可停止。

2. 休眠种子处理

通过晒种处理，播种前将种子堆放在阳光下暴晒 3 ～ 4 天，每天翻动 3 ～ 4 次。

3. 种子消毒

用 1% 的石灰水或 50 倍的福尔马林溶液浸种 1 ～ 2 小时，也可用 50℃的温水浸种 3 小时。

4. 接种根瘤菌

接种根瘤菌步骤如下：（1）将黏合剂与根瘤菌剂混合搅拌成糊状，按种子与根瘤菌剂 10 ∶ 1 的比例，将二者迅速地混合均匀，使每粒种子都沾满根瘤菌胶液；（2）倒入钙镁磷肥拌和，使每粒沾满根瘤菌剂的种子都均匀包裹上一层钙镁磷肥，置阴凉、通风处晾干；（3）待种子干燥后，立刻装袋或播种，不可储存。常见豆科牧草的互接根瘤菌剂见表 4–2。

表 4–2　常见豆科牧草的互接根瘤菌剂

根瘤菌接种剂名称	适宜接种的豆科植物
苜蓿根瘤菌剂	苜蓿属、草木樨属、胡卢巴属
三叶草根瘤菌剂	白三叶、红三叶等三叶草属
百脉根族根瘤菌剂	百脉根属
紫穗槐族根瘤菌剂	紫穗槐属
红豆草族根瘤菌剂	红豆草属

注：接种过程中和接种后的种子，不能在阳光下暴露；播种后立即覆土。接种时，如拌过其他药剂的种子不能再接种根瘤菌，接种根瘤菌的种子不能与生石灰或高浓度化学肥料接触。

（五）种深度及施肥量

播种前，用农家肥作底肥，每亩施农家肥 2000 千克（根据土壤肥力情况适当增减）。播种深度为 1 ～ 2 厘米（根据种子大小适当调整）。

三、田间管理

（一）除杂

在牧草生长早期，杂草细小时浅锄，在牧草分蘖（枝）期，杂草根系入土较深时深锄。

（二）补播

对出苗不整齐的地段进行补播，使牧草覆盖率达到95%以上。

（三）追肥

在牧草出苗后，第一次追肥应在开始生长到分蘖（枝）前进行，以氮肥为主，钾肥次之。第二次追肥应在牧草拔节（现蕾）前进行。牧草每次刈割（或放牧）后都应追肥，一般情况下，施肥量每亩氮肥5千克，钾肥5千克。秋季施足磷、钾肥，不施用氮肥。但土壤肥瘦、牧草品种不同，追肥的种类和数量也不同。土壤瘦的地方多施，肥的地方少施。豆科牧草氮肥施用量少于禾本科牧草。

（四）病害防治

1. 锈病

由真菌引起，主要危害植物叶片、叶柄、茎及荚果等部位，在叶片背面出现小的近圆形疱状病斑。初期呈灰绿色，后表皮破裂呈粉状。颜色因不同阶段而有差别，夏孢子堆多呈肉桂色，冬孢子堆多呈暗褐色，有时孢子堆周围具淡色晕环，甚至呈现白色枯斑状，枯斑上有锈病孢子堆。

防治措施：尽量铲除豆科牧草地附近的大戟属植物；适当增施磷、钙肥，提高植株抗病性；病害发生后，及时刈割或放牧，减少下茬草的菌源。化学防除可用代森锰锌（0.2千克/公顷），15%粉锈宁1000倍液喷雾，都可防治锈病。

图 4-4　锈病

2. 白粉病

初期病斑呈现白色絮丝状斑点，然后迅速扩大，覆盖叶片的大部或全部，发病后期叶片表面像披上一层石灰状的白色粉末；气候潮湿时，叶片变黑霉烂；干燥时，植株中下部叶片失绿变黄，边缘焦枯及至完全脱落。

防治措施：刈牧兼用型草地，可以不用化学防治，要有计划地轮牧和刈割。其他草地可以用高脂膜 200 倍液加 50%多菌灵或甲基托布津 600 ～ 800 倍液组成复配混合液喷雾；25%粉锈宁、20%敌锈钠或 25%二唑醇、58%瑞毒霉等可湿性粉剂 1 000 倍液，喷雾防治。

图 4-5　白粉病

3. 根腐病

发病初期，主根和大侧根基部出现污褐色、水渍状湿斑，继而出现黑色坏死根块。后期茎基及整个根系纵裂，露出木质部组织，病部表面长出白色绢状菌丝层，后菌丝变为褐色，表面散生菌核。

防治措施：清除田间带病残株和消灭病源；合理放牧与刈割利用，当病害刚刚出现时，立即放牧（或刈割）可有效地控制病害的扩散；合理密植不施过多的氮肥，施适量的钾肥，可增强牧草自身的抗病能力。

图 4-6 根腐病

4. 霜霉病

植株发病后，叶片背面、茎上生有浅灰色至淡紫色粉霜，叶片上有轮廓不清的浅黄色斑点。

防治措施：选育和使用抗病品种；头茬草应尽早刈割使用；春季尽早铲除发病的新株；合理排灌，防止田间过湿；增施磷、钾肥，提高抗病性。

图 4-7 霜霉病

（五）虫害防治

1. 粘虫

特点：是一种暴食性害虫，主要危害禾本科植物，如黑麦草、苇状羊茅等。

防治措施：用糖醋酒液诱杀成虫，配制方法是取糖 3 份，酒 1 份，醋 4 份，水 2 份，调匀后加一份 2.5%敌百虫粉剂。诱剂放入盆内，每公顷面积放 2 ～ 3 盆，盆高出牧草 30 ～ 35 厘米，诱剂液深 3.0 ～ 3.5 厘米。白天将盆盖好，傍晚开盖，每天早上取出死蛾，5 ～ 7 天换诱剂一次，连续 16 ～ 20 天。诱蛾采卵：从产卵初期开始，直到盛卵期末止，在田间插设小草把，每亩面积插 10 把，3 ～ 5 天更换一次，把带有卵块的草把收集起来烧毁。药剂防治，可用 2.5%敌百虫或 5%马拉硫磷喷粉，每亩喷 1.5 ～ 2 千克；或用 50%锌硫磷乳油 5000 ～ 7000 倍液、90%敌百虫 1000 ～ 1500 倍液喷雾。

图 4-8　粘虫

2. 蚜虫类

特点：蚜虫危害麦类及其他禾本科作物和牧草，吸食叶片、茎秆和嫩穗的汁液，影响植物的发育，严重时致使生长停滞，最后枯死。

防治措施：冬灌能杀死大量蚜虫；增施基肥，清除杂草，均能减轻危害损失。药剂防治，可用 50% 灭蚜松 1000 倍液喷雾，或烟草石灰水（1 ∶ 1 ∶ 50）喷雾。

图 4–9　蚜虫

3. 蝗虫

特点：蝗虫是典型的植食性昆虫，多数种类一年发生一代，蝗虫种类多、分布广、食性杂。危害草地的重要蝗虫有十几种，主要有亚洲飞蝗、意大利蝗、大垫尖翅蝗、小翅雏蝗、蝗、西伯利亚蝗等。

防治措施：药剂防治蝗虫，每亩可用50%马拉松乳油30～45克；5%稻丰散乳油20～30克；80%敌敌畏＋二线油（1∶1）30～40克；6.7%～10%敌敌畏＋13%～20%马拉松乳油30～45克进行超低容量喷雾，灭杀蝗虫。

图4-10　蝗虫

4. 金龟子

特点：金龟子成虫、幼虫都能危害牧草，而以幼虫为甚。危害的植物有苜蓿、草木樨、三叶草、沙打旺、豌豆及多种禾本科牧草和作物。

防治措施：秋翻整地，减少幼虫越冬量；增施肥料，促进根系发育、壮苗，增强抗虫能力；施用碳酸氢铵、腐殖酸氨、氨水等，对幼虫有一定抑制作用。用75%锌硫乳油拌种可防治幼虫；用

90%敌百虫 800 倍液、80%敌敌畏乳剂 1000 ～ 2000 倍液喷雾防治成虫。

图 4-11　金龟子

第三节　牧草加工

一、刈割青饲

饲喂牛、羊等反刍草食家畜时，牧草适宜割草时期在禾本科牧草抽穗期至开花期和豆科牧草现蕾期至开花期割草利用。多年生牧草第一年不宜多割草，通常割草 1 ～ 2 次。最后一次割草时间最迟应在初霜来临前 30 天进行。割草的留茬高度，一般中等高度牧草留茬 4 ～ 6 厘米，如果草地上有大量的上年枯草或地面不平、有小土丘等障碍物，留茬可适当高些（6～7厘米），以便于割草并保证所收牧草的质量。高大草本留茬7～10厘米。

牧草割草应注意以下几个问题：

一是牧草割草最好选择在晴朗天气进行；

二是苏丹草、高丹草、象草等茎秆较粗的牧草割草时刀口不能平割，切面要斜向上；

三是高丹草、甜高粱、苏丹草等苗期或割草后新生的茎叶中含有氢氰酸，特别在干旱或寒冷条件下氢氰酸含量增加，此时不能割草用于饲喂畜禽，要等牧草长至50～60厘米时，割草后稍加晾晒，以避免畜禽中毒。

四是白刺花等灌木生长慢，第一年不宜割草利用，应使幼苗能充分生长发育后再利用。

直接饲喂时一定饲喂新鲜干净的牧草，不能饲喂长期存放的腐坏牧草。舍饲时，在育肥后期需要补充谷物、饼粕类等能量饲料和蛋白质饲料。

二、青贮加工

饲草青贮技术一般包括窖贮和裹包青贮两种。窖贮应用于大中型养殖场，要求牛存栏量超过100头、羊存栏量超过500只。裹包青贮适用于小型养殖户，有小规模牛羊，便于购买、运输和饲喂，成本较低。

（一）青贮设施

农村宜采用地下或半地下长方形水泥窖（池），也可选用青贮袋(塑料袋)。青贮窖四壁呈95° 倾斜，窖宽1.5～3米，深2.5～4米，长度根据需要而定。长度超过5米时，每隔4米需砌一堵横墙，以加固窖壁，防止砖、石倒塌。

图4-12　青贮设施

（二）青贮原料

优质禾本科、豆科牧草以及农作物秸秆等都可以作为青贮原料。以含糖量较多的青饲料效果最好，如玉米秆；豆科牧草，如苜蓿、三叶草等，须与其他含糖量较高的禾本科青饲料混合青贮。各青贮原料的适宜收割期见表4-3。

图 4-13　青贮原料

表 4-3　几种常见青贮原料的适宜收割期

青贮原料种类	适宜收割期
全株带穗玉米	乳熟后期至蜡熟前期，若遇霜害也可在乳熟期收割
收穗后玉米秸秆	玉米穗成熟有 1/2 以上的绿叶或玉米成熟时立即收割
豆科牧草及野草	开花初期
禾本科牧草及野草	孕穗期或抽穗初期

（三）青贮水分评定

青贮原料水分含量粗略判定方法为：抓一把青贮样品，在手里攥紧 1 分钟然后松开，若能挤得出汁水，则含水率大于 75%；草球能保持其形状但无汁水，则含水率为 70% ～ 75%；草球有弹性且慢慢散开，则含水率为 55% ～ 65%；草球立即散开，则含水率为 55%左右；若牧草已开始折断，则含水率已低于 55%。

（四）切碎

一般以 0.4 ～ 1.5 厘米为宜。质地较粗硬的如农作物秸秆、皇竹草、柱花草等，以 0.5 ～ 1.0 厘米切碎效果为好；质地较软的如菊苣等叶菜类原料，可不切碎直接青贮。

图 4-14　切碎

（五）装填

装填时逐层装入逐层踩实，尤其是边角及靠壁，一般每装 15 ～ 20 厘米用拖拉机压实。

图 4-15 装填

（六）密封管理

覆盖塑料薄膜，用 10 ～ 20 厘米的土封盖，顶部凸起为鱼脊状，高出地面 30 ～ 50 厘米，将表面拍打严整，以利排水。为防止雨水渗入池内，四周约 1 米处应挖沟排水。经常检查，池顶有裂缝时及时覆土压实。

图 4-17 密封管理

（七）取用

青贮 1 ～ 1.5 个月可开封取用。取用青贮料时应从一端开始，逐段垂直取，吃多少取多少，取后将青贮窖（池）盖严。

图 4-18 取用

（八）饲喂

开始饲喂时，可采用先空腹饲喂青贮料，再喂其他草料；最初少喂，逐步加量；或是将青贮料与其他草料混拌后一起饲喂。青贮料有轻泻作用，为防止流产，妊娠后期的母畜应少喂。同样因青贮料酸度过大会影响种畜精液的品质，种公畜应少喂。各种家畜青贮饲料参考饲喂量见表 4-4。

图 4-19　饲喂

表 4-4　各种家畜青贮饲料参考饲喂量

家畜种类	参考饲喂量（每日）
产奶的成年母牛	每 100 千克体重 2.5 ～ 3 千克；最大用量 30 千克。因青贮饲料属酸性饲料，有一定的轻泄作用，犊牛、产前奶牛适当控制
小母牛	每 100 千克体重 1.25 ～ 1.5 千克
公牛	每 100 千克体重 0.75 ～ 1 千克
育肥牛	每 100 千克体重 2 ～ 2.5 千克
绵羊、山羊	每头 1.5 ～ 2.5 千克

三、秸秆氨化技术

（一）原料

以麦秸、稻草、玉米秸秆为主，要干净，无霉变物质。

（二）氨化方法

采用尿素氨化处理，将 3 千克尿素溶解于 60 千克水中，逐层均匀地喷洒在 100 千克秸秆上，充分拌匀，用塑料薄膜压紧。

（三）品质鉴定

氨化好的秸秆为棕黄色或红褐色，色泽发亮，放氨后呈现香味，质地柔软，温度不高。劣质的氨化饲料呈灰黑色，气味发霉刺鼻。

（四）取用

氨化秸秆成熟，一般春秋季需 15 ～ 20 天，夏季 7 ～ 10 天，冬季 45 ～ 50 天的密封才能开启，开封后应放置 1 ～ 2 天，使多余的氨挥发掉，方可饲喂，饲喂时适当补喂富含维生素和矿物质的饲料。

（五）饲喂

氨化饲草只适用于反刍家畜牛、羊，不适饲喂单胃家畜马、骡、驴、猪。氨化秸秆应与能量饲料（玉米、麦麸等），以及青绿饲料或青贮饲料搭配饲喂。饲喂氨化饲料一个小时后方可饮水，以防发生家畜氨中毒。家畜对氨化饲料需要一个适应过程，应循序渐进，逐渐增加饲喂量，一周后可达到全量。停喂时也应由多到少，逐渐停止。肉羊氨化饲料的参考用量为每 10 千克体重 0.3 千克（不超过 1 千克）。

四、秸秆微贮饲料

切碎的秸秆中加入秸秆发酵活干菌，放入密封的容器中（如水泥池、大缸等）贮藏。经一定的发酵，使秸秆变成有酸香味、适口性好、易消化，为草食动物喜食的饲料。

（一）原料

以麦秸、稻草、玉米秸秆为主，要干净，无霉变物质。

（二）原料处理

将秸秆切碎或粉碎为粉状。

（三）激活菌种

将秸秆发酵活干菌菌种倒入浓度为 1%，温度为 25℃～ 30℃的 200 毫升白糖水中，放置 1 ～ 2 小时使菌种活化，再倒入 0.8% ～ 1%的食盐水中混匀。

（四）原料加水混湿

每吨秸秆加水 1200 ～ 1400 千克，贮料含水量为 60% ～ 70%。菌种的用量，按菌种说明书上的方法使用。

（五）装填

将混湿接种后的秸秆在容器底部均匀地铺上 20 ～ 30 厘米厚，铺好后均匀喷洒菌液水，压实后再铺放 20 ～ 30 厘米厚的秸秆，再喷菌液水。在喷洒菌液水的过程中，要随时检查含水量是否合适和均匀。检查的方法是，抓取秸秆，用劲握拳，若有水滴顺指缝下滴为合适。若顺指缝往下流水或不滴水，就应适当调整用水量。这样每铺 20 ～ 30 厘米秸秆，喷洒一次菌液水，直到离容器口 40 厘米时为止。为了进一步提高微贮饲料的营养价值，在微贮秸秆和稻草时，最好加入 0.5%的麸皮或玉米粉；方法是每铺一层秸秆撒一层粉。

（六）密封

秸秆经充分压实后，在最上一层均匀地洒上食盐粉，食盐用量为每平方米 50 克。盖上塑料薄膜，再在上面铺 20 ～ 30 厘米厚的秸秆，秸秆上盖 15 ～ 20 厘米厚的湿土，四周一定要压实，切不能漏气。

（七）启用

微贮饲料一般经过 21 ～ 30 天的作用后即可开封取用。取料先从一角开始，从上往下逐段取用。要随取随用，取料后应立即把口封严。优质的微贮饲料玉米秆呈橄榄绿，稻麦秸呈金黄色，手感松散，柔松湿润，有醇香和果香味，并略带酸味。如秸秆变成褐色或墨绿色，说明质量较差。如有腐臭、发霉味，则不能饲用。

第四节 饲料加工

对饲料进行加工调制以后，在实际养殖中与未经过调制加工的饲料相对比来看具有多种优势。主要体现为增加饲料适口性，尤其是粗饲料加工，使原来牛羊不太愿意采食的粗料，经过加工后，可以使饲料适口性得到明显提升，有利于牛羊咀嚼食物，大幅度提升生产能力。

一、农村常见的饲料加工

（一）切短

稻草、甘薯藤、青草、干草、青菜、秸秆等，都需切短后才能用来饲喂家畜。喂牛羊的稻草应切成 2 ～ 3 厘米；甘薯藤制成 1 厘米左右。一般宜短不宜长，以达到“寸草切三刀，无料也上膘”的饲喂效果。

（二）粉碎

甘薯、木薯等作饲料，必须粉碎磨细再喂，经过粉碎的谷物的面积远远大于未加工谷物的面积，这样使瘤胃内的微生物接触谷物的面积增加，促进淀粉的消化吸收，使淀粉从发酵转化成脂肪酸的速度加快，提高了养化的消化率。粉碎的粗细程度，牛羊的饲料可粉碎或中等或较粗颗粒的 1 ～ 2 毫米。此外，甘薯、木薯可先切成片晒干后再粉碎，甘薯也可打浆饲喂。

（三）蒸煮

豆渣、蚕豆、豌豆和大豆类籽粒饲料，用蒸煮的方法加工调制，可破坏大豆中的抗胰蛋白酶，增强适口性，提高消化率和营养价值；同时增加豆类蛋白质中有效蛋氨酸和胱氨酸，提高蛋白质的生物学价值。但蒸煮时间不宜过长，一般为 50 分钟左右。

（四）青贮

将青绿饲料贮藏在各种窖、池、缸内，在厌氧条件下进行发酵，生成乳酸，可保证青饲料中的营养物质，提高青饲料的利用率和消化率。青贮饲料是牛羊冬天粗饲料的主要来源。

（五）压块

通过饲料压块机可以将秸秆等压制成高密度饼块，通过压缩可将比例缩到20%，极大地减少运输过程中与贮存时的空间需要。将压制玉米秸秆再经烘干设备处理，能够既保证营养成分不变，同时防止霉变。如，玉米秸秆经压块等处理可得到长20～100毫米，横截面为30×30平方毫米体积块，其密度可达到600～800千克/立方米。

（六）膨化

饲料的膨化处理，使其结构更加疏松、多孔，具备较好的适口性，备受反刍家畜喜爱。同时，挤压时的160℃高温，可杀灭微生物、病菌及虫卵，也可使饲料中其他有害因子失活，从而提高饲料品质，进一步延长保质期。通过膨化和热喷处理的秸秆，可直接用于肉牛等的饲喂，也可如上所述进行压块处置。

二、配合饲料加工

（一）原料的接收

汽车或火车运输散装原料，到厂后经地磅称量再转移至卸料坑。包装原料的接收一般可以人工搬运也可以机械接收，瓶装或是桶装的液体原料，则直接由人工搬运入库。

（二）原料的贮存

饲料中原料和物料种类及所呈状态多，饲料厂用于贮存的料仓也有筒仓和房式仓等形式。主要根据原料特点，选用不同料仓。如，玉米类谷物原料，不易结块且流动性好，就多采用筒仓贮存；如麸皮类粉状原料的散落性差，经过一须时间存放易结块，则采用房式仓贮存。

（三）原料的清理

若饲料原料存在杂质，对饲料产品质量会受到影响，有些甚至会对饲料加工设备及人身安全产生危害，所以应及时清除。清理设备主要有筛选和磁选设备，筛选设备主要用于对原料中的泥块、石块等大而长的杂物的去除，磁选设备则主要针对铁质杂质的清除。

（四）原料的粉碎

把原料的颗粒由大变小，可以增加饲料的表面积，有利于增加与消化酶的接触，从而提高消化率。饲料粉碎细度和所用筛片的筛眼孔径有关。饲料粉碎的工艺流程是根据要求的粒度，饲料的品种等条件而定。

（五）配料的方法

这里主要介绍人工控制添加配料。该工艺是主要是人式参与各操作阶段，包括人工称量、人工计量以及人工配料。优点是工艺简单，设备投资少、成本降低等，但相对环境差、劳动强度大、生产率低。

（六）混合的工艺

混合及搅拌的目的是混匀，特别注意如食盐等微量成分的混合。如果拌不均匀，轻者会饲养效果产生影响，严重的甚至会造成疾病、中毒或死亡。对于此类用量少的原料，需要先进行预混合，再与大宗饲料中进行混合。可按如下方法操作：取 10% ～ 20% 的精料（这里可以选择饲料中所占比例较大的能量饲料，如麦麸）作为载体，堆放成圆锥形体，把少量部分往饲料顶上放，让饲料沿中心点向四周流动成为圆锥形。反复多次拌匀，即制成预混合料。再加入到全部饲料中，继续多次拌匀即可。

（七）制粒的工艺

调质是制粒工艺中非常重要的环节，直接决定颗粒饲料产品的质量。调质首先是去杂，需要先将物料先通过保安磁铁。然后再被均匀分布于混和压模之间，通过挤压形成柱状饲料。制粒需要经过高温、高湿处理，因此，颗粒饲料刚从制粒机出来时水分含量在 16% ～ 18%，温度高在 75℃～ 85℃。此时的颗粒料易破碎，进行贮藏时也会因含水量高而产生粘结甚至霉变。因此，还需要通过冷却，将含水量及温度分别降到 14% 及比气温高 8℃以下。

第五章 牛羊良种繁育

第一节 牛良种繁育技术

一、选种与选配

（一）选种

牛的选种就是要从牛群中选出最优秀的公牛和母牛做种用，使其在优越的条件下繁殖优秀的后代，达到提高牛群产肉性能及健康水平的目的。

1. 选种途径

选择途径主要有系谱选择、本身选择、后裔测验和旁系选择四种途径。系谱选择常用于对幼龄肉牛的选择，要考查其父母、祖父母及外祖父母的性能成绩，这能提高选种的准确性。本身选择又称性能测定，就是根据种牛本身一种或若干种性状的表型值判断其种用价值，从而确定个体是否选留，当小牛长到 1 岁以上，就可以直接测量其某些经济性状，如 12 月龄以上活重、育肥期增重效率等。后裔测验的方法包括母女对比法和公牛相对育种值法。旁系是指所选择个体的兄弟、姐妹、堂表兄妹等，旁系选择也称为同胞或半同胞选择。

2. 选种方法

选择方法主要有单项选择法、独立淘汰法和指数选择法三种。单项选择法是指逐一选择所要改良的性状，即当第一个性状经选择达到育种目标后，再选择第二个性状，以此类推地选择下去直到全部性状都得到改良。独立淘汰法是指同时选择几个性状，分别规定最低标准，只要有一个性状不够标准，即予淘汰。指数选择法是根据综合选择指数进行选择。

（二）选配

选配是在鉴定和选种的基础上，安排公、母牛进行交配组合，通过选配可使双亲优良的特性，特征和生产性能结合到后裔身上，巩固选种的成果。

1. 选配原则

选配原则主要包括：高等级的公牛可以与高等级的母牛或低等级的母牛交配，但不能用低等级公牛与高等级母牛交配；有共同缺点公母牛或相反缺点的公母牛不能交配，例如内向肢势不能与外向肢势交配；近交只有在杂交育种时的育种群使用，繁殖群不可用近交；选配的目的是扩大牛群的优良品质，逐渐克服不良性状。

2. 选配方式

选配方式主要有亲缘选配和类型选配。亲缘选配是根据公母牛之间的亲缘的远近来安排交配，有意识地进行近亲繁殖或非亲缘繁殖。类型选配是根据肉牛体型外貌、生产性能特点来安排公，母牛的交配组合，包括同质选配和异质选配两种方式。

二、繁殖现象及规律

（一）母牛的发情生理

1. 母牛性成熟

一般母牛性成熟为 8 ～ 14 月龄，性成熟后母牛身体还没有发育完全，一般母牛初配为 16 ～ 24 月龄。青年母牛体重达到 300 千克时，就可以初配。

2. 发情周期

发情周期指相邻两次发情的间隔天数。生产中一般把观察到发情的当天作为零天，牛的发情周期为 18 ～ 24 天。

3. 发情期

从发情开始到发情结束的这一段时间为发情持续期，一般母牛发情持续时间平均为 18 小时，青年母牛略短约 15 小时，经产母牛略长。发情期长短的变化范围很大，从 2 ～ 30 小时不等。

4. 排卵时间

母牛排卵时间大概在发情结束后 10 ～ 12 小时。排卵时间受营养条件的影响，在正常营养水平下，76% 左右的母牛在发情开始后 21 ～ 35 小时排卵，在营养不良的情况下只能有 69% 左右的母牛发情是正常的。

5. 产后发情时间

指产犊当天到第一次排卵的时间。母牛在产犊后第一次发情常常没有外部表现，即安静发情。母牛在产犊后自然哺乳，会有相当数量的个体不发情。在营养水平低下时，通常会出现隔年产犊现象。

（二）发情与配种

经产母牛一般是在产后 40 ～ 45 天发情，有的在产后 25 ～ 30 天即开始第一次发情。如果母牛发情，则其表现为烦躁不安、大声叫唤、弓着腰、举着尾巴、外阴肿胀、黏液量增加、尿频、互相舔嗅外阴部位、食欲不佳等。发情早期时，黏液呈透明状、不牵丝。发情盛期时，母牛站立不动，接受其他牛的爬跨动作。发情盛期结束后，母牛不再愿意接受其他牛的爬跨，但是后面追随的牛又紧紧跟随不愿离开。输精的最佳时间为出现静立发情后的 12 ～ 24 小时内，实际操作中早上出现母牛接受爬跨、安静不动时，则下午或傍晚进行配种；如果下午出现母牛接受爬跨、安静不动，则第二天清晨进行配种。母牛配种可利用自然交配和人工授精，现大部分地区都是利用人工授精技术输配国外优良肉牛品种。规模化养殖场一般有自己的输配员，如果是散养农户，可联系专门的人工授精人员进行；开展人工授精须做好详细的配种记录，如记录配种时间，品种及配种工作人员等。

（三）母牛的同期发情

为便于妊娠母牛及犊牛的饲养管理，可采用同期发情技术，使母牛同时发情和产犊，更好地实施和完成生产计划。常用的同期发情处理技术主要有：

1. 孕激素处理

孕激素处理是人为地造成黄体期，控制发情。母牛处理一定时间后，同时停药即可引起母牛发情。此类孕激素包括孕酮及其合成类似物，如甲孕酮、炔诺酮、氯地孕酮、18- 甲基炔诺酮等。投药方式有阴道栓塞，皮下埋植等。

2. 前列腺素及其类似物处理

前列腺素处理是溶解卵巢上的黄体，中断周期黄体发育，使牛同期发情。由于前列腺素（如氯前列烯醇等）仅对卵巢上有功能性黄体的母牛起作用，而对群体来说，黄体存在于发情周期的各个阶段，所以必须间隔 11 天后再用药 1 次，才能使群体达到同期化。前列腺素的投药方式有肌注、宫腔或宫颈注入。

（四）发情鉴定方法

母牛发情时身体外部表现较明显，生产中多根据外部观察、试情、阴道检查、直肠检查来进行母牛的发情鉴定。

1. 外部观察法

外部观察法是鉴定母牛发情的主要方法，主要根据母牛的外部表现来判断发情的状况。母牛发情时表现为兴奋不安，食欲缺乏，尾根举起，追随、爬跨其他母牛，接受其他母牛爬跨，外阴红肿，从阴门流出黏液等。

2. 阴道检查法

阴道检查法是用阴道开张器来观察阴道的黏膜、分泌物和子宫颈口的变化来判断发情与否。不发情母牛的阴道黏膜苍白、干燥、子宫颈口紧闭。发情母牛的阴道黏膜充血、色红、表面光亮湿润、有透明黏液流出；子宫颈口充血、松弛、开张并有黏液流出；黏液开始时较稀，随着发情时间的增加，黏液逐渐变稠，量也由少变多，到发情后期逐渐减少、黏稠、稍混浊。

3. 直肠检查法

确定牛的保定方法后，用绳绊住后腿，指甲剪短磨光，手臂上涂以润滑剂，用温水清洗牛的外阴部和肛门；将五指并拢呈锥状，慢慢插入肛门深入直肠，然后分数次掏出直肠内粪便，而后在直肠内将手掌伸开，掌心向下，隔着直肠壁触摸卵巢上卵泡发育的情况来判断发情与否；母牛发情，可触摸到突出于卵巢表面并有波动感的卵泡；排卵后，卵泡上有一个小的凹陷；黄体形成后，可摸到稍微突出于卵巢表面、质地较硬的黄体。发情母牛的子宫收缩反应比较明显，子宫角坚实，由于子宫黏膜水肿，子宫角体积也增大。

4. 公牛试情法

根据母牛爬跨的情况来判断牛是否发情，这也是最常用的方法之一。如果群牧繁殖牛群时，采用人工授精，必须进行发情鉴定。尤其将阉牛牵到母牛跟前，如果阉牛有爬跨行为，可以确定发情。尤其在一些阴雨多雾的地区，牛群的发情鉴定观察就更困难，由此为了节省人力、物力，提高发情鉴定结果，采用试情公牛标记法是最有效的技术。

（五）母牛的人工授精技术

1. 精液的解冻

冷冻精液使用前必须使用解冻液解冻，方能进行人工授精。

（1）解冻液配制：解冻液一般使用 2.9% 的柠檬酸钠溶液和维生素 B_{12}（2 毫升 1 支）。解冻液配制必须准确，浓度不可偏高或偏低，pH 为 6，宜现配现用，也可用安瓿分装备用。维生素 B_{12} 注意避光保存，防止购买伪劣产品，解冻时防止生水滴入。

（2）解冻方法：颗粒解冻时先把解冻液倒入玻璃瓶，每输精1头母牛用解冻液1.5～2毫升，把装好解冻液的玻璃瓶放在38℃的温水中预热，将冻精2粒迅速投入瓶中，并不断地轻轻摇动，待颗粒精液快融化完时立即将玻璃瓶在温水中取出，继续摇动使其全部融化。细管冻精解冻时可直接浸入38℃温水中晃动，至颜色变透明即可取出，进行镜检，观察其活力，如活力不低于35%，便可用来输精。解冻后的精液存放时间不超过1小时。

2. 精液活力的检查

取一点精液，滴在载玻片上，加上洁净的盖玻片，使载玻片和盖玻片之间充满精液，避免空气泡藏在里面，然后以在显微镜下放大400倍，观察精液中前进运动的精子数量，来评定精于活力的等级，评定时一般分为十级，在显微镜下100%的精子都是直线前进运动的可以评1.0级，90%直线前进运动的0.9级，其余以此类推。颗粒冻精解冻后活力达0.35级以上方可用于人工授精。精子活力检查时，必须在37℃～38℃的环境中进行，冬季必须使用保温箱，温度保持38℃～40℃，才能使检查获得准确的结果。

3. 输精方法

（1）开张器输精法：按发情鉴定方法保定母牛，用消毒水或清水洗净肛门和阴户周围并擦干，把牛尾拉向一侧。输精员持用生理盐水浸湿的开张器，缓慢插入阴道，转动并打开开张器。借助光源找到子宫颈外口，将输精器插入子宫颈口1～3厘米左右，后撤开张器，注入精液。取出输精器和开张器。取出开张器时不要合拢，以免夹伤阴道黏膜。助手按压母牛腰部，以防止精液倒流。这种方法的优点是操作简单。缺点是只能将精液输到子宫颈浅部，影响受胎率。此法目前已很少使用，只在少数子宫颈难插进的母牛中使用。

（2）直肠把握输精法：保定输精母牛，输精员一只手戴好长臂手套，伸进直肠内掏出粪便。用手触摸寻找把握子宫颈，如遇母牛努责，稍等肠壁松弛后再操作。如遇肠壁紧张并收缩成空腔时，可用手压迫肠壁使其松弛。输精员用另一只手持干净毛巾擦净阴户周围，主输精器插入阴道至子宫颈口，借助直肠内一只手对子宫颈的固定和协助，把输精器慢慢插入子宫颈深部或子宫体，注入精液。抽出输精器。这种方法的优点是可以把精液直接注入子宫颈深部或子宫体，受胎率高。缺点是初学者不易掌握，甚至会造成子宫颈口外伤，反而使受胎率降低。

（六）母牛妊娠诊断技术

妊娠诊断是指采用外部观察、阴道检查、直肠检查、孕酮水平测定和超声波诊断等多种方法对母牛的妊娠情况进行诊断。其中，直肠检查法是牛妊娠诊断中最基本、最可靠的方法，妊娠诊断可有效减少母牛的空怀率，提高牛群的繁殖率。

1. 外部观察法

主要根据母牛妊娠后期的行为和外部特征来判断是否妊娠。比如，周期性发情停止，食欲增进，膘情改善，毛色光泽，性情温顺，行动谨慎安稳，妊娠后期出现腹围增大，偏向一侧突出，乳房胀大。雌性动物妊娠的外部表现在中后期才比较明显，早期难以做出判断，某些动物在妊娠早期常出现假发情现象，容易造成误诊。

2. 直肠检测法

可通过直肠壁直接触摸卵巢、子宫、胎泡、子叶的大小及变化，无需复杂设备，可以判断假发情、假孕及胎儿的死活。

3. 阴道检测法

（1）阴道黏膜：在妊娠 3 周以后，阴道黏膜由粉红变为苍白，表面干燥、无光泽、滞涩，收缩变紧，有阻力。

（2）黏液：牛妊娠 1.5 ～ 2 个月，子宫颈口有黏液，剂量少。3 ～ 4 个月后，黏液量增多，为灰白和灰黄色糊状黏液。6 个月以后变为稀薄透明。

（3）子宫颈口检查：妊娠后子宫颈口紧闭，有子宫栓存在。通过阴道检查进行妊娠判断时，也会出现因持久黄体及子宫炎症引起未孕的错误判断，而且不能做出早期妊娠诊断，再者容易造成母体感染，使用时务必谨慎。

4. 免疫学诊断

通过测定血浆中的雌酮来判断是否妊娠。这种方法可进行早期妊娠检测，一般在配种 12 ～ 20 天就可以检测。但是操作麻烦，且准确度和稳定性有待进一步研究。

5. 超声波诊断

（1）A 超法：该型仪器的诊断时间为妊娠中后期，目前很少用。

（2）多普勒法：适用于诊断妊娠和判断胎儿死活。存在因操作技术和个体差异造成的诊断时间偏长，准确率不高等问题。

（3）B超法：常用的妊娠检测方法。线阵超声波法用于18～120天妊娠诊断；扇形超声波法用于怀孕后30～120天妊娠诊断，可以记录和储存图像，并可转移到计算机进行远程分析，既可以判断是否妊娠，还可以观察胎儿心跳及骨架结构。

6. 外源生殖激素法

在配种21～27天，肌肉注射促黄体素释放激素200～500微克，观察35天内是否返情，返情即为空怀，否则为妊娠。

7. 血和奶中孕酮水平检测

妊娠后，由于妊娠黄体存在，在下一个发情期到来之前，血清和奶中的孕酮含量要明显高于未孕者。由于造成孕酮水平高的原因很多，如持久黄体、黄体囊肿、胚胎死亡等，往往造成误诊。妊娠诊断准确率在80%左右。

8. 妊娠相关蛋白检测法

（1）测定妊娠特异蛋白（PSPB）的含量。

（2）测定早孕因子（EPF）。

（3）测定小时CG含量（可用测孕试纸）。

（七）分娩与助产

分娩是指母牛经过一定时间的妊娠后，胎儿发育成熟，母牛将胎儿及附属膜从子宫排出体外的过程。

1. 母牛预产期推算

预产期推算方法是“月减3，日加6”，即母牛配种月份减3，配种日期加6，即是预产日期。若配种月份在1、2、3月不够减时，则采用“月加9”。若配种日期加6超过1个月时，则需减去本月，日数按剩余日数计算，同时在月份上加 1。

例如：某母牛于 2020 年 2 月 29 日配种妊娠，预产犊日期月份应为 11，计数方法：2 加 9；日期应为 5，计数方法：29 加 6 减 30，月份再加 1，即 12 月份，其预产期为 2020 年 12 月 5 日。

2. 分娩预兆

（1）骨盆。分娩前数天，骨盆部韧带亦得松弛，荐骨后端松动，握住尾根做上下活动时，会明显感到尾根与荐骨容易上下移动。骨盆韧带松弛，尾根部出现肌肉窝，呈塌陷状。

（2）外阴部。分娩前数天，阴唇逐渐肿胀，阴唇上皮肤皱纹平展，颜色微红，质地变软，阴道黏膜潮红、黏液由稠变稀，子宫塞（栓）在临产前 0.5 ～ 1 小时随黏液排出，吊在后面。在临产时，尾巴频频高抬。

（3）乳房。临产前 4 ～ 5 天可挤出少量清亮胶样液体，产前 2 ～ 3 天可挤出初乳。乳头基部红肿，乳头变粗，有的母牛有滴奶现象。

（4）体温。在妊娠 8 ～ 9 个月时，体温上升到 39℃，但临产前下降 0.4℃～ 0.8℃。

（5）行为。临产前母牛食欲下降，离群寻觅僻静场所，并且勤回头，有不断起卧动作，初产牛则更显得不安。分娩预兆与临产间隔的长短因个体而异，必须随时观察。

3. 分娩

母牛出现分娩现象时，用 1% 煤酚皂溶液或 0.1% 高锰酸钾溶液洗净外阴部、肛门、尾根及后躯，然后用 75% 酒精消毒。接产人员的手臂消毒后等待接产。当母牛阵缩间歇很短而阵缩力甚强，经20分钟左右须进行产道检查，确定胎儿方向、位置和姿势是否正常。

正常情况下，不急于将胎儿拉出，可让其自然分娩。一开始胎包露出后10～20分钟，母牛要卧下。这时要设法让它左侧卧，以免胎儿受瘤胃压迫，影响分娩。头位正产的姿势是，两前肢托着头先出来，而尾位正产时，是两后肢先出来。当胎儿两前肢和头部露出阴门，而胎膜仍未破裂时，可将胎膜撕破，并将胎儿口腔、鼻周围的黏膜、黏液擦净，便于胎儿呼吸。如果破水过早，产道干燥、狭窄或胎儿过大时，可向产道内灌入消毒的温肥皂水或植物油润滑产道，便于拉出胎儿。当胎儿倒生露出双后蹄时，要及时拉出胎儿，拉出时要配合母牛努责的动作，母牛努责停顿时不能硬拉。当胎儿胎位及姿势正常而母牛努责产出无力时，可配合使用缩宫药物，利于接产。可用催产素100单位，加入10%葡萄糖注射液500毫升中静脉滴注。注药过程中有时牛努责有力，会把胎儿自行产出。但对体质弱或高产肉牛，需在母牛努责时人工辅助拉出胎儿。

4. 助产

在人工助产时，如果胎膜未破，需将胎膜撕破后再拉出两肢，用绳缚住两肢的掌部（勿与胎膜缚在一起）。正生时（头先出），尚须用手指擒住胎儿下颌或两鼻孔，慢慢将胎儿拉出。当胎头通过阴门时，助手用双手捂住阴门上下联合，防止会阴撕裂。拉出抬头时，须将抬头稍向上拉以符合骨盆轴线。牵引胎儿时必须配合母牛的努责向外牵引，间歇时应暂停牵引，如强行拉出胎儿易发生子宫外翻。

当发现胎儿假死（舌吐出口外）时，必须将胎儿强行缓慢拉出，以便及时抢救胎儿，但要柔和用力，避免用力过猛。牵拉两前肢应使两肢稍有前后一起向外拉，这样可缩小胎儿肩部之间的宽度，使胎儿容易通过骨盆口。当胎儿脐带通过母牛阴门时用手捂住脐部，避免在牵拉胎儿过程中脐带血管断在脐孔内。胎儿臀部通过阴门时，由助手双手托住胎儿臀部缓慢拉出，切忌速拉，以免发生子宫外翻。倒生时（臀先出）须迅速拉出胎儿，否则脐带被压迫于母牛骨盆入口处，造成胎儿窒息死亡。当倒生牵拉后腿，胎儿臀部通过母牛骨盆口时，应使两腿有前后使胎儿臀部稍有倾斜向外拉出。

当胎儿产出部位异常时，须将胎儿推回子宫内进行矫正。推回胎儿时要等待母牛努责间歇期间进行。将胎儿推回子宫非常困难，应设法使母牛处于头低、臀高的倾斜位置，有利于胎儿矫正操作。对于正常接产，手术助产，异位矫正无效的母牛，要请兽医进行剖腹产手术。

（八）母牛产犊后的护理技术

母牛产犊 10 天内，尚处于身体恢复阶段，要限制精饲料及根茎饲料的喂量，其间若饲养过于丰富，特别是精饲料给量过多，母牛食欲不好、消化失调，易加重乳房水肿或发炎，有时因钙、磷代谢失调而发生乳热症等，这种情况在高产母牛身上极易出现。因此，对于产犊后体况过肥或过瘦的母牛必须进行适度饲养。对体弱母牛，产后 3 天内只喂优质干草，4 天后可喂给适量的精饲料和多汁饲料，并根据乳房及消化系统的恢复状况，逐渐增加给料量，但每天增加精料量不得超过 1 千克，当乳房水肿完全消失时，饲料可增至正常。若母牛产后乳房没有水肿，体质健康、粪便正常，在产犊后的第一天就可饲喂多汁饲料和精料，到第 6 至 7 天即可增至正常喂量。

三、影响牛繁殖力的因素

遗传、环境、饲养管理、配种技术、疾病等因素，会引起母牛不发情或发情不正常、难产、流产、胎衣不下、死胎或产后弱犊等问题，从而严重影响牛群的繁殖力。总结一般有以下因素：

（一）营养

营养对母牛的发情、配种、受胎以及犊牛成活起着重要作用，其中以能量和蛋白质对繁殖影响最大。此外，矿物质和维生素也对繁殖起着不可忽视的作用。

（二）管理

科学管理牛群，特别是基础母牛群，对提高繁殖力有重要意义。管理工作主要涉及调整牛群结构，合理规划生产，母牛发情规律和繁殖情况调查，空怀、流产母牛的检查和治疗，组织配种，保胎及犊牛培育等内容；也包括放牧、饲喂、运动、调教、休息、卫生防疫等一系列措施。

（三）配种技术

自由交配时，公母牛比例不当，公牛头数过少；在人工辅助交配时公牛利用过度，交配不适时或公牛饲养管理不当，都会造成繁殖力降低。人工授精时，精液品质不好，密度不够，活力差或混有杂质、病菌，不仅直接影响母牛受胎，而且易造成母牛生殖疾患。

（四）疾病

对繁殖影响较大的疾病有两大类，传染病和非传染性疾病。传染病包括布氏杆菌病、滴虫病、胎儿弧菌病及生殖道颗粒性炎症等；非传染性疾病包括阴道炎、卵巢炎、输卵管炎、子宫内膜炎、子宫囊肿、子宫颈炎等。生殖道本身的疾病直接破坏正常繁殖机能，如卵巢疾患导致不能产卵或产卵不正常。

（五）环境

季节、温度、湿度和光照等都会影响繁殖。过高或过低的温度都不利于牛的繁殖，如在炎热夏季和寒冷冬季时，牛繁殖率最低，春秋两季气候适宜，繁殖效率自然最高。冬季发情、受胎少的原因，主要由于日照短和粗料维生素含量低；夏季的高温会缩短发情持续期，减少发情表现，胚胎的死亡率明显增加。但如给予遮阳、通风等措施，还可改进其受胎率。

（六）异常发情

异常发情包括不发情、暗发情、常发情和假发情，主要是卵巢功能失常引起的。母牛既不发情也不排卵，往往由于疾病、气候、营养或泌乳引起。

四、提高繁殖力的技术措施

了解影响母牛繁殖力的主要因素，就可以通过科学的饲养管理，使母牛处于最佳繁殖状态，采用综合措施，努力提高母牛的繁殖力，实现多产犊、多成活，获得更多更好的牛产品。

（一）加强母牛的饲养管理

饲料的营养对母牛的发情、配种、受胎以及犊牛的成活起着决定性作用。能量、蛋白质、矿物质和维生素对母牛的繁殖力影响最大。营养不足会延迟青年母牛初情期和初配年龄，会造成成年母牛发情抑制、发情不规律、排卵率降低，甚至会增加早期胚胎死亡、流产、死产、弱胎、分娩困难、胎衣不下及产后瘫痪等；同时会影响公牛精子的生成，导致精液质量下降，受精能力低下。

（二）提高公牛精液质量

种公牛的精液品质对提高繁殖率很重要，包括射精量、颜色、活力、密度、精子畸形率等。正常情况下，牛的射精量为 5 ～ 8 毫升，精液为淡灰色及微黄色。活力是指精液中直线运动精子占全部精子的百分数，如 100% 为直线运动则评为 1.0 分，90% 则评为 0.9 分，依此类推。同时加强种公牛的运动和肢蹄护理，保证有良好体况和充沛精力。严格遵守规程要求进行精液处理和冻精制作，注意冻精颗粒（或细管冻精）的分发和运送各个环节，才能保证精液质量。

（三）适时输精

黄牛发情期比其他畜种短，一般平均仅 15 ～ 20 小时。排卵则多在发情结束后 10 ～ 15 小时。距发情开始约 30 小时。根据这些，适当安排输精时间非常重要。一般认为母牛发情盛期稍后到发情末期或接受爬跨再过 6 ～ 8 小时是输精的适宜时间。在生产中如发现母牛早上接受爬跨则下午输精 1 次，次日清晨再输精 1 次。不接受爬跨的，次日早晨第 1 次输精，隔 8 小时再输精 1 次。

（四）熟练掌握输精技术

使用直肠把握输精法必须掌握“适深、慢插、轻注、缓出、防止精液倒流”的技术要领。输精员动作柔和，有利于母牛分泌促性腺激素，增强子宫活动，有利于受胎。

（五）及时检查和治疗不发情的母牛

调整母牛的营养水平，同时利用人工催情的办法会增加母牛受配率，一般用孕马血清 1 次注射 10 ～ 20 毫升，间隔 6 天再注射 20 ～ 30 毫升，催情后的配种效果最佳。利用三合激素处理母牛，同期发情效果较好。使用激素催情前，必须弄清楚牛的营养是否平衡（尤其磷的平衡），一般应为中等膘情且处于发情周期中，接近于发情前期。

（六）积极治疗由疾病引起的不孕

牛产犊后 10 ～ 12 天应排完恶露，阴道流出正常液体，如在分娩半个多月至 20 天依旧恶露不止，即可认为不正常甚至发生子宫内膜炎，应冲洗治疗使脓液排出，一般 4 ～ 6 次可使子宫恢复。卵巢疾患多为持久黄体和排卵静止，可用激光疗法或诱发疗法。对于疾病应在加强饲养管理的基础上，针对各种疾病及时治疗。

（七）做好妊娠牛的保胎工作

胎儿在妊娠中途死亡，子宫突然发生异常收缩，或母体内生殖激素紊乱都会造成流产，要做好保胎工作，保证胎儿正常发育和安全分娩。胎儿主要依靠子宫内膜分泌的子宫乳作为营养，如营养过低，饲料质量低劣，子宫乳分泌不足，会影响胚胎发育，甚至造成胚胎死亡或流产，即使犊牛产出，体重也很小，发育不好，易死亡。

因此，应注意补充矿物质；不饲喂腐坏变质饲料及冰冻饲草料和饮用冰水。孕牛要有适当运动。

（八）加强犊牛培育

孕牛营养与初生牛的体重和健康密切相关，初生重大的犊牛易成活。犊牛出生后要吃初乳、早补料，保证有充足清洁的饮水。犊牛应避免卧于冷、湿地面和采食不干净食物，以防拉稀。

第二节 羊良种繁育技术

一、选种与选配

（一）选种

选种就是要把优秀个体选出来，把不良个体淘汰掉，以提高群体品质和生产性能。羊的选种技术主要包括：

1. 个体表型选择

羊只个体表型淘汰是最简便、最基本的选种方法，其标准明确、简便易行，尤其在缺少育种记录和后代品质资料时经常采用。

2. 系谱选择

系谱选择的目的是根据一头公羊的祖先成绩和表现来判断遗传品质的优劣，羊育种中一般只要考虑 2 ～ 3 代就足够了。优秀种公羊，最好有 3 代以上的谱系记录，以查找亲代品质与祖先的内在关系。谱系选择对羔羊选留起重要作用，应尽可能选择产奶性能优良的公、母羊的后代作为种用。

3. 半同胞测验

半同胞测验是根据羊群中现有羊只的半同胞成绩来估计种畜的育种值，以判断其优劣性。由于人工授精技术的广泛应用，一只公羊可得到许多半同胞公、母羊，同年出生、饲养管理环境接近。因此，其比较结果较为可靠。

4. 后裔测验

后裔测验是通过对后代的生产性能及其品质特性进行评定进而来确定种畜育种价值。在后裔测验中，最常采用的是同龄女儿比较法，可以避免年度饲养水平间及与配母羊年龄及年度间的差异。其缺点是如果测验的幼龄公羊多，可能会由于配种母羊质量差异而导致其后代品质的不同，影响测验结果，所以这种选种方法虽然科学可靠，但仅限于少数较大规模的育种场。

5. 指数选择

综合选择指数法主要是把几个不同性状的资料按其遗传和经济重要性，利用多元回归的原理合并成一个相当于综合育种值的指数，并以此指数为参考进行选择。制定指数时不仅要考虑到与选择效果有直接关系性状的遗传力和标准差，而且要考虑性状间的相关度以及各性状在经济上或该育种阶段中相对的重要性，因此，综合选择指数被认为是在优良品种内的一种比较完善的选种综合指标。

在了解为什么要选种及选种方法后，以下对种公羊、种母羊及羔羊的选择要点加以概述：

（1）种公羊

外形：体质结实，体形匀称，头大小适中。体躯呈矩形，胸宽，前胸突出，背平，后躯平直丰满。

睾丸：睾丸大小适中，如出现单睾、隐睾及生殖器官畸形等均不能留做种用。

年龄：公羊一生中，繁殖年龄最强的时期为 1 ～ 5 岁。可以结合看口齿：门齿更换第二对，直至第四对乳齿完全更换为永久齿之间的时期是配种适时的年龄。

（2）种母羊

外形：外貌清秀、骨细、皮薄。体躯高大，胸宽而深，背腰宽长，后躯宽深，腹大而不下垂。

乳房：发达且富弹性，乳头大且整齐。最好在母羊生第 2 ～ 5 胎期间鉴定一下，选用乳房紧凑、圆大的母山羊为种，淘汰乳房紧缩为圆球形或松弛、悬垂的母羊。

（3）羔羊

优先选留亲代生产性能好的后代，初生重大，生长发育良好，外貌好，体躯长，后躯方正，四肢与头部端正，鬐甲高与尻高基本相等。

（二）选配

选配就是有目的地安排公母羊之间的交配组合，以期获得理想的后代，目的在于巩固选种的效果。选配又可分为表型选配和亲缘选配。其中，表型选配主要是以种公羊、母羊本身的表型特征作为选配依据，亲缘选配则是以双方血缘关系为依据而进行的选配。在实践中，这两类选配又可分为“以优配优”同质选配和借助公羊优势强化和补充母羊缺陷和不足的“公优于母”的异质选配。

通过选配，能够达到：亲代固有的优良性状稳定遗传给子代；分散于双亲个体上的不同优良性状能够结合起来遗传给子代；累积细微的、不明显的优良性状遗传给子代；针对一些不良或缺陷的性状削弱进而淘汰。

二、繁殖现象及规律

（一）初情期及初配年龄

初情期是指公羊第一次出现性行为和射精、母羊第一次发情和排卵的时期。此时的发情和发情周期是不正常、不完全的。

性成熟是指公、母羔羊的性器官基本发育完全，具有正常繁衍后代的能力。因品种、个体、气候、分布地区和饲养管理等的不同而存在差异，一般早熟品种比晚熟品种性成熟早，气候温暖地区的羊比寒冷地区的羊性成熟早，饲养管理条件好、发育良好的个体性成熟也早。羊的性成熟一般为 5 ～ 10 月龄，同时和体重有关，此时体重约为成年体重的 40% ～ 60%。需要指出，在达到性成熟时，公羊身体仍在继续生长发育，配种过早，会影响身体的正常生长发育，降低繁殖力；母羊生长发育及生殖器官发育未完善，过早妊娠会妨碍自身生长发育，所产后代可能体质弱、发育不良甚至出现死胎，泌乳性能也较差。

初配年龄的迟早与气候条件、营养状况等有很大的关系，一般公羊初配年龄要比母羊晚2月龄左右。一般体重达到成年体重的70%较为适宜第一次配种。通常山羊的初配年龄多为8～12月龄，绵羊的初配年龄多为12～18月龄，湖羊生长发育较快，母羊初配年龄为6月龄。实际生产中，要根据羊的生长发育情况来确定，母羊最适于繁殖的年龄为2～6岁，7～8岁时逐渐衰退，但这也与饲养管理水平有很大的关系。所以，在掌握适宜的初配年龄情况下，不应该过分地推迟初配年龄，做到适时、及时配种。

（二）发情和配种

1. 发情

发情即母羊在性成熟后表现出的一种具有周期性的生理现象。一般具有以下特征：

（1）**性欲** 指母羊愿意接受公羊交配的一种行为。发情时，母羊一般表现为兴奋不安，反应敏感，母羊之间会相互爬跨，咩叫摇尾。此时，母羊一般不抗拒或是主动接受公羊的接近与爬跨。发情初期的性欲表现不明显，排卵后的性欲逐渐减弱。

（2）**生殖道变化** 外阴部充血肿大，柔软松弛，阴道黏膜充血潮红，上皮细胞增生，前庭腺分泌增多，子宫颈开放，子宫蠕动增强，输卵管的蠕动、分泌和上皮纤毛的波动也增强。

（3）**卵泡发育和排卵** 卵巢上有卵泡发育成熟，发育成熟后卵泡破裂，卵子排出。

母羊从开始表现上述特征到特征消失这一阶段，称为发情持续期。发情持续期的长短等与个体、品种、年龄及配种季节等都有着密切关系。若在此时期未能及时配种或配种却未孕，经一段时期后母羊会再次发情。

2. 发情周期

通常把上次发情开始到下次发情开始这个阶段称为发情周期。母羊性成熟后，卵巢即出现周期性排卵现象，一直到性机能衰退以前。把前后两次排卵间的机体和生殖器官发生的生理变化过程称之为发情周期。同样，发情周期也因品种、个体及饲养管理等因素影响而存在差异。根据一个发情周期中生殖器官所发生的形态、生理变化和相应的性欲表现，将发情周期分为 4 个阶段，即发情前期、发情期、发情后期和休情期。绵羊的发情周期平均为 17 天，山羊平均为 21 天。

3. 配种

羊的配种可以采用自然交配和人工授精等方法，从而实现种羊配种的生产目的。

（1）自然交配

自然交配又称为本交，可分为自由交配和人工辅助交配。

自由交配　自由交配是按一定公母比例，将公羊和母羊同群放牧饲养，一般母羊与公羊比值为 15 ～ 20，最多 30。自由交配的优点是可以节约人力物力，对分散的家庭小型牧场很适合。不足之处表现为配种季节，因为公母羊的追逐而影响采食和抓膘，公羊需求量相对较大，同时容易出现近亲交配和早配现象，因为不能准确知道配种日期所以无法推算分娩时间，这就给羔羊的接产等工作带来困难，由生殖器官交配接触的传染病不易预防控制。如只能用这种方法配种时，则要做到平时公母羊不混群，只在配种季节内放入公羊。

人工辅助交配 即平时将公母羊分开放牧饲养，当母羊发情后从羊群中选出来并与已经选定的公羊进行交配。与自然交配相比，此方法有利于选配工作的进行，可做到防止近亲交配及早配，减少因追逐等而造成的公羊体力消耗等，通过准确记录配种时间进而做到提前安排分娩和产羔管理等。为确保人工辅助交配的受胎率，要选择适宜的配种时间。一般早晨发情的羊可以傍晚配种，第二天早晨复配一次；傍晚发情的羊，第二天早晨配种，傍晚复配一次。

人工辅助交配的不足之处在于需要对母羊进行发情鉴定、试情等，但在母羊群不大、种公羊数量较多的羊场，可以采用。

（2）人工授精

种羊选取 种羊的选取方法，要求首先选取 2 ～ 4 周岁的公羊，同时要求该公羊无任何疾病，活力较好，身体强壮等。此外，公羊（包括种羊）每次的排精量较小，通常情况下只有 0.8 ～ 1.2 毫升，且母羊发情期短，在 20 ～ 36 小时合理选取种羊，有助于保证人工授精效果。

人工授精 采精：工作人员右手紧握假阴道，用食指、中指夹好集精瓶，种羊与台羊进行交配时，以羊用假阴道靠近母羊臀部，成 45 度角代替母羊阴道，轻托种羊阴茎导入羊用假阴道中，当公羊后躯急速向前一冲时，表明公羊完成射精，取下并盖好集精瓶。输精：可采用子宫颈口输精法或阴道底部输精法。子宫颈口输精法即将精液推入到子宫口颈内，为保证受胎率，首次输精 8 小时后可再输第二次；阴道底部输精法则将装有精液的塑料管剪开一端，并向母羊阴道深部缓慢插入直到有阻力时停止，使精液自然流入阴道底部。

繁殖障碍和处理 个别不发情母羊因卵巢囊肿、子宫炎及输卵管炎症等，会出现使用激素后有发情现象但仍久配不孕的情况，就需要先使用人用青霉素、替硝唑等药物消除炎症，然后选用质量较好的前列腺素，溶解或破坏卵巢上形成的永久性黄体。最终促使卵巢机能恢复，有正常的卵细胞排出，顺利与精子结合，在子宫上着床。总之，需要特别注意在饲养管理中强化卫生管理，定期进行消毒，在喂食时，饲料也应给予管理，避免蚊虫滋生、细菌蔓延。最后避免傍晚外出牧羊，以防发生意外事故。

三、妊娠与分娩

（一）妊娠与妊娠诊断

1. 妊娠

妊娠即怀孕，指母羊配种后从卵子受精到分娩这一阶段，并伴随着生理和外部形态的变化过程。妊娠期随品种、胎次和产羔数等不同而略有差异。一般绵羊平均为 146 ～ 155 天，山羊平均为 146 ～ 160 天。

2. 妊娠诊断

目前常用的早期妊娠诊断方法有以下几种：

（1）表观特征观察

母羊受孕后，在孕激素的制约下，发情周期停止，不再有发情表现，性情变得较为温顺。同时，会出现采食量增加，毛色变得光亮润泽。

（2）触诊法

待检查母羊自然站立，然后用两只手以抬抱方式在腹壁前后滑动，抬抱的部位是乳房的前上方，用手触摸是否有胚胎胞块。另外还可通过直肠—腹壁触诊法来判断。先用肥皂灌洗直肠使母羊排出粪便并使其仰卧，然后用涂抹润滑剂的触诊棒经肛门插入约30厘米，操作时注意要贴近脊椎。一边用触诊棒轻轻把直肠挑起，一边触摸腹壁，若有胞块状物体表明已经妊娠。

（3）阴道检查法

妊娠母羊阴道黏膜的色泽、粘液性状及子宫颈口形状均有一些和妊娠相一致的规律变化。空怀母羊阴道黏膜始终为粉红色；而妊娠线头阴道黏膜则为苍白色，当用开膣器打开阴道后，很短时间内即由白色又变成粉红色。空怀母羊阴道粘液量多、稀薄、颜色灰白；妊娠母羊的则呈透明状，量少且浓稠，能在手指间牵成线。妊娠母羊母羊的子宫颈紧闭，色泽苍白，并呈现糨糊状粘块堵塞子宫颈口。

（4）免疫学诊断法

怀孕母羊血液、组织中具有特异性抗原，能和血液中的红细胞结合在一起，用其诱导制备的抗体血清和待查母羊的血液混合时，妊娠母羊的血液红细胞会出现凝集现象，空怀母羊则不会出现。

（5）孕酮水平测定法

测定方法是将待查母羊在配种20～25天后采血制备血浆，再采用放射免疫标准试剂与之对比，判定血浆中的孕酮含量，判定妊娠参考标准为绵羊每毫升血浆中孕酮含量大于 1.5 纳克，山羊大于 2 纳克。

（6）超声波探测法

超声波诊断法是把超声波的物理特点和动物组织结构的声学特点密切结合的一种物理学诊法，具有方便、快捷、安全、可靠等特点。据报道，在山羊配种后 33 ～ 80 天期间，用 B 超仪对妊娠和未妊娠羊的诊断准确率可达到 99% 以上。

（二）分娩

1. 预产期推算

预产期的推算对于提前做好接羔的准备工作较为重要。前已述及，母羊妊娠期平均为 150 天（145 ～ 159 天），其预产期由母羊最后一次配种日期往后推 150 天。推算的公式是：预产月份等于配种月份加 5，预产日等于配种日期减 2 或减 4。例如，今年 10 月 11 日给某母羊配种，预产期就在明年 3 月 9 日前后。

2. 分娩预兆

（1）**乳房变化** 临产前母羊乳房胀大，乳头伸直，可从乳头挤出少量清亮胶状液体或初乳。

（2）**外阴部变化** 阴门肿胀、潮红、柔软，有时流出浓稠黏液。

（3）**盆腔变化** 骨盆韧带变松软，特别是尾根附近的荐坐韧带后缘松软，骨盆顶部下陷柔软。

（4）**行为变化** 母羊起卧不安，食欲不振，不时回头望腹，频频排尿。喜离群、卧墙角或接近其他母羊所产羔羊。

3. 正常分娩及助产

（1）正常分娩

通常妊娠母羊能够顺利自行产出羔羊，无需进行人工助产。经产母羊比初产母羊产羔速度要快，一般羊膜破水后 20 ～ 30 分钟就能够产出羔羊。羔羊产出时呈“跳水状”，头部在两前肢贴伏。若产双羔，两羔羊通常间隔 15 ～ 20 分钟。在母羊产出第 1 只羔羊后，依然卧地不起或者起立后又很快再次卧地进行努责，说明要产双羔。

（2）助产

如果母羊的羊膜破水后经过 30 分钟，表现出无力努责，且羔羊依旧没有产出时，要立即采取助产或者进行剖腹产。因胎儿体积较大而无法产出时，助产员用双手将羔羊伸出的两前肢握住，随母羊努责缓慢拉出。因胎位不正而无法产出时，垫高母羊后躯，将胎儿露出部分先送回产道，再伸手进入矫正胎位，撑大阴道，经过 3 ～ 4 次重复拉出胎儿的两前肢再送进去即可拉出胎儿。

若出现羔羊假死现象，可使羔羊头部向下，提起羔羊后肢，轻轻拍打颈部和胸部使羊水流出，将羔羊口腔羊水用纱布擦干，进行人工呼吸，直到羔羊恢复正常呼吸时停止。如羔羊是因受冻而发生假死，要立即将其移入到温度适宜的暖室中进行温水浴，将前脚用手握住，并对其进行反复前后屈伸，还要配合在胸部两侧用手进行轻轻拍打，水温逐渐从 38℃提高到 42℃，一般 20 ～ 30 分钟即可。

4. 产后母羊和羔羊的护理

（1）产后母羊的护理

母羊产羔后，要及时清除胎衣，谨防母羊吞食。一般在产羔后30～60分钟母羊内能自然排出胎衣，要注意随时对其进行观察，只要发现排出胎衣，要立即将其拿走，避免被母羊吞食后使其养成吃羔、咬羔等恶癖；同时，防止母羊发生生殖道感染，对母羊外阴部要注意清洗消毒，母羊产后几天排出恶露是正常现象，如母羊排出的恶露呈灰褐色，气味恶臭，且超过20天以后仍然恶露排出不净，要进行阴道检查，追查病因，并用消炎药液对母羊子宫进行冲洗；注意母羊的乳房护理，母羊产后给羔羊哺乳前，应用温水洗涤母羊的乳房，母羊如有乳房炎，先将乳房内的乳汁挤净，然后经乳头孔给每个患叶内注入青霉素（40万单位）和链霉素（0.5克）混合液，如乳房内挤出的乳汁含有脓汁，可用低浓度消毒液（0.1%雷佛奴尔，或0.02%呋喃西林溶液）注入患叶，轻轻揉压，然后挤净，再注入青、链霉素混合液，每日两次，直到炎症消失，乳汁正常为止。

（2）羔羊的护理

羔羊产出后，通常能够自行将脐带扯断，然后立即涂抹5%碘酊进行消毒。也可人工断脐，将脐带血液朝向脐部挤捏，距腹部约3～4厘米处用消毒线结扎、剪断，并用5%碘酊消毒。羔羊护理应当做到三防、四勤。即防冻、防饿、防潮和勤检查、勤配奶、勤治疗、勤消毒。

四、影响羊繁殖力的因素

（一）遗传

繁殖力与遗传性有密切的关系。不同品种间以及同一品种不同个体间的繁殖力不同。

（二）环境

羊是季节性发情的动物，光照长短是影响母羊发情的主要环境因素。在卵巢的正常活动下，光照对母羊的排卵数有显著的影响。

（三）营养

营养对母羊的发情、配种、受胎以及羔羊成活等起着决定性作用，其中以能量和蛋白质对繁殖影响最大，矿物质和维生素也不可忽视。

（四）管理

科学的饲养管理能最大限度地满足羊的生长发育、生产、繁殖、营养、卫生等方面的需要。

（五）繁殖

在自由交配时公、母羊比例不当，在人工辅助交配时过度利用公羊，人工授精等操作技术不过关等都会影响母羊的繁殖力。

（六）年龄

一般公羊 3 ～ 7 岁为壮年，身强体壮，性欲旺盛，繁殖力强。母羊 3 ～ 6 岁为壮年，繁殖力最强。

五、提高羊繁殖力的措施

（一）杂交促进多繁

引进多胎品种，用多胎品种与当地品种杂交，是提高繁殖力最快、最有效、最简便的方法。用引入的优秀多胎品种公羊，与国内优良品种进行杂交，以提高当地羊繁殖力。

（二）改变不合理的羊群结构

能繁母羊在羊群中的比例占60%以上，是提高羊群繁殖力的重要途径。若羯羊比例过高，不利于提高羊群的繁殖力。按年底存栏量计，毛用羊能繁母羊应占50%～60%，肉羊则应占70%，毛肉兼用羊则应为60%～70%。

（三）加强选种选配

选用繁殖力高的公、母羊进行繁殖，可显著地提高羊群的产羔率。种公羊应要体质健壮，雄性特征明显且精液品质良好。母羊则应关注泌乳、哺乳性能，可从多胎羊的后代中选种留用。

（四）提早断奶与适时配种

我国传统的羔羊断奶时间为3～4月龄左右。通过及早训练羔羊采食，提早补料，提早断奶，可缩短母羊的哺乳期，使母羊提早发情。早期断奶可选择出生后一周或40天进行。在生产中，断奶时间要根据羔羊的月龄、体重、补饲条件和生产需要等因素综合考虑确定。

（五）加强饲养管理

种公羊　补充的料要易消化、体积小、品质好、适口性好，少喂粗料及多汁料而多喂精料，使其体质结实，精力充沛，性欲旺盛，具有种用体况。另外，每天每头种公羊最好补喂磷酸钙 10 克，其对精子的生成和活力有影响。

母羊 妊娠前期（约 3 个月），一般不需补饲，到妊娠后两个月时，胎儿生长快，适宜加精料。在妊娠期内需要充足运动，对母羊健康及胎儿发育等有好处。

（六）繁殖新技术的应用

目前，诸如冷冻精液与人工授精、诱导发情与同期发情、超数排卵与胚胎移植、双羔素诱产双羔和激素诱发分娩等繁殖技术在养羊生产中推广应用，使种羊的繁殖效率大大提高。有条件的羊场，可有选择地推广应用这些新技术，或在有关专家指导下应用这些新技术。

第六章 牛羊饲养管理

牛羊饲养管理过程中，很多养殖户因技术与经验匮乏，只能采取简单粗放式的管理模式，从而导致牛羊饲养的综合效益难以得到提升，情况严重时还会造成一定的经济损失。良好的饲养管理可以减少牛羊的疾病发生，提高犊牛和羔羊的存活率以及牛羊饲料利用率。搞好牛羊的标准化饲养管理，对牛羊进行健康高效养殖，按饲养标准配制日粮，保证饲料营养的均衡供应，改粗放管理为精细、精准管理，搞好环境卫生，预防疾病发生。通过科学的饲养管理和有效的技术手段，以最低生产成本获得最高的生产效益，充分发挥牛羊高效养殖的技术优势。

第一节 牛饲养管理

一、母牛的饲养管理

母牛一般分为育成期、妊娠期、哺乳期三个阶段，有放牧条件的地方，尽量多放牧，可增强母牛体质，节约饲料成本。放牧牛群的数量应按放牧地产草量、地形、地势而定，一般中小规模场以50～100头为宜；农户以5～20头为宜。每天放牧时间可随牧草的质量差异从7小时延至全天不等。

（一）育成母牛的饲养管理

母牛育成期是指6月龄到配种前阶段。贵州本地母牛初配时间一般为14～18月龄，杂交母牛一般为16～18月龄或体重达到成年母牛的70%以上可进行配种。如果母牛个体较小或头胎，不可用大型品种牛进行配种，以防难产。

育成母牛既可以舍饲，也可以放牧，还可以采用放牧加补饲。舍饲时应设立运动场，以保证母牛有充足的光照和运动，同时每天最好刷拭牛体1～2次。

育成母牛饲料一般以粗饲料为主，补充少量精料，精料补充料参考配方见表6-1，育成母牛日增重保持0.4～0.5千克以上，保持中等体况，不宜过瘦或过肥。

表6-1　育成期母牛的精料补充料配方及补饲量

原料	玉米	豆粕	麦麸	磷酸氢钙	食盐	预混料
成分含量（%）	70	17	8	1.8	1.2	2
补饲量（千克/天·头）	0.8～1.2					

（二）妊娠母牛的饲养管理

母牛的怀孕期平均为280天，变动范围为270～285天。怀孕后应做好保胎工作，注意母牛安全，预防流产或早产。妊娠母牛应单独组群饲养，防止拥挤、跌打、狂奔等发生。如果母牛出现流产征兆，可用黄体酮肌肉注射（1克/头/天），连用4～6天。对怀孕母牛应当做必要的乳房按摩，多运动和晒太阳。妊娠期间保证胎儿发育的营养需要，母牛体况良好。饮水、光照和运动也要充足，每天需让其自由活动3～4小时。饲养时禁喂发霉变质及有毒有害饲料，饮水温度应在10℃以上。

1. 妊娠前期

妊娠前期指妊娠2个月之前阶段，此期营养需要较低，重点是做好保胎工作。此阶段精料补充料参考配方及补饲量见表6–2。

表6–2 妊娠前期母牛的精料补充料配方及补饲量

原料	玉米	豆粕	麦麸	磷酸氢钙	食盐	预混料
成分含量（%）	72.5	15	8	1.5	1	2
补饲量（千克/天·头）	1～1.5					

2. 妊娠中期

妊娠中期指妊娠2～7个月阶段，此阶段重点满足胎儿发育所需要的营养，精料补充料参考配方及补饲量见表6–3。

表6–3 妊娠中期母牛的精料补充料配方及补饲量

原料	玉米	豆粕	麦麸	磷酸氢钙	食盐	预混料
成分含量（%）	67.5	18	10	1.5	1	2
补饲量（千克/天·头）	1.5～2.0					

3. 妊娠后期

妊娠后期指妊娠8个月到分娩阶段，此期营养需要较高，要确保胎儿快速发育所需要的营养需求量。精料补充料参考配方及补饲量见表 6–4。

表 6–4 妊娠后期母牛的精料补充料配方及补饲量

原料	玉米	豆粕	麦麸	磷酸氢钙	食盐	预混料
成分含量（%）	65	20	10	2	1	2
补饲量（千克 / 天 · 头）	不少于 2.0 千克，分娩前最后 1 周内精料喂量减半					

（三）哺乳母牛的饲养管理

母牛分娩当天应充足饮水，水温 36℃～38℃，水中加入麸皮 1～1.5 千克，食盐 100～150 克，调成稀粥状。有条件的还可给予 0.25 千克红糖、200 毫升益母草膏，加适量温水饮用。母牛分娩后要注意观察母牛的食欲、反刍、乳房、鼻镜和胎衣排出等，发现异常情况及时报告兽医治疗。如果胎衣完整排出后用 0.1% 的高锰酸钾消毒母牛阴部和臀部。如果 24 小时后胎衣仍未排出，为胎衣不下，须请兽医治疗。

分娩最初几天应饲喂易消化和适口性好的饲料，控制精饲料、青贮饲料、青绿饲料及块根茎饲料的饲喂。分娩 1 周后母牛恢复正常喂量，分娩 3 周后增加精料的用量，并提供优质粗饲料以保证母牛充足的泌乳量和健康体况，分娩 3 个月后减少精料的用量。此阶段精料补充料参考配方及补饲量见表 6–5。

表 6–5 哺乳期母牛的精料补充料配方及补饲量

原料	玉米	豆粕	麦麸	磷酸氢钙	食盐	预混料
成分含量（%）	60	25	10	2	1	2
补饲量（千克 / 天 · 头）	1.5～2.0					

二、犊牛的饲养管理

犊牛是指 3 ～ 6 月龄之内以乳汁为主要营养来源的初生小牛。由于其消化特点和成牛有显著不同，因此，在饲养管理上也应有自己的特点。

（一）早吃初乳

母牛分娩后 1 周内所产的乳叫初乳。初乳中含有犊牛所需的各种养分、母源抗体等，对小牛的健康及提高抗病能力十分重要。因此，小牛出生后，要在 30 分钟内让其吃到初乳，提高犊牛的抗病能力，以确保小牛的健康生长和存活率。

（二）早期断奶

自然哺乳一般让犊牛吃六个月的母乳，人工哺乳也要吃三个月的母乳。早期断奶一般指 1 ～ 2 月龄断奶。可通过人工乳和代乳料替代自然哺乳，这样做一方面可以减少犊牛的哺乳量，降低犊牛的饲养成本，另一方面可以缩短母牛的发情间隔，提高母牛的繁殖效率，增加经济效益。

常用的人工乳配方为脱脂奶粉 69% ＋脂肪 24% ＋乳糖 5.3% ＋磷酸三钙 1.2% ＋适量的维生素 A、D、E 等。

水和人工乳粉按 7 ～ 8 的比值稀释即可饲喂。

在犊牛 20 日龄后可逐步饲喂代乳料，代乳料一般购买商品化代乳料。

（三）早期补饲

早期补饲是让犊牛尽早吃上草料。犊牛一般在 10 日龄时出现反刍，30 日龄时其胃肠机能已基本发育健全。生产中为促进犊牛的胃肠发育和机能健全，一般于 10 日龄前就开始喂给易消化的麦麸、玉米粉、豆粉等，15 日龄让其自由采食晒制的青绿干草。待犊牛每天可以采食 1 千克干饲料时，即可断奶。

青贮饲料可以从 60 天开始供给，最初每天可以供给 100 克，3 月龄可供给 1.5 ～ 2 千克。过早或过量饲喂有可能发生丁酸中毒。

（四）做好犊牛的防寒保暖工作

初生犊牛的体温调节不健全，对潮湿和寒冷适应能力很弱，最易发生消化不良性腹泻。冬季天气严寒、风大，牛舍应厚垫褥草，并常换常晒，夜间应关闭通风孔，以防贼风。要确保室温初生时 20℃～ 24℃，1 月龄后在 7℃以上。

三、肉牛育肥饲养管理

（一）育肥牛的选择

肉牛育肥要以杂交牛品种为主，如西门塔尔、安格斯、利木赞等纯种牛与本地牛的杂交后代。青年牛育肥选择断奶后的 200 千克以上杂交肉牛或 150 千克以上地方良种肉牛。架子牛育肥选择未经育肥的 200 千克本地黄牛公牛或 300 千克杂交公牛。购买架子牛时，要买来自没有疫病发生区域的牛，不买来自疫区的牛；要买发育良好，身体健壮的架子牛，不买发育不好、有明显病态的牛；要买青年牛，不买老弱病残牛。

（二）做好运输应激防范工作

1. 运输前准备

为了减少应激反应，可从运输前 2 ～ 3 天开始，每日每头牛口服或注射维生素 A 25 ～ 100 万单位；或在装运前按每 100 千克活重肌内注射 1.7 毫升氯丙嗪。另外肌肉注射长效抗生素，头孢噻呋或氟苯尼考 1.0 克 / 头，装运前 2 ～ 3 小时牛不可过量饮水，装车前停止或少喂精料。

2. 牛到场后

肉牛运输到场后，2 小时内不饮水，2 小时后适量饮水，一般每头不超过 10 ～ 15 千克。水中可添加适量黄芪多糖、板蓝根、电解多维等。喂料应先喂干草（一般不喂豆科干草），逐步加精料，一次不可饲喂过多，以免由于疲劳而引起积食或臌气，不可马上饲喂青贮料。

（1）隔离观察

牛购进后应在隔离牛舍内进行隔离观察 15 ～ 45 天。观察每头牛的精神状态、采食情况和粪尿情况，并进行布氏杆菌病和结核病的检疫。

（2）牛体消毒

进场后，用 0.3% 过氧乙酸对牛体逐头消毒一次。

（3）驱虫

进场后 5 天，用阿苯达唑伊维菌素进行驱虫。

（4）健胃

进场后第 7 ～ 14 天对所有的牛用健胃散（香附 75 克、陈皮

50克、莱菔子75克、枳壳75克、茯苓5克、山楂100克、神曲100克、麦芽100克、槟榔50克、青皮50克、乌药50克、甘草50克）进行健胃，水煎灌服，每头牛每天一次，连用两天。

（三）肉牛育肥的饲养管理

1. 肉牛育肥的一般饲养管理

群养分群，按年龄、品种、体重、膘情分群；刷拭，每天刷拭牛体1～2次；肉牛饲喂要定时、定量、定槽位、定桩；称重与记录，每个月抽查称重部分牛的增重，并做好认真记录，用于评估饲料的饲养效果；观察与治疗，饲养员每天观察牛的采食及健康状况，发现异常及时隔离治疗并汇报；适时出栏，一般牛在500千克左右开始出栏。

2. 肉牛饲料

牛饲料包括青粗饲料及精料补充料。青粗饲料主要包括各种鲜草、干草、青贮饲料、农作物秸秆（稻草、玉米秸秆、小麦秸、花生秧等）及酒糟等。精补充料主要由谷类、饼粕类、糠麸类饲料及矿物质饲料等根据牛的营养需要按照一定比例配制而成，其特点是体积小、粗纤维含量少，蛋白和能量含量高，营养全面。怀孕母牛及犊牛应少喂或不喂青贮饲料及鲜酒糟。粗精饲料一定要合理搭配，一般“先粗后精”，先喂粗草，再喂酒糟，然后喂精补料直至喂饱为止。有条件的养殖场可使用TMR混合机制作TMR日粮饲喂。

（1）推荐精料补充料配方

①体重 350 千克以下配方

配方 1：玉米 40%、豆粕 15%、菜籽粕 10%、麦麸（或米糠）31.5%、磷酸氢钙 0.5%、石粉 0.5%、食盐 1%、碳酸氢钠 0.5%、微量元素预混料 1%。

配方 2：玉米 40%、紫花苜蓿（或其他豆科牧草）草粉 30%、豆粕 5%、菜籽粕 10%、糠麸 11%、磷酸氢钙 0.5%、石粉 1%、食盐 1%、碳酸氢钠 0.5%、微量元素预混料 1%。

②体重 350 千克以上配方

配方 1：玉米 50%、豆粕 12%、菜籽粕 10%、麦麸（或米糠）22%、熟菜油 2%、磷酸氢钙 0.5%、石粉 1%、食盐 1%、碳酸氢钠 0.5%、微量元素预混料 1%。

配方 2：玉米 50%、紫花苜蓿（或其他豆科牧草）草粉 31%、豆粕 5%、菜籽粕 10%、磷酸氢钙 0.5%、石粉 1%、食盐 1%、碳酸氢钠 0.5%、微量元素预混料 1%。

（2）肉牛部分日粮搭配

①以青草为主的日粮搭配

体重 350 千克（700 斤）以下每天喂给的饲料喂量：青草占牛体重的 8%，精料混合料占体重的 1.0%，干草或秸秆占体重的 1%。干草和秸秆一般在晚上投喂。

如：肉牛的体重有 250 千克（500 斤），每天喂给青草 40 斤，精料混合饲料 5 斤，干草 5 斤。

体重达到 350 千克（700 斤）以上每天喂给的饲料喂量：青草

占牛体重的8%，精料混合料占体重的1.5%，干草或秸秆占体重的0.5%。干草和秸秆一般在晚上投喂。

如：肉牛的体重有400千克（800斤），每天喂给青草64斤，精料混合饲料12斤，干草4斤。

②以青草和酒糟为主的日粮

体重350千克（700斤）以下每天喂给的饲料喂量：青草占牛体重的8%，湿酒糟占体重的3%，精料混合料占体重的0.7%，干草或秸秆占体重的1%。干草和秸秆一般在晚上投喂。

如：肉牛的体重有250千克（500斤），每天喂给青草40斤，酒糟15斤，精料混合饲料3.5斤，干草5斤。

体重达到350千克（700斤）以上每天喂给的饲料喂量：青草占牛体重的8%，酒糟占体重3%，精料混合料占体重的1.0%，干草或秸秆占体重的1%。干草和秸秆一般在晚上投喂。

如：肉牛的体重有400千克（800斤），每天喂给青草64斤，酒糟24斤，精料混合饲料8斤，干草8斤。

③以青贮饲料为主的日粮

体重350千克（700斤）以下每天喂给的饲料喂量：青贮饲料占牛体重的3%，精料混合料占体重的1.2%，干草或秸秆占体重的1.5%。干草和秸秆与青贮饲料混合投喂，留部分干草晚上投喂。

如：肉牛的体重有250千克（500斤），每天喂给青贮饲料15斤，精料混合饲料6斤，干草7.5斤。

体重达到350千克（700斤）以上每天喂给的饲料喂量：青贮饲料占牛体重的3%，精料混合料占体重的1.5%，干草或秸秆占体重的 1.5%。干草和秸秆一般在晚上投喂。

如：肉牛的体重有 400 千克（800 斤），每天喂给青贮饲料 24 斤，精料混合饲料 12 斤，干草 12 斤。

④以青贮饲料和酒糟为主的日粮

体重 350 千克（700 斤）以下每天喂给的饲料喂量：青贮饲料占牛体重的 3%，湿酒糟占体重的 3%，精料混合料占体重的 0.7%，干草或秸秆占体重的 1.5%。干草和秸秆与酒糟、青贮饲料混合投喂，留部分干草晚上投喂。

如：肉牛的体重有 250 千克（500 斤），每天喂给青贮饲料 15 斤，酒糟 15 斤，精料混合饲料 3.5 斤，干草 7.5 斤。

体重达到 350 千克（700 斤）以上每天喂给的饲料喂量：青贮饲料占牛体重的 3%，酒糟占体重 3%，精料混合料占体重的 1.0%，干草或秸秆占体重的 1.5%。干草和秸秆与酒糟、青贮饲料混合投喂，留部分干草晚上投喂。

如：肉牛的体重有 400 千克（800 斤），每天喂给青贮饲料 24 斤，酒糟 24 斤，精料混合饲料 8 斤，干草 12 斤。

第二节 羊饲养管理

一、繁殖母羊的饲养管理

合理的饲养，可以保证母羊正常发情，提高受胎率及产羔率，且羔羊比较强健，生长发育迅速。生产实践中由于空怀期、妊娠期和泌乳期的生理特点和营养需要不同，应给予适宜的饲养管理。

（一）空怀母羊

母羊在 4 ～ 7 月龄达到性成熟，一般在 12 ～ 15 月龄才进行配种。在生产实践中，当母羊体重到达成年羊体重的 70%～ 80%时就可以进行第一次配种，公羊到 18 个月后再进行配种使用。从小羊羔断奶开始到母羊再次配种受胎前的时间段称为空怀期，约为 3 个月，其受产羔季节的影响。要对母羊抓膘复壮，为配种妊娠贮备营养，以确保母羊有较高的受胎率和产羔率。根据母羊体况，舍饲羊注意营养全面，放牧羊适当补饲，尤其在配种前 1 ～ 1.5 个月。

推荐精料配方为：玉米 58.92%、豆饼 23.24%、糠麸 13.59%、石粉 1.95%、食盐 1%、小苏打 1%、预混料添加剂 0.3%。空怀母羊配种前补饲 15 天，每天 0.2 ～ 0.4 千克；妊娠前期母羊每天补喂 0.2 ～ 0.4 千克。

（二）妊娠期

母羊一般在断奶后 1 个月配种，绵羊发情周期为 16 ～ 19 天，平均 17 天；山羊的发情周期为 18 ～ 21 天，平均 20 天。母羊怀孕周期平均为 150 天，一般为 146 ～ 156 天。妊娠期分为妊娠前期（3 个月）和妊娠后期（2 个月）。妊娠前期胎儿发育缓慢，母羊所需的营养与空怀期相同，应保持良好膘情。通常秋季配种后牧草处于青草期或已经结籽，营养丰富，母羊只靠放牧饲养即可；若配种季节较晚、牧草已枯黄，应给母羊补饲，日粮组成一般为苜蓿干草 50%、青干草 30%、青贮玉米 15%和精料 5%。妊娠后期，胎儿生长迅速，羔羊初生重的 80%～90%在此期完成。母羊的营养要能满足胎儿发育需要，若营养不足，则羔羊体质弱，容易死亡，母羊分娩后体况下降、泌乳减少。因此，在妊娠的最后 5～6 周内，要增加精料和优质粗饲料。日粮组成为干草 1.0～1.5 千克，青贮饲料 1.5 千克，精料 0.45～0.5 千克，精粗料比例在产前 6 至 3 周增加 18%～30%。但营养也不宜过多，若母羊过肥，造成胎儿过大，易难产。产前一周母羊不要到远处放牧，出入圈门和喂草料时防止拥挤造成流产。

怀孕后期推荐精料配方为：玉米 55%、豆粕 30%、麦麸 9.5%、石粉 1%、磷酸氢钙 1.5%、小苏打 1%、食盐 1%、预混料 1%。

（三）哺乳期

哺乳期一般为 90～120 天，由于羔羊出生后 2 个月的营养主要靠母乳，故母羊的营养水平应以保证泌乳量多为前提，哺乳前期母羊营养物质的消耗很大。

产后应让母羊安静休息，并饮一些温水，第一次不宜过多，一般 1～1.5 升即可。最好喂一些谷皮和青干草。若母羊膘情较好，产后 2～3 天不要喂精料，以防消化不良和发生乳房炎。

产后母羊必须按营养标准配合日粮进行饲喂。一般在放牧条件下补饲精料 0.4～0.5 千克，优质青干草最好是豆科干草 1.5～2.5 千克，食盐 1.0～1.5 克。到了哺乳后期，羔羊已能大量采食草料，母羊本身泌乳能力也大大降低，此时可逐渐取消补饲，向空怀期饲养标准靠拢。

参考配方为：玉米 35%、麦麸 48%、豆饼 15%、石粉 1.4%、食盐 0.5%、预混料 0.1%；或玉米 54%、麦麸 28%、黑豆 8%、豆饼 8%、石粉 1.4%、食盐 0.5%、预混料 0.1%。

怀孕母羊的饲养管理是整个母羊饲养管理的主要阶段。母羊一旦发情配种，应记录配种日期，并注意观察是否受胎，以便及时采取相应的饲养管理措施。母羊在怀孕期间应供给优质的青草或青干草，并注意饲草的多样性。母羊在怀孕期内需有充足的运动，如无大风雪，每天都应外出放牧或运动，这样对于母羊健康和胎儿发育都有好处。

临产前母羊应单独喂养在清洁卫生、铺有干垫草的产房中，不喂发霉变质、冰冻的草料，防止拥挤、惊吓、碰撞等，圈舍干燥，通风保暖。羔羊断奶前几天要减少母羊的多汁饲料、青贮饲料和精料的饲喂量，以防止母羊发生乳房炎，完成饲草料、环境、饲养方式的逐渐过渡，供给充足的饮水。

对连续发生难产、母性不强、所生羔羊体重过小的母羊淘汰，同时，淘汰 8 岁以上的母羊。通过合理调整羊群结构，保持母羊群最佳结构和繁殖力。

二、羔羊饲养管理

（一）初生羔羊

初乳含有丰富的营养和抗体，具有抗病和轻泻作用。羔羊及早吃上初乳，对增强羔羊体质、抵抗疾病和排除胎粪都有好处，最好让羔羊出生后半小时内吃到初乳。当羊群中有缺奶羔或孤羔，可找保姆羊代为哺乳，一般在羊群中寻死去羔子或有余奶的母羊。

人工哺乳可用羊奶、牛奶、代乳品、全脂奶粉，用奶瓶喂或置奶槽中自饮，但应注意定时、定量、定温（30℃～35℃），哺乳工具清洁卫生、定期消毒、否则易患消化道疾病。要求圈舍夏季温度在25℃～30℃以下，冬季在5℃～10℃以上。

（二）适时补饲

怀孕后期推荐精料配方为：玉米55%、豆粕30%、麦麸9.5%、石粉1%、磷酸氢钙1.5%、小苏打1%、食盐1%、预混料1%。

三、育肥羊的饲养管理

（一）育肥羊的选择

育肥羊的选购是育肥成功的前提，为了做好育肥工作必须高度重视育肥羊的选购。育肥羊应选择羔羊或者1周岁左右，精神状态良好，体格大、体躯长，肋骨开张良好，体型呈圆筒状者，体表面积大，肌肉附着多，上膘后增重幅度大。头短而粗、腿短，体型偏向肉用型者增重速度快。选购时首先要了解当地疫病情况，特别是对急性传染病如口蹄疫等应引起高度重视，严禁购买来自疫区的羊；选羊时要逐个检查，确认无病方可购买调运。

在没有出生记录的情况下，鉴别羊的年龄主要靠门齿的脱换和磨损程度来判断。羔羊的牙齿为乳牙，乳牙较小，颜色较白。1岁前羊的门齿为乳齿，永久齿没有长出。1～1.5岁时，乳齿的切齿开始脱落，并长出永久齿，称“一对牙”。

（二）肉羊育肥饲养

育肥期为2个月，分为前期（0～20天）、中期（21～40天）

和后期（41 ～ 60 天）。粗饲料主要是优质牧草，如黑麦草、苜蓿草、燕麦、甜高粱、紫花绿肥、青贮玉米等，精饲料建议由浓缩料添加玉米和麸皮构成。饲喂方法一种是可以让饲槽内一直保持有草粉和精料，让羊自由采食。另一种是每天饲喂 2 次，每次投喂量以羊 30 ～ 45 分钟吃完为准，量不够要添。饲料一旦发霉或变质，不宜饲喂。必须要保证清洁充足的饮水，多饮水有助于降低消化道疾病、肠毒血症和尿结石的发生率，以获得较高的增重，羊只每天的饮水量随气温而变化，通常在气温 12℃时为 1.0 升，15℃～ 20℃时为 1.2 升，20℃以上时为 1.5 升。夏季要防晒，冬季要防冻，雪水或冰水应禁止饮用，定期清洗消毒饮水设备。

粗饲料在育肥前期的日粮中要占 40% ～ 60%，到育肥后期也不应低于 30%，因此，粗饲料品质对育肥效益起关键作用。提高粗饲料品质，可以增加肉羊的干物质采食量，从而提高可利用养分的采食。在不影响正常消化的前提下，可利用的营养物质越多，日增重越高，而单位增重所消耗的饲料就越少，并可提前出栏。若希望得到脂肪少的羊肉，育肥前期的日粮中能量不能太高，而蛋白质应充分满足，到育肥后期可提高能量水平。相同的日增重下，非肉用品种羊所需要的营养物质要高于肉用品种羊。例如，肉用品种羊的营养物质需要量较兼用品种羊低 10% ～ 20%。

1. 育肥前期（0 ～ 20 天）

育肥羊转入或者购入的羊进入育肥舍后，要保证充足的饮水，前 2 天喂给高品质牧草（鲜草、干草或草粉），不给精饲料或给少量精饲料。第 3 天注射口蹄疫疫苗，第 6 天皮下注射羊痘疫苗，第 9 天注射伊维菌素驱虫，第 10 ～ 13 天拌料喂健胃散。在这个阶段主要是让羊适应强度育肥的日粮和管理，为中后期强度做好准备。从第 18 天开始添加少量育肥中期精饲料。育肥前期主要是适应性饲养，勤观察，勤打扫。精料日粮配方保证其蛋白水平为 17.5% ～ 18.5%，消化能含量为 12.5 ～ 13 兆焦 / 千克。

表 6-6　育肥前期精料饲料配方

原料		玉米	豆粕	菜粕	麦麸	石粉	磷酸氢钙	食盐	预混料
成分含量（%）	配方 1	46	30	–	20	1.5	0.5	1	1
	配方 2	45	20	15	16	1.5	0.5	1	1
补饲量（千克 / 天 · 头）		0.2 ～ 0.4							

2. 育肥中期（21 ～ 40 天）

育肥中期日粮要逐渐提高能量饲料比例，在育肥开始后 40 天左右拌料喂健胃散，再次进行健胃。由 18 天到 23 天精饲料调整过渡完毕。每天定时清理羊圈和饲喂，观察羊群状态，减少惊吓、抓羊等应激行为。这个阶段主要是育肥增重的重要时期，要视羊采食、精神状态、增重上膘情况，调整精饲料的比例。如果增重较快，粪便正常，可以提前增加能量饲料比例。由于精饲料比例增加，难免有个别羊结石、尿道结石不容易治愈，采取手术方法成本高，因此建议直接淘汰。精料日粮配方保证其蛋白水平为 15.5% ～ 17%，消化能含量约为 13 兆焦 / 千克。

表 6–7　育肥中期精料饲料配方

原料		玉米	豆粕	菜粕	棉籽粕	麦麸	石粉	磷酸氢钙	食盐	预混料
成分含量（%）	配方 1	60.5	10	5	7	10	1	1	1	1
	配方 2	58	12	0	7	19.5	1.5	0.5	1	1
补饲量（千克 / 天·头）		0.4 ～ 0.6								

3. 育肥后期（41 ～ 60 天）

育肥后期的增重较快，需继续增加能量饲料比例，精饲料投喂量逐渐加大。从 38 天到 43 天由育肥中期精饲料逐渐过渡到育肥后期的精饲料。在育肥后期最后几天要观察羊的采食情况，精料比例加大以及采食量增多可能会导致腹泻。精料日粮配方保证其蛋白水平为 13% ～ 15%，消化能含量约为 13.5 兆焦 / 千克。

表 6–8　育肥后期精料饲料配方

原料		玉米	豆粕	菜粕	棉籽粕	麦麸	石粉	磷酸氢钙	食盐	预混料
成分含量（%）	配方 1	65	8	–	7	16	1	1	1	1
	配方 2	58	12	7	–	19.5	1.5	0.5	1	1
补饲量（千克 / 天·头）		0.6 ～ 1.0								

（三）育肥方式

可分为放牧育肥、舍饲育肥和混合育肥。具体采用什么样的方式进行育肥，取决于养殖季节、羊的品种等因素。

1. 放牧育肥

放牧育肥是草地畜牧业的一种基本育肥方式，对天然草地或栽培草地的牧草品质要求较高且只能在青草期进行。育肥羊一定要保证每天采食足量的青草，羔羊达到 4 ～ 5 千克以上，大羊 7 ～ 8 千克以上。放牧地的选择除要牧草茂盛外，也要保证有充足的水源，尽可能延长放牧时间，具体要求是不要太早放牧，晚归牧。一方面是防止羊采食有露水的草导致胀气或拉肚子，另一方面，是随着光合左右的增强，牧草中的可溶性碳水化合物也在增加，有利于瘤胃微生物的生长和繁殖。必要时可进行夜牧，以延长放牧时间，使放牧时间达 10 ～ 12 小时以上，能让羊吃 3 饱及以上，即达到大部分羊吃饱卧下。避免不良气候因素和草场不稳定对羊群形成的干扰和影响。这种育肥方法成本较低，效益相对较高。

2．舍饲育肥

这是根据育肥羊只的体重、年龄、性别等因素，按照饲养标准和饲料营养价值配制日粮，完全在羊舍内喂、饮、运动的一种育肥方式。饲料的投入相对较高，但羊的增重快，育肥期周期较短，便于按照市场的需要进行规模化、工厂化的肉羊生产。适合于草料资源丰富的农区，也适用于羔羊育肥和大羊上市前的催肥。一般舍饲育肥的日粮中混合精料为 45%，粗饲料为 55%，其中精料不超过 60%，否则往往引发肠毒血症以及钙、磷比例失调而形成的尿结石。育肥日粮的投饲可利用草架和料架分别饲喂，也可将草料配合混匀，制成颗粒料进行饲喂，有条件的场站可制作 TMR 日粮饲喂。

3. 放牧＋补饲的混合育肥

这种方式大致有两种，第一种是在整个育肥期，每天均放牧并补饲一定量的精补料；第二种是将育肥期分为 2 ～ 3 期，前期放牧，中后期放牧兼补饲，结合放牧情况，根据饲养标准确定合适的精料供给量。精料和其他饲料的补饲量由少到多，逐渐加大这种育肥方法既利用了生长季节的牧草，减少了草料投入，又取得强度育肥的效果，比单纯依靠放牧育肥增重效果有很大提高，同时羊只屠宰后肉味也较好，再加上又适合我国各地的生产条件。因此“放牧＋舍饲”的育肥办法比较实用，容易推广使用。

第七章 牛羊疫病防治

随着贵州省牛羊养殖规模的不断扩大，牛羊疫病的流行状况也日渐复杂，严重制约我省牛羊产业的健康发展。同时，问题牛羊肉及其制品一旦流入市场，可能会引发一系列公共卫生安全问题。因此，科学地进行牛羊疫病防治，不仅可以大大降低牛羊的患病风险，提升养殖效益，推动我省牛羊产业的高质量发展，而且可以有效保障人类生命健康安全。

第一节 疫病防治的基本原则和主要内容

一、牛羊疫病防治的基本原则

不同牛羊疫病（如病毒性、细菌性和寄生虫性疫病）的流行及危害程度不同，其预防和治疗措施也不尽相同，但整体上应该遵守以下基本原则：

（一）预防为主、防重于治、养重于防的原则

1. 预防为主、防重于治

要摒弃以往陈旧的“重治疗、轻预防”思想，树立“预防为主、防重于治”的正确思想。“预防为主、防重于治”是我国进行动物疫病防治的重大方针，随着集约化、规模化养殖业迅猛发展，该方针的重要性日渐凸显。通过免疫预防、药物预防等方式，可以提升牛羊群体（易感动物）的免疫力和健康水平，从而达到预防和净化疫病目的，还可以有效节省养殖成本，提升养殖效益。

2. 养重于防

随着牛羊产业规模不断扩大，牛羊疫病的临床类型也变得复杂多变，这给疫病防治增加了很多困难。越来越多的养殖人员和管理人员逐渐意识到养殖的根本需回归到“养”。“养”不单指饲养，还包括环境、营养和管理等方面。如果“养”跟不上、搞不好，即使疫病防治措施再完备，也是事倍功半甚至徒劳无功；相反，良好的饲养管理可以使疫病防治工作变得更为奏效，因此“养重于防”。

（二）综合防治的原则

疫病的发生与流行往往是由多种因素造成的。通常，我们可将这些因素划分为致病因子、环境因子和宿主因子，三者相互作用、相互平衡，而病原与宿主（牛羊）在特定环境和机体条件下“博弈”的结果，往往决定了动物机体的健康或发病。采用单一措施往往不能有效地预防、控制或消灭疫病，必须采用饲养管理、防疫卫生、免疫接种、检疫、隔离、消毒、对症治疗以及生物安全等综合性防控措施。切忌将疫病防治片面地理解成简单的打疫苗与喂药治病，

而应该是养殖技术水平的综合体现。

（三）科学防治的原则

学习和运用传染病学、流行病学、免疫学等相关知识，针对疫病流行的三要素（传染源、传播途径、易感动物），采取消灭传染源、切断传播途径、提高牛羊群体抗病力的综合措施，进行科学有效地防疫。

二、牛羊疫病防治的主要内容

（一）制定合理的免疫程序

疫苗的免疫接种是预防牛羊疫病最为有效的方法，而科学、合理地制定免疫程序则是免疫接种的根本。表 7–1 所示内容为贵州省牛养殖场的常规免疫程序，表 7–2 至表 7–4 所示内容为贵州省山羊养殖场的常规免疫程序，可作为临床应用的一个参考。然而，不同区域养殖场的免疫程序不尽相同，须根据当地牛羊疫病流行情况、犊牛羊母源抗体状况、不同疫苗之间的干扰情况、不同疫苗激发的免疫机制及抗体的消长规律等，制定合理的免疫程序。免疫的重点应该是多发性疾病和危害严重的疾病，对未发生或危害较轻的疾病可酌情免疫。

表 7–1　牛主要传染病常用免疫程序

免疫时间	疫苗各类	使用方法	预防疾病	免疫期
1 周龄以上	无毒炭疽芽孢苗，Ⅱ号炭疽芽孢苗，炭疽芽孢氢氧化铝佐剂疫苗等任选一种	皮下注射，每年 3 ～ 4 月免疫 1 次	牛炭疽	1 年

续表

免疫时间	疫苗各类	使用方法	预防疾病	免疫期
1～2月龄	牛气肿疽灭活疫苗	皮下或肌肉注射	牛气肿疽	1年
3月龄	牛口蹄疫疫苗（O型、A型）	皮下或肌肉注射	牛口蹄疫	6个月
4月龄	牛口蹄疫疫苗（O型、A型）	加强免疫，皮下或肌肉注射。以后每4～6月免疫1次或每年3～4月和9～10月各免疫1次，疫区可于冬季加强1次免疫	牛口蹄疫	6个月
4.5～5月龄	牛巴氏杆菌灭活疫苗	皮下或肌肉注射	牛出血性败血症	9个月
4～5月龄	牛魏氏梭菌病灭活疫苗	皮下或肌肉注射，或每年3～4月和9～10月各免疫1次	牛魏氏梭菌病	6个月
6月龄	牛气肿疽灭活苗	皮下或肌肉注射	牛气肿疽	1年
驱虫	药浴：溴氰菊酯等 肌注：伊维菌素（驱线虫和外寄生虫），吡喹酮（驱绦虫和吸虫）等	药浴于每年6～7月进行；肌注驱虫于每年3～4月或9～10月各1次	寄生虫病	

注：1. 对于牛结节性皮肤病（牛疙瘩皮肤病），目前国内尚没有可用的商品化疫苗，发生疫情时，常采用国家批准的山羊痘疫苗（5倍山羊剂量），对全部牛只进行紧急免疫。

2. 各养殖场应根据生产实际，优化免疫程序，选择重点疫病进行免疫预防。

表 7-2　山羊羔羊参考免疫程序

接种时间	疫苗种类	接种方式	接种剂量（毫升）	免疫期
产羔前 6 ～ 8 周（未免疫母羊）	羊梭菌病三联四防灭活苗	皮下注射	5.0	6 个月
产羔前 2 ～ 4 周（母羊）	羊梭菌病三联四防灭活苗	皮下注射	5.0	6 个月
7 日龄	羊口疮弱毒细胞冻干苗	口唇黏膜注射	0.2	1 年
15 日龄	山羊传染性胸膜肺炎灭活苗	皮下注射	3.0	1 年
1 月龄	山羊痘弱毒疫苗	尾根皮内注射	0.5	1 年
45 日龄	小反刍兽疫疫苗	皮下注射	0.5	1 年
2 月龄	亚洲Ⅰ-O 型口蹄疫二价灭活苗	肌肉注射	1.0	6 个月
3 月龄	羊梭菌病三联四防灭活苗	皮下或肌肉注射	5.0	6 个月
4 月龄	羊梭菌病三联四防灭活苗	皮下或肌肉注射	5.0	6 个月
	Ⅱ号炭疽芽孢菌 ⋆	皮下注射	0.2	7 个月
	羊链球菌灭活苗 ⋆	皮下注射	0.5	6 个月
7 月龄	亚洲Ⅰ-O 型口蹄疫二价灭活苗	肌肉注射	1.0	6 个月

注：⋆ 因病设防。

表 7–3　山羊成年母羊免疫程序

接种时间	疫苗种类	接种方法	接种剂量（毫升）	免疫期
配种前 2 周	亚洲Ⅰ–O 型口蹄疫二价灭活苗	肌肉注射	2.0	6 个月
	羊梭菌病三联四防灭活苗	皮下或肌肉注射	5.0	6 个月
配种前 1 周	羊链球菌灭活苗★	皮下注射	1.0	6 个月
	Ⅱ号炭疽芽胞苗★	皮下注射	0.2	6 个月
产后 1 个月	亚洲Ⅰ–O 型口蹄疫二价灭活苗	肌肉注射	2.0	6 个月
	羊梭菌病三联四防灭活苗	皮下或肌肉注射	5.0	6 个月
	Ⅱ号炭疽芽胞菌★	皮下注射	0.2	6 个月
	小反刍兽疫疫苗	肌肉注射	1.0	1 年
产后 1.5 个月	羊链球菌灭活苗★	皮下注射	1.0	6 个月
	山羊传染性脑膜肺炎灭活苗	皮下注射	5.0	1 年
	山羊痘弱毒疫苗	尾根皮内注射	0.5	1 年

注：★因病设防，对怀孕母羊进行疫苗免疫，可能会引起流产现象，慎重操作。

表 7–4　山羊成年公羊免疫程序

接种时间	疫苗种类	接种方法	接种剂量（毫升）	免疫期
每隔 6 个月接种 1 次	亚洲Ⅰ–O 型口蹄疫二价灭活苗	肌肉注射	2.0	6 个月
	羊梭菌病三联四防灭活苗	皮下或肌肉注射	5.0	6 个月
	Ⅱ号炭疽芽孢苗★	皮下注射	0.2	6 个月
	羊链球菌灭活苗★	皮下注射	1.0	6 个月
每隔 12 个月接种 1 次	山羊传染性脑膜肺炎灭活苗	皮下注射	5.0	1 年
	山羊痘弱毒疫苗	尾根皮内注射	0.5	1 年
	小反刍兽疫疫苗	肌肉注射	1.0	1 年

注：★因病设防。

（二）免疫预防与药物预防

免疫预防（打疫苗）仍是目前预防牛羊疫病的最有效方法。在科学制定免疫程序的基础上，须严格按照规范要求进行免疫接种。应购买大品牌、质量有保障、性价比高的疫苗，并注意不同疫苗的保存条件，选择正确的免疫接种途径，规范地进行消毒和免疫接种，对接种后出现的意外情况（如过敏）要处理得当，免疫接种过程应遵循动物福利原则等。

药物预防是指对易感群体提前投服药物，以预防或减少该病的发生。在尚无疫（菌）苗或虽有疫（菌）苗临床应用还不成熟的动物疫病预防上，药物预防往往是一项重要措施。常见的药物预防方式包括药物拌入饲料或饮水中喂服。目前，我国畜禽饲料已进入全面“禁抗”时代，这对于养殖端的药物预防也是一种警示，因为临床上抗生素滥用引起的细菌耐药性、药物残留等问题已十分严重，这对动物疫病的有效防治及动物源食品安全都是潜在的威胁。

随着饲料“禁抗”的全面施行，不含抗生素的功能性添加剂（如中药制剂、免疫调节剂、微生态制剂等）将成为饲料添加剂市场的主流，这些添加剂通常具有动物保健功能，可作为生长调节剂和免疫调节剂等替代抗生素，配合科学的饲养管理与免疫接种，能有效维持畜群健康，保障牛羊产业的可持续发展。

（三）定期免疫监测

疫苗免疫后，需定期进行免疫抗体水平的监测。一方面，可根据检测出的抗体水平评估疫苗的免疫效果，决定是否进行加强免疫；另一方面，在没有进行疫苗免疫的情况下，还能起到诊断疫病或诊断是否患过某疫病的作用，从而及时调整免疫程序，以达到最佳免疫防控效果。

（四）疫病的诊断

通常通过牛羊疫病的流行特点、临床特征、病理变化等可做出初步诊断，确诊则需要实验室诊断。常见的实验室诊断技术包括：

1. 病原学检测技术

病原学检测技术主要包括：病原（病毒、细菌、寄生虫等）的分离、培养及鉴定，理化性质检测，直接免疫荧光试验，聚合酶链式反应（PCR）及测序技术，免疫胶体金检测技术等。其中病原分离鉴定和 PCR 检测的应用最为广泛。

2. 血清学检测技术

血清学检测技术主要包括：凝集试验、沉淀试验、中和试验、补体结合试验、酶联免疫吸附试验（ELISA）、免疫组织化学试验等。凝集试验（平板凝集试验）、沉淀试验（琼脂扩散试验）、ELISA 等是牛羊疫病普查的主要手段。

（五）疫情报告与处置

1. 疫情报告

发现牛羊染疫或疑似染疫时，应当立即向当地农业农村主管部门或动物疫病预防控制机构报告，并迅速采取隔离等控制措施，防止疫情扩散。接到动物疫情报告的单位，经过现场调查和核实后迅速确诊，并及时按照相关规定上报。

2. 疫情处置

疫情确诊后，当地县级以上人民政府农业农村主管部门应当划定疫点、疫区、受威胁区，并及时采取隔离、扑杀、销毁、消毒、无害化处理、紧急免疫接种、限制易感动物和动物产品及有关物品出入等措施。若发生一类动物疫病，或二、三类动物疫病暴发流行时，还需要封锁疫区，疫情彻底扑灭后才能解除封锁。

（1）划定疫点、疫区、受威胁区，并封锁疫区。发生疫情时，所在地县级以上地方人民政府农业农村主管部门应立即派人到现场，划定疫点、疫区、受威胁区，调查传染源，及时报请本级人民政府对疫区实行封锁。封锁期间禁止染疫、疑似染疫和其他易感动物及其产品流出疫区，禁止非疫区的易感动物进入疫区，同时限制疫区内外人员、运输工具及有关物品的流动。疫区封锁的解除，均须按照国务院农业农村主管部门规定的标准和程序评估后，由原决定机关决定并宣布。

（2）隔离。发生疫情时，为控制传染源、切断传播途径及防止健康牛羊被传染，应立即将发病或可疑感染的牛羊与健康牛羊群分开饲养，并严加管理。

（3）扑杀、无害化处理。立即扑杀患病牛羊，如果是一类动物疫情，须作全群扑杀。被扑杀的牛羊和病死牛羊及其排泄物、被污染饲料、垫料、污水等须进行无害化处理。

（4）消毒。被污染和可能被污染的圈舍、设备、用具等，须进行严格的消毒处理，一段时间后才能再次使用。

（5）紧急免疫接种与对症治疗。除规定为扑杀处理的疫病（如口蹄疫、蓝舌病等）外，其他疫病发生时，对病牛羊及受威胁的牛羊群可实行紧急免疫接种，并根据实际情况对患病牛羊进行及时、合理的治疗，防止继发感染和混合感染，缓和病情，将经济损失降至最低。

（6）终末消毒。在患病牛羊解除隔离、痊愈或死亡后，或在疫区解除封锁之前，要对污染环境进行一次全面彻底的大规模消毒。

（六）生物安全综合防控措施

养殖场生物安全体系就是为防止病原入侵畜群、保障畜群健康安全而采取的一系列低投入但十分有效的疫病综合防控措施。该体系主要从消除传染源、切断传播途径和降低畜群易感性方面开展防疫工作，相关内容涉及养殖的整个阶段，如养殖场建设、引种、病死畜处理、人员、车辆、有害生物、饲料、饮水、疫苗免疫、饲料功能性添加剂等诸多方面的生物安全措施（图 7–1），可最大限度地消除病原体对人畜的危害，充分保障养殖场的健康养殖环境。

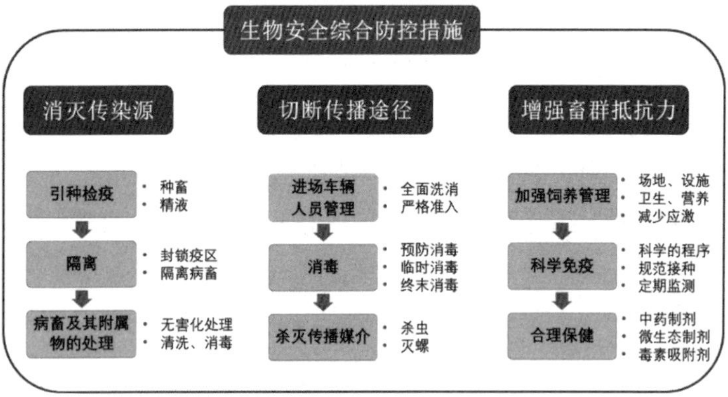

图 7–1　养殖场生物安全防控体系

1. 消灭传染源

（1）引种管理。国内异地引入种牛羊或牛羊精液时，必须具有原产地和引入地动物卫生监督机构出具的动物检疫合格证明。如需国外引种，同样须按照国家有关规定，严格进行牛羊疫病检疫，杜绝外来病原入侵。

（2）病牛羊及其附属物的处理。患病牛羊、病死牛羊及其附属物应严格进行无害化处理，不得在市场流通。可能被污染的场所、器具等，应彻底消毒。

2. 切断传播途径

（1）防止外来车辆和人员带入病原

①所有进入养殖场区的运输车辆、人员及物资必须全面、严格消毒。

②外来人员未经许可严禁进入养殖区；建立严格的准入制度，工作人员须穿专用工作服和鞋帽，彻底消毒后方可进入。

（2）消毒

①预防消毒：制定标准化的定期消毒程序并严格执行，包括圈舍、场地、设施设备、用具、饮水、道路及畜舍周围环境等。

②临时消毒：场区发生疫病时，须进行临时消毒，包括畜舍内的粪便、垫料、剩料，场地内所有可能被污染的器械、用具，防疫工作人员穿戴的工作服、鞋、帽等，有时还需要进行带畜消毒。

③终末消毒：在病畜群解除隔离、痊愈或死亡后，或在疫区解除封锁之前，须对污染环境进行一次全面彻底的大规模消毒。

（3）杀灭传播媒介

采用物理、化学或生物方法定期驱赶或消灭养殖场内的蝇、蚊、蠓、虻、蜱等昆虫媒介；放牧饲养的牛羊群，还应该注意夏秋季的灭螺工作。

3. 增强牛羊群的抗病能力

（1）加强日常饲养管理，注重场地、料槽、水槽、设施设备及各种用具的清洁卫生；减少转群、免疫等过程中的应激，给畜群提供健康、舒适的环境。

（2）按要求进行规范的免疫接种，确保畜群获得较强的免疫力。

（3）合理使用保健制剂，提升畜群的抗病能力。

第二节 常见病毒性疫病的防治

一、口蹄疫

（一）概述

口蹄疫俗称“口疮”“蹄癀”，是由口蹄疫病毒（FMDV）引起偶蹄动物共患的一种急性、热性、高度接触性传染病。其临床特征是成年动物的口腔黏膜、蹄部和乳房皮肤发生水疱和溃烂，幼龄动物多发心肌炎。该病传播途径多、速度快，曾多次在世界范围内暴发流行，造成巨大经济损失，被世界动物卫生组织（OIE）列为必须报告的动物疫病，也是我国的一类动物疫病。

（二）病原

FMDV 归属于小 RNA 病毒科、口蹄疫病毒属。目前已发现的 FMDV 血清型共有 7 个，即 O 型、A 型、C 型、亚洲 I 型、南非 I、Ⅱ、Ⅲ型；各血清型之间无交叉免疫性。目前，我国主要流行 O 型和 A 型。

（三）流行病学

1. 易感动物

FMDV 可侵害至少 70 多种偶蹄动物，其中猪、牛最为易感；其次是绵羊、山羊和骆驼等；人偶尔也可感染。幼畜的发病率和死亡率通常较高。

2. 传染源

病牛羊和带毒牛羊是主要的传染源。FMDV 主要存在于水疱皮、水疱液、淋巴液中，以及相关产品如肉、奶、血、内脏、分泌物和毛皮中。有些动物康复一年后仍能排毒并引起本病的流行。

3. 传播途径

FMDV 可通过直接或间接接触传播。主要经消化道和呼吸道传染，也可经损伤的皮肤、黏膜、乳头而传播；或通过人或犬、蝇、蜱、鸟等动物媒介传播。空气传播是该病毒远距离传播的主要方式之一。

4. 流行特点

本病传播迅速、流行猛烈，一年四季均可发生，但以冬、春季易流行，且流行具有一定的周期性（每隔 1 ～ 2 年或 3 ～ 5 年）。农区季节性常不明显，而牧区常表现为秋末开始，冬季加剧，春天减缓，夏季平息。

（四）临床症状与病理变化

1. 临床症状

多种动物患病的共同表现为发热、精神沉郁、厌食、在口蹄部出现水疱等。牛口蹄疫的潜伏期 2 ～ 7 天。初期可见流涎，呈白色泡沫状，继而口、舌、蹄、乳头等部位发生水疱；水疱破裂后形成烂斑，随后结痂。奶牛发病后，乳房水肿、疼痛，产奶量下降；怀孕奶牛可流产、死胎；新生犊牛发病较急，症状不明显，常在 1 ～ 2 天后诱发心肌炎而死亡。

绵羊口蹄疫的潜伏期 1 ～ 6 天。临床症状较轻，一般只在口腔黏膜、蹄部可见小水疱，出现跛行。山羊症状也轻微，水疱主要见于口腔黏膜；头部被毛耸立，外观似头部变大，又称“大头病”。

2. 病理变化

除口腔和蹄部的病变外，咽喉、气管、支气管和前胃黏膜有时发生圆形烂斑和溃疡，上盖有黑棕色痂块；真胃和肠道黏膜有出血性炎症。幼畜可见心内、外膜有出血性斑点，心内、外膜和心肌切面有不规则灰白色或淡黄色条纹、斑块，称“虎斑心”。

（五）诊断

根据疫病的流行特点和临床特征、剖检病变等可做出初步诊断，可进一步取新鲜水疱皮、水疱液或血液等病料送至国家指定的实验室进行实验室诊断，以确诊该病。常用的实验室诊断方法有：病毒分离与鉴定、多重 RT-PCR 及测序分析、qRT-PCR、病毒中和试验、补体结合试验、ELISA 等。

（六）防治

1. 预防措施

（1）平时的预防措施。平时要加强饲养管理，做好疫病检疫、隔离、免疫接种、消毒卫生等工作，进行生物安全综合防治。要求强制注射口蹄疫疫苗。须根据流行的毒株类型注射相应毒型的疫苗（O 型灭活苗、O 型 -A 型双价灭活苗）。

（2）发病时的预防措施。发现疑似疫情时，必须采取紧急、强制的综合控制与扑灭措施：及时上报疫情，划定疫点（发患病奶牛所在的地点）、疫区（由疫点边缘向外延伸 3 公里内的区域）、受威胁区（由疫区边缘向外延伸 10 公里的区域），封锁疫区，并通知毗邻地区加强防范。

扑杀疫点内所有患病及同群牛羊，并进行无害化处理；对全群动物进行检疫，立即隔离患病动物；对排泄物、被污染的饲料、垫料等进行无害化处理；对被污染或可疑污染的物品、运输工具、用具、圈舍等进行严格彻底消毒；对发病前 14 天售出的牛羊及其产品进行追踪，并做扑杀和无害化处理。在疫区周围设置警示牌，对出入疫区的车辆和有关物品进行消毒；所有牛羊进行紧急免疫和疫情监测；关闭相关产品交易市场，禁止牛羊或其他易感动物进出疫区及产品运出疫区，必要时可对疫区内所有易感牛羊进行扑杀和无害化处理。最后一次免疫超过一个月的所有牛羊，须进行紧急免疫接种，建立免疫带，防止疫情扩散。按照口蹄疫的流行病学调查规范，由相关部门和单位对疫情进行追踪溯源及扩散风险分析。当疫点内最后一头病牛死亡或扑杀后连续观察至少 14 天，没有新发病例；疫区、受威胁区紧急免疫接种完成；疫点经终末消毒；疫情监测呈阴性。满足上述条件后，由原发布封锁令的人民政府发布解除封锁令。

2. 治疗措施

该病一般不治疗，主要采取扑杀和无害化处理等措施。对于某些珍贵的种用动物，可考虑病变部位的局部治疗，辅以强心、补液等对症治疗。

二、小反刍兽疫

（一）概述

小反刍兽疫是由小反刍兽疫病毒（PPRV）感染山羊、绵羊等小反刍动物引起的一种以发热、口炎、腹泻、肺炎为特征的急性接触性传染病，发病率和病死率均较高。OIE 将其列为法定报告动物疫病，我国将其列为一类动物疫病。2007 年 7 月，该病首次传入我国；2013 年 12 月以来，我国多省区先后发生小反刍兽疫疫情；2014 年，贵州多地暴发流行，养羊业损失巨大。

（二）病原

PPRV 归属于副黏病毒科、麻疹病毒属，只有一个血清型。根据 PPRV N 基因的系统进化分析，将 PPRV 分为Ⅰ、Ⅱ、Ⅲ和Ⅳ谱系，我国多为Ⅳ谱系。

（三）流行病学

1. 易感动物

PPRV 主要感染山羊、绵羊、美国白尾鹿等小反刍动物，牛、猪等常为亚临床感染。

2. 传染源

患病动物及其分泌物、排泄物、组织，或被污染的草料、用具和饮水等均可作为传染源，亚临床感染的病羊尤为危险。

3. 传播途径

主要通过直接或间接接触传播，感染途径以呼吸道为主。

4. 流行特点

本病一年四季均可发生，但多雨季节和干燥寒冷季节多发。

（四）临床症状与病理变化

1. 临床症状

本病潜伏期为 4 ～ 5 天，最长 21 天。山羊临床症状比较典型，绵羊症状一般轻微。病羊突然发热，体温升高至 40℃～ 42℃，持续 3 天左右。病初有水样鼻液，随后变成脓性卡他样鼻液，呼吸困难；眼结膜炎，分泌物增多。病羊口腔黏膜充血、糜烂、坏死（主要是下唇、下齿龈等处），严重病例可见齿垫、硬腭、颊和颊乳头以及舌部形成坏死烂斑；大量流涎。后期严重腹泻或下痢，机体脱水、消瘦。怀孕母羊可发生流产。易感羊群发病率通常达 60% 以上，病死率可达 50% 以上。特急性病例发热后呈现无症状的突然死亡。

2. 病理变化

口腔和鼻腔黏膜糜烂坏死；支气管肺炎，肺尖肺炎；有时可见坏死性或出血性肠炎，盲肠、结肠近端和直肠出现特征性条状充血、出血，呈斑马状条纹；有时可见肠系膜淋巴结水肿，脾脏肿大、坏死。

（五）诊断

根据疫病的流行特点和临床特征、剖检病变可做出初步诊断。确诊常用的实验室诊断方法包括：病毒分离与鉴定、qRT-PCR、竞争 ELISA 等。

（六）防治

1. 预防措施

（1）平时的预防措施。平时要加强饲养管理，做好疫病检疫、隔离、免疫接种、消毒卫生等工作，开展生物安全综合防治。受威胁区通过接种牛瘟弱毒疫苗建立免疫带，以防止该病传入。

（2）发病时的预防措施。发现疫情时，应立即上报动物防疫监督机构，按照“早、快、严、小”的方针，一旦确诊，立即采取封锁、扑杀、隔离、检疫等紧急措施。对病死或被扑杀的动物尸体进行无害化处理，对污染的区域、用具等进行彻底消毒。对全群动物及可能染疫的动物进行严格检疫；与疫情国相邻的边境区域，应当加强对羊只的检疫、管理，防止疫情传入。

2. 治疗措施

目前该病无特效治疗方法。发病初期使用抗生素或磺胺类药物和支持疗法可降低该病的病死率，同时可有效预防继发感染。

三、羊痘

（一）概述

俗称“羊天花”，包括绵羊痘和山羊痘，分别是由绵羊痘病毒（SPV）、山羊痘病毒（GPV）引起的绵羊和山羊的急性、热性、接触性传染病。OIE 将其列为必须报告的动物疫病，我国将其列为一类动物疫病。

（二）病原

绵羊痘的病原为 SPV，山羊痘的病原为 GPV；二者同属于痘病毒科、羊痘病毒属，基因组十分相似，约有 96% 的核苷酸完全相同。

（三）流行病学

1. 易感动物

在自然条件下，绵羊痘主要发生于绵羊，山羊痘主要发生于山羊。所有品种和年龄的绵羊均可感染，尤以细毛羊最易感；羔羊较成年羊易感。

2. 传染源

病羊是主要的传染源，病羊分泌物、病变组织等均具有传染性。

3. 传播途径

主要通过呼吸道感染，也可通过损伤的皮肤或黏膜侵入机体。初愈的病羊，以及被污染的饲料、饮水、垫料、用具、皮毛等也可成为传播媒介。

4. 流行特点

一年四季均可发生，但冬春季节多发。新疫区易造成流行。

（四）临床症状与病理变化

1．临床症状

本病的平均潜伏期为 6 ～ 8 天。典型病例的病羊体温升高至 40℃以上，2 ～ 5 天后皮肤可见局灶性充血斑，随后腹股沟、腋下和会阴等部位甚至全身出现红斑、丘疹、结节、水疱或脓疱（图 7–2、7–3）。某些品种的山羊可见大面积出血性痘疹和丘疹，可引起死亡。非典型的一过型羊痘仅表现轻微症状，不出现或仅出现少量痘疹，呈良性经过。

图 7–2 皮肤痘疹

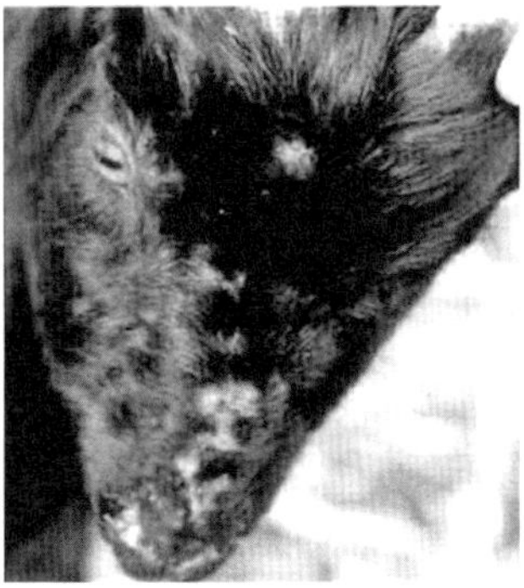

图 7–3 痘斑消失后遗留的白痕

2．病理变化

皮肤和口腔黏膜的痘疹病变；可见鼻腔、喉头、气管、肺、胃等部位黏膜有特征性痘疹（图 7–4），严重者形成溃疡和出血性炎症；肺脏的痘疹呈现结节状，大小不等、全肺散在（图 7–5）。

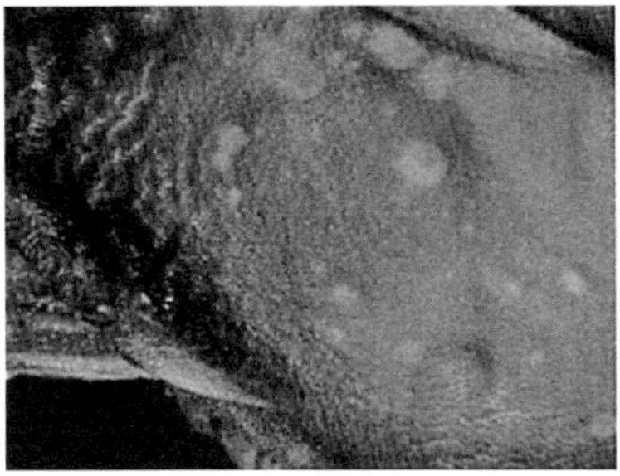

图 7-4 山羊瘤胃黏膜痘疹

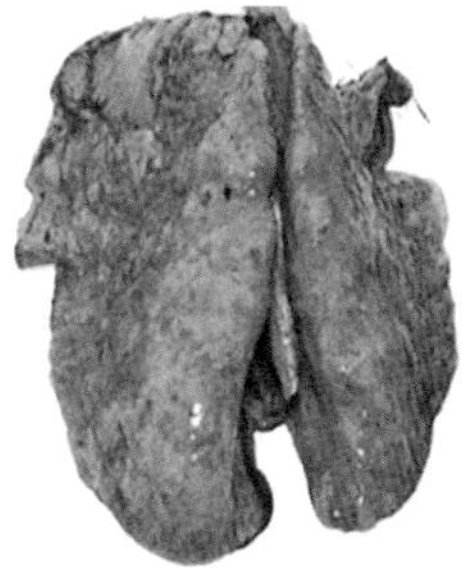

图 7-5 山羊肺散在烟灰色痘疹

（五）诊断

根据疫病的流行特点和临床特征、剖检病变等可做出初步诊断，实验室诊断可确诊该病。常用实验室诊断方法包括：病毒分离与鉴定、电镜检查和包涵体检查、PCR、中和试验等。

（六）防治

1. 预防措施

（1）平时的预防措施。加强饲养管理和环境控制，过冬时注意防寒。定期给羊群预防接种山羊痘活疫苗，注射后 4 ～ 6 天可产生免疫力，免疫期 1 年。此外，做好疫病检疫、隔离、消毒卫生、血清抗体监测等工作，开展生物安全综合防治。

（2）发病时的预防措施。发现疫情时，立即隔离并扑杀疫点内的病羊及同群羊，作无害化处理，封锁疫区；病死羊应经严格消毒后深埋；环境、用具等应严格消毒；临近羊群进行紧急免疫接种。

2. 治疗措施

目前尚无该病的特效药物，只可作对症治疗，临床上主要采取紧急、强制性的控制与扑灭措施。

四、牛结节性皮肤病

（一）概述

牛结节性皮肤病，又称牛结节疹或牛疙瘩皮肤病，是由牛结节性皮肤病病毒（LSDV）感染牛引起的一种全身性感染疫病。特征为发热、皮肤（黏膜、器官）表面广泛性结节、皮肤水肿、淋巴结肿大、消瘦等。该病被 OIE 列为必须通报的疫病，农业农村部暂时将其作为二类动物疫病管理。该病于 1929 年首次发现于非洲地区。2019 年 8 月，我国新疆伊犁地区首次发现并确诊了该病。

（二）病原

LSDV 属于痘病毒科、羊痘病毒属，为较小的痘病毒。该病毒与山羊痘病毒和绵羊痘病毒的基因组核苷酸有 96% 的同源性。

（三）流行病学

1. 易感动物

各品种牛均易感。绵羊、山羊、长颈鹿和黑斑羚等也可感染。

2. 传染源

患病牛是该病的主要传染源，病毒存在于病牛的皮肤结节、肌肉、血液、内脏、唾液、鼻腔分泌物及精液中。

3. 传播途径

本病主要通过吸血昆虫（蚊、蝇、蠓、虻、蜱等）叮咬传播，也可能通过被污染的饮水、饲料、精液等或直接接触而传播。

4. 流行特点

主要发生于吸血虫媒活跃季节，流行地区本病的发病率和死亡率差异较大。

（四）临床症状与病理变化

1. 临床症状

病牛体温升高，可达41℃，可持续1周，精神消沉，不愿活动；眼结膜炎，流鼻涕，流涎；奶牛产奶量下降；浅表淋巴结肿大。全身皮肤、黏膜会出现大小不等的结节，以头、颈、乳房、腿部、背部、胸部、外阴、眼睑、口鼻黏膜及尾部等部位居多；结节可破溃，反复结痂。口腔和消化道黏膜出现丘疹。公牛可能暂时或终生不育。怀孕母牛流产，发情延迟可达数月。

2. 病理变化

病牛皮肤表面可见结节病变，累及所有皮肤层、皮下组织及相邻的肌肉，并伴有充血、出血、水肿、坏死等。皮肤、肌肉等结节附近有炎症、浆液性渗出及皮下组织水肿；呼吸道、消化道、包皮、阴道、子宫壁也有类似的病变；睾丸和膀胱出现痘样病变；气管黏膜可见不定性的结节性病变；肺可见间质水肿，实质内有灰白色结节。

（五）诊断

根据流行病学特点、临床症状和病理变化等可做出初步诊断，必要时可采集皮肤结节、口鼻拭子、抗凝血等进行实验室诊断：病毒分离与鉴定、实时荧光PCR、普通PCR，病毒中和试验等。

（六）防治

1．预防措施

（1）平时的预防措施。加强饲养管理和环境控制，控制吸血虫媒；加强边境检疫，严防疫病的跨国传播；对动物、病尸、皮张和精液等进行严格检疫；做好免疫接种工作，建立有效的免疫隔离带；定期进行抗体监测。

（2）发病时的预防措施。发现疫情时，立即隔离、扑杀病牛及可疑病牛，无害化处理；环境、用具等应严格消毒；可采用国家批准的山羊痘疫苗（按照山羊的5倍剂量），对全部牛只进行紧急免疫；同时灭杀蚊蝇等昆虫媒介。扑杀、紧急免疫后的1个月内，限制同群牛的移动，禁止疫区牛的调出。疫情发生前1个月内生产的牛皮需辗制成皮革后再调出。

2．治疗措施

目前尚无特异性疗法，只可作对症治疗，临床上常采取扑灭措施。

五、牛病毒性腹泻/黏膜病

（一）概述

牛病毒性腹泻/黏膜病，是由牛病毒性腹泻/黏膜病病毒（BVDV）感染牛引起的以发热、黏膜糜烂溃疡、白细胞减少、腹泻、咳嗽及怀孕母牛流产或产出畸形胎儿为主要特征的一种传染病。

（二）病原

BVDV归属于黄病毒科、瘟病毒属。目前已确定的BVDV有两个基因型（或种），即 BVDV-1 和 BVDV-2。BVDV-1 引起的疫病呈全球分布，较为常见，而 BVDV-2 致病性较弱。

（三）流行病学

1. 易感动物

反刍兽及猪均是本病的自然宿主，仅牛可自然发病；各品种、年龄的牛都有易感性，但 6 ～ 18 月龄的幼牛易感性较高。绵羊、山羊可发生亚临诊感染。

2. 传染源

持续感染牛可终生带、排毒，是本病传播的重要传染源。

3. 传播途径

易感牛与持续感染牛的直接接触是该病进行水平传播的主要途径；还可通过消化道、呼吸道及胎盘途径进行传播。

4. 流行特点

该病常发生于冬季和早春，舍饲和放牧牛均可发病。

（四）临床症状与病理变化

1. 临床症状。

《OIE 陆生动物卫生法典》规定，潜伏期为 28 天。

（1）亚临床感染。免疫机能健全、血清抗体阴性的牛发生感染时，多数不表现明显的临床症状。可导致轻微发热、白细胞减少以及奶牛的产奶量降低。

（2）急性感染。急性 BVDV 感染多发于免疫机能健全的青年牛群，以 6 ～ 24 月龄的血清抗体阴性牛常见。临床症状包括不同程度的高热、厌食、精神沉郁、白细胞减少、眼鼻分泌物增加、口腔溃疡和脓包及出血、腹泻、呼吸困难以及乳牛产奶量降低等，在乳房和皮肤交接处及乳头上常见皮肤溃烂。

（3）严重急性感染。高发病率和高死亡率，各年龄牛均可发生，表现为高热、肺炎和突然死亡，怀孕母牛流产。感染牛通常表现为血小板严重减少，黏膜表面瘀血、鼻出血、出血性腹泻、高热、白细胞减少和死亡等。

（4）持续性感染。妊娠母牛在怀孕早期感染 BVDV 时可垂直传播给胎牛，出生后存活下来的大部分犊牛成为持续感染牛。有的表现正常，有的衰弱无力，站立和哺乳都困难，也可表现为神经系统缺陷（如肌肉颤抖、共济失调及失明等），严重者常在出生数日内死亡。

（5）黏膜病。BVDV 感染引起最严重的临床类型，死亡率非常高，只发生于持续感染牛，比较少见。主要表现为发病突然、高热、食欲减退、呼吸急促、产奶量降低、大量水血样腹泻。腹泻通常以出现黏膜排泄、纤维蛋白样物质、血便和恶臭为特征。

2. 病理变化

急性 BVDV 感染往往导致胃肠道、消化道和呼吸道的表皮损伤。严重急性感染病牛可见口腔腐烂或溃疡、软腭和硬腭充血、出血，胃肠表面瘀血、溃疡或出血。黏膜病死亡牛可见大量坏死性溃疡和整个胃肠道的腐烂，鼻孔和上呼吸道黏膜可见溃疡，小肠派伊氏结常见坏死和出血。肠内容物多呈水样，伴有恶臭。犊牛小脑发育不良。

（五）诊断

根据流行病学特点、临床症状和病理变化等可做出初步诊断，必要时进行实验室诊断。常用的实验室诊断方法包括病毒分离与鉴定、实时荧光 RT-PCR 检测、病毒中和试验等。

（六）防治

1．预防措施

（1）平时的预防措施。加强饲养管理和环境控制。加强口岸检疫，防止引入带毒牛、羊和猪；国内在进行牛只调拨或交易时，要加强检疫，发现病牛应及时隔离，及时淘汰无治疗价值的牛，对与病牛接触过的牛应隔离、严密观察，防止本病的蔓延。使用 BVDV 弱毒疫苗进行免疫接种可有效控制本病。但弱毒苗能引起流产和胎儿畸形，所以怀孕母牛禁用。

（2）发病时的预防措施。发现疫情时，病牛要及时隔离或急宰，严格消毒，限制牛群活动，防止疫情散播。必要时可进行紧急免疫接种。

2．治疗措施

目前尚无特效的治疗方法，发病时严格隔离，并采取对症治疗和加强护理，增强机体抵抗力，促使病牛康复。用抗生素和磺胺类药物进行预防性治疗，可减少继发性细菌感染，缩短恢复期。

六、羊传染性脓疱

（一）概述

羊传染性脓疱，俗称“羊口疮”，是由羊口疮病毒（ORFV）

引起的绵羊和山羊的一种传染性疾病。以患羊口唇等部位皮肤、黏膜形成丘疹、脓疱、溃疡及疣状厚痂为特征。我国大部分地区都有该病的流行，主要危害羔羊，发病率可高达100%，给养羊业带来很大的损失。

（二）病原

ORFV属于痘病毒科，副痘病毒属，是该属的代表种。

（三）流行病学

1. 易感动物

本病只危害绵羊和山羊，多发于3～6月龄的羔羊，常呈群发性流行；成年羊常呈散发性流行；人、骆驼、猫等也可感染。

2. 传染源

病羊和带毒羊为传染源。

3. 传播途径

主要通过损伤的皮肤、黏膜感染。羊群自然感染通常是由于引入病羊或带毒羊，或使用了被病羊污染的畜舍或牧场而引起。

4. 流行特点

羊口疮呈世界性流行、地方性流行；发病季节多在春、秋两季；致死率一般较低。

（四）临床症状与病理变化

潜伏期4～8天。临床上常可分为唇型、蹄型和外阴型3种病型，也可见混合型感染病例。

1. 唇型

病羊首先在口角、上唇或鼻镜上出现散在的小红斑，逐渐变为小结节，继而成为水疱或脓疱，破溃后结成棕黄色的疣状硬痂。1～2周后痂皮干燥、脱落而康复。严重病例，患部继续发生丘疹、水疱、脓疱、痂垢，并互相融合，波及整个口唇周围、眼睑和耳廓等部位，形成大面积龟裂、易出血的污秽痂垢；痂垢下肉芽组织增生，整个嘴唇肿大外翻呈花椰菜状隆起，影响采食，病羊日趋消瘦、衰竭。部分病例发生坏死杆菌、化脓菌的继发感染，引起深部组织化脓和坏死，致使病情恶化。有些病例口腔黏膜也发生水疱、脓疱和糜烂，使病羊采食、咀嚼和吞咽困难。个别病羊可因继发性肺炎而死亡。继发感染的病害可能蔓延至喉、肺以及真胃。

2. 蹄型

几乎仅见于绵羊。病羊一肢或多肢蹄叉、蹄冠或系部皮肤上形成水疱、脓疱，破裂后形成溃疡。如继发感染则发生化脓、坏死。病羊跛行，长期卧地，病期缠绵。也可能在肺脏、肝脏以及乳房中发生转移性病灶，严重者因衰竭或败血症而死亡。

3. 外阴型

较为少见。病羊表现为阴唇、乳房、乳头皮肤或阴茎、阴鞘口皮肤出现小脓疱和溃疡。

（五）诊断

根据流行病学特点、临床症状和病理变化等可做出初步诊断，必要时进行实验室诊断。常用的实验室诊断方法包括病毒分离与鉴定、实时荧光RT-PCR检测、琼脂扩散试验、ELISA等。

（六）防治

1. 预防措施

（1）平时的预防措施。加强饲养管理、环境控制、消毒卫生等工作。重视引种检疫，不从疫区引进羊只，引种必须确认无病后方可混群饲养。本病流行区用羊口疮弱毒疫苗进行免疫接种，使用疫苗毒株型应与当地流行毒株相同。

（2）发病时的预防措施。发现疫情时，及时对病羊进行隔离治疗或急宰，严格消毒，限制羊群活动，防止疫情散播。对没有患病的羊及时进行接种疫苗，进行紧急免疫预防。

2. 治疗措施

目前无特效的治疗方法。病羊的预后通常良好，但继发感染可造成较大损失。对于唇型，可对病羊口腔、唇部用 2% 的高锰酸钾水溶液冲洗后，再用 2% 的龙胆紫或 5% 的碘甘油涂擦；也可涂抹 5% 的土霉素软膏或青霉素呋喃西林软膏。对于蹄型，应加强蹄部护理，可将蹄部放在 5% ～ 10% 福尔马林中浸泡 1 分钟，连续浸泡 3 次；也可隔日用 3% 的龙胆紫溶液，或土霉素软膏涂拭患部。

第三节 常见细菌病及其他疫病的防治

一、结核病

（一）概述

结核病是由分枝杆菌属的几种细菌引起的一种人兽共患的慢性传染病，以组织器官的结节性肉芽肿——结核结节为主要特征。OIE 将其列为必须通报的疫病，我国将其列为二类动物疫病。

（二）病原

该病的病原可分三个型：即牛分枝杆菌（牛型）、结核分枝杆菌（人型）和禽分枝杆菌（禽型）。其中牛结核病主要由牛型引起，人型、禽型感染牛多引起局灶性病变，但常无眼观变化。牛型和禽型可感染绵羊，人型可感染山羊。

（三）流行病学

1. 易感动物

牛对牛型菌易感，其中奶牛最易感，水牛次之，黄牛和牦牛再次之；猪、鹿、猴也可感染；马、绵羊、山羊少见；人也能感染，且与牛互相传染。绵羊对牛型和禽型易感，山羊对人型易感。

2. 传染源

结核病畜是主要传染源，病畜的粪便、乳汁、尿及气管分泌物可排菌，污染周围环境而散布传染。

3. 传播途径

主要经呼吸道和消化道传染，也可经交配感染。

4. 流行特点

本病一年四季都可发生。呈世界流行，多发于气候温和、地势低洼、潮湿的地区。

（四）临床症状与病理变化

1. 临床症状

（1）牛：潜伏期一般为 10 ～ 15 天，有时达数月以上。呈慢性经过，表现为进行性消瘦，咳嗽、呼吸困难，通常体温正常。多侵害肺、乳房、肠和淋巴结等。

肺结核：病牛呈进行性消瘦，病初有短促干咳，渐变为湿性咳嗽。叩诊有实音区并有痛感。

乳房结核：乳量减少或停乳，乳汁稀薄，有时混有脓块；乳房可见大小不等的结核结节；乳房淋巴结肿大。

淋巴结核：并非独立病型，各类型结核病的附近淋巴结都可能发生病变。淋巴结肿大，无热痛。常见于下颌、咽、颈及腹股沟等淋巴结。

肠结核：多见于犊牛，顽固性下痢或便秘与下痢交替出现，迅速消瘦。

神经结核：中枢神经系统受侵害时，在脑和脑膜等可发生粟粒状或干酪样结核，常引起神经症状，如癫痫样发作，运动障碍等。

（2）羊：羊结核一般呈慢性经过，病初无明显症状，后期病羊消瘦，呼吸困难，易疲劳，有时流鼻液。

2. 病理变化

特征病变是肺脏、淋巴结及其他被侵害的组织器官形成白色的结核结节，呈粟粒似豌豆大、灰白色、半透明状，较坚硬，多为散在。在胸膜和腹膜处的结节可密集分布似珍珠，俗称“珍珠病”。病程较久时，结节中心发生干酪样坏死或钙化，或形成脓腔和空洞。病理组织学检查结节病灶可见大量的结核分枝杆菌。

（五）诊断

根据流行病学特点、临床症状和病理变化等可做出初步诊断，必要时进行实验室诊断。常用的实验室诊断方法包括细菌分离与鉴定、结核菌素皮内变态反应试验、PCR 检测、γ－干扰素体外检测法、ELISA 等。

（六）防治

鉴于该病疫苗的免疫效果不甚理想，对动物结核病常不采取免疫预防，对病牛羊也不治疗，而是采取加强检疫、隔离、淘汰，防止疾病传入，净化污染畜群等综合防疫措施。

1. 加强检疫

每年春秋各进行一次变态反应检疫结核病，扑杀阳性牛羊并进行无害化处理。引进牛羊时，必须从产地检疫为阴性的地区引进；运回隔离观察 1 个月以上再次检疫，阴性者才能合群。结核病人不得从事牛羊养殖业。

2. 净化感染牛群

及时淘汰所有的阳性牛羊，彻底根除传染源。对污染牛羊群，每年进行 3 次以上检疫，检出的阳性或可疑牛羊立即分群隔离，及时扑杀并予以无害化处理；同时及时对污染的养殖场所及用具严格消毒。可疑病牛羊在隔离期间所生产的乳作无害化处理；假定健康群向健康群过渡的畜群，应在第一年内每隔 3 个月进行一次检疫，直到无阳性畜出现为止。然后在 1 ～ 1.5 年时间内连续 3 次检疫，全为阴性时，即认为是健康群。

3. 加强消毒

每年进行 2 ～ 4 次预防性消毒，每当畜群出现阳性畜后，都要进行一次大消毒。牧场及圈舍出入口处，设置消毒池，饲养用具每月定期消毒 1 次。粪便经生物热发酵后再利用。

二、布鲁氏菌病

（一）概述

简称布病，是由布鲁氏菌属的细菌引起的人畜共患的慢性传染病。以生殖器官、胎膜及多种器官组织发炎、坏死和肉芽肿的形成，流产、乳腺炎、睾丸炎及关节炎等症状为特征。OIE 将其列为必须报告疫病，我国将其列为二类动物疫病。

（二）病原

动物布病主要是由布鲁氏菌属的羊种布鲁氏菌、绵羊附睾种布鲁氏菌、牛种布鲁氏菌、猪种布鲁氏菌等多种布鲁氏菌感染羊、牛和猪等动物呈现急性或慢性经过，是人布病的主要传染源。

（三）流行病学

1. 易感动物

多种动物对本病均有不同程度的易感性，自然感染以羊、牛和猪常见。母畜比公畜易感，成年畜比幼年畜易感。

2．传染源

主要传染源来自患病和带菌动物及其产品，尤其是受感染的妊娠母畜可大量排毒。

3．传播途径

本病主要通过直接或间接接触传播，通常经消化道感染，也可通过皮肤、黏膜、交配、蜱虫叮咬等感染。

4．流行特点

牧区或农牧区多发，季节性不明显，通常为散发或地方性流行。

（四）临床症状与病理变化

1．临床症状

（1）牛：怀孕母牛常于妊娠6～8个月发生流产、产死胎或弱胎，流产后常排出污秽的灰色或棕色恶露。有的发生胎衣滞留和子宫内膜炎，阴道流出污秽不洁、恶臭的棕红色渗出物。新发病的畜群流产较多，老疫区的畜群则流产较少，但发生子宫内膜炎、乳房炎、关节炎、局部脓肿、胎衣滞留、久配不孕的较多。公牛主要表现为睾丸炎、附睾炎或关节炎。

（2）羊：绵羊和山羊除发生流产外，常不表现其他症状。也有可能出现公羊睾丸炎、奶山羊乳房炎、关节炎和气管炎等症状；病羊阴囊肿胀拖地，行走困难。绵羊附睾种布鲁氏菌可引起绵羊附睾炎。

2. 病理变化

病畜主要病变为妊娠或流产母畜子宫内膜和胎衣的炎性浸润、渗出、出血及坏死。有的病例可见关节炎、乳房炎等。胎儿主要呈现败血症变化，浆膜和黏膜出血、皮下结缔组织发生浆液性、出血性炎症。组织学检查可见肝、脾、肾脏、淋巴结等器官形成特征性的肉芽肿。公畜多见睾丸炎、附睾炎，阴囊皮下水肿。

（五）诊断

根据流行病学特点、临床症状和病理变化等可做出初步诊断，必要时进行实验室诊断。常用的实验室诊断方法包括细菌分离与鉴定、虎红平板凝集试验、乳牛全乳环状试验、试管凝集试验、补体结合试验、ELISA、多重 PCR 等。

（六）防治

该病的防治应坚持“预防为主”的原则，采取加强饲养、卫生管理、疫情监视、检疫、免疫接种等生物安全综合防治措施。

1. 加强检疫、隔离

对疫区内的所有家畜、从布病疫区调运的家畜、进入市场交易的家畜及进出口牲畜均应进行布病的检疫，及时摸清当地疫情的流行和分布情况及其特点，杜绝布病阳性牛羊的调运。引种时须进行严格的隔离检疫，检疫合格方可混群饲养。一年至少进行一次定期检疫，及时隔离、淘汰阳性畜。

2. 控制和消灭传染源

患病动物的流产物和病死动物必须深埋，对其污染的环境严格消毒；患病动物乳及其制品须煮沸消毒；皮毛可用过氧乙烷熏蒸消毒，放置3个月以上再运出疫区；应将患病、健康动物分群分区放牧；患病动物用过的牧场需经3个月自然净化后才能让健康动物使用。

3. 保护易感人群及健康动物

密切接触动物及其产品的人员，应做好个人防护，特别是产犊季节。在处理可疑病畜时，需戴口罩、手套、护目镜，穿防护衣，皮肤有伤口者勿接触动物，以防感染。最好在从事这些工作前1个月进行预防接种，每年如此。

4. 免疫预防

畜群定期进行免疫接种。疫苗可用布鲁氏菌羊型5号（M5）弱毒活苗，牛、羊免疫期为2年。贵州属于布鲁氏菌病二类地区，原则上禁止对牛羊实施免疫，确需免疫的，养殖场户可逐级报省级畜牧兽医主管部门同意后，以场群为单位进行免疫接种。

5. 建立健康畜群

对于污染畜群，可通过反复检测并淘汰阳性牛养，同群阴性牛可看作假定健康畜，一年之内检疫两次均为阴性，且已正常分娩，可认为是无病畜群。

三、羊梭菌性疾病

（一）概述

羊梭菌性疾病是由梭状芽孢杆菌属中的微生物所致的一类羊传染性疾病的总称。包括羔羊痢疾、羊猝击、羊肠毒血症、羊快疫、羊黑疫等疫病。这些病发病急促、病程短暂、死亡率高，在世界范围内广泛存在。

羔羊痢疾：是B型产气荚膜梭菌引起，以剧烈腹泻和小肠溃疡为特征的初生羔羊的一种急性毒血症，常可引起羔羊发生大批量死亡。

羊猝击：是由C型产气荚膜梭菌引起的，以急性死亡为特征、伴有腹膜炎和溃疡性肠炎的羊急性传染病。

羊肠毒血症：是由D型产气荚膜梭菌引起的，以心包积液，肺充血、水肿，胸腺出血和死后肾脏多见软化为特征的一种急性毒血症。

羊快疫：是由腐坏梭菌引起的，以真胃出血性炎症为特征的羊的急性传染病。

羊黑疫：是由B型诺维氏梭菌引起的，以肝实质坏死为特征的一种急性、高度致死性毒血症。

（二）病原

羔羊痢疾、羊猝击、羊肠毒血症的病原分别为B、C、D型产气荚膜梭菌（旧称魏氏梭菌），羊快疫的病原为腐坏梭菌，羊黑疫的病原为B型诺维氏梭菌。以上病原均为革兰氏阳性的厌氧型粗大杆菌。

（三）流行病学

羔羊痢疾：多发于7日龄内的羔羊，以2～3日龄发病最多，7日龄以上很少发病。病羔羊和带菌母羊是主要传染源。主要经消化道感染，也可经脐带或伤口感染。在产羔季节呈地方性流行，发病率30%～90%，死亡率可达100%。

羊猝击：发生于成年绵羊，以 1 ～ 2 岁的绵羊多发。主要经消化道感染。常发生于低洼、沼泽地区；多发生于冬春季节，呈地方流行性。

羊肠毒血症：各品种、年龄的羊都可以感染发病，但绵羊多发，山羊少发，通常以 2 岁以下的幼龄羊较为多见。常在春末夏初或秋末冬初饲料改变时诱发本病，多呈散发。

羊快疫：主要发生于绵羊，以 6 ～ 18 月龄的绵羊多发。山羊和鹿也能感染发病。主要经消化道感染。多发生于冬春季节，呈地方流行性。

羊黑疫：多发于以 2 ～ 4 岁的绵羊，山羊也可感染，牛偶可感染。主要通过消化道而感染。常发生在春、夏季肝片吸虫病流行的低洼、潮湿地区。

（四）临床症状与病理变化

1. 临床症状

（1）羔羊痢疾：潜伏期 1 ～ 2 天。多为急性或亚急性经过。病初精神委顿，低头拱背，不吃奶；随后持续性腹泻，排黄色或血色、恶臭粪便。后期病羔羊脱水，逐渐衰弱，卧地不起。病死率可达 100%。有的羔羊腹胀而不下痢，或只排少量稀粪，主要表现神经症状，不久后死亡。

（2）羊猝击：潜伏期 0.5 ～ 1 天，病程短促（3 ～ 6 小时），常无明显症状而突然死亡。有时可见病羊突然抑郁，痉挛，倒地咬牙，眼球突出，数小时内惊厥死亡。

（3）羊肠毒血症：潜伏期 0.5 ～ 1 天，突然发病，很快死亡，很少能见到临床症状，或症状出现 2 ～ 4 小时内死亡。体温通常不高，血、尿常规检查常有血糖、尿糖升高现象。有的病羊以抽搐为特征，表现为四肢划动，肌肉震颤，眼球转动，磨牙等，常在 2 ～ 4 小时内死亡。有的以昏迷和衰竭死亡为特征，表现为步态不稳，易摔倒，感觉过敏、流涎，上下颌“咯咯”作响，继以昏迷、衰竭死亡。

（4）羊快疫：潜伏期 12 ～ 72 小时，突然发病，病羊往往未出现临床症状而突然死亡，常见于放牧时死于牧场或早晨死于羊圈中。病程长者有的表现离群独处，卧地不动，强迫行走时，表现虚弱和运动失调，腹部膨胀，有腹痛症状。排黑色稀粪，内混有黏液或脱落的黏膜。通常在出现症状后数分钟至几小时死亡。

（5）羊黑疫：与羊快疫、羊肠毒血症的症状极其相似。病程极短，多数未见临床症状而突然死亡。少数病例可拖延 1 ～ 2 天。病畜高热，不食，呼吸困难，反刍停止，离群或呆立不动，随后卧地昏迷死亡。病死率近乎 100%。

2. 病理变化

（1）羔羊痢疾：尸体严重脱水，主要病变在消化道，真胃内有未消化的凝乳块，小肠（特别是回肠）呈现出血性或坏死性肠炎。肠系膜淋巴结肿大、充血或出血。实质器官可发生变性或肿大。

（2）羊猝击：病变主要见于消化道和循环系统。十二指肠和空肠黏膜严重充血、糜烂，有的肠段可见大小不等的溃疡。胸腔、腹腔和心包积液，暴露于空气中容易形成纤维素絮块，浆膜上有出血点。死亡后骨骼肌出现气肿和出血。

（3）羊肠毒血症：尸体异常膨胀，胃肠内充满气体和液状内容物。真胃黏膜炎性坏死。肠道（主要是小肠）黏膜充血、出血，重者肠壁呈血红色，俗称“红肠子”。肾脏肿大，实质变软，重者软化如泥（“软肾病”）。心包腔、胸腹腔有积水，心脏扩张，心内外膜有出血点。脑膜充血、出血，脑组织可见液化性坏死。

（4）羊快疫：尸体迅速腐坏膨胀，剖开有恶臭，皮下有出血性胶样浸润。真胃和十二指肠黏膜有明显的充血、出血、坏死，出血坏死区低于周围的正常黏膜，黏膜下组织水肿甚至形成溃疡。肠臌气，黏膜充血、出血。胸腔、腹腔和心包大量积液。心内外膜有出血点。多数羊胆囊肿大，充满胆汁。

（5）羊黑疫：病羊尸体皮下瘀血严重，皮肤呈暗黑色外观，故名“黑疫”。真胃和小肠黏膜充血和出血。肝脏肿大，表面和深层可见直径 2 ～ 3 厘米的灰黄色坏死灶，周围常为一鲜红色的充血带围绕。胸部皮下组织常见水肿，胸腔、腹腔和心包积液。

（五）诊断

根据流行病学特点、临床症状和病理变化等可做出初步诊断，必要时进行实验室诊断。常用的实验室诊断方法有细菌分离与鉴定、毒素中和试验、PCR 等。

（六）防治

1. 预防措施

（1）平时的预防措施。平时要加强饲养管理，搞好防疫、消毒卫生工作，从消除传染源、切断传播途径和降低畜群易感性这三个方面开展生物安全综合防治。在本病常发地区，每年可定期注射1～2次羊快疫—羊猝击—羊肠毒血症—羔羊痢疾—羊黑疫五联苗，或采用羊快疫—羊猝击—羊肠毒血症—羔羊痢疾—羊黑疫—肉毒中毒—破伤风七联苗和羊快疫—羊猝击—羊肠毒血症—羔羊痢疾三联四防灭活苗。现在主要应用的是羊三联四防灭活苗，免疫期6～9个月，常在每年的3月、9月各接种一次。

（2）发病时的预防措施。一旦发生本病，要迅速将羊群转移到高燥牧场，减少青饲料，增加粗饲料，并及时隔离病羊，抓紧治疗。对病死羊及时焚烧后深埋，以防病原扩散。未发病羊进行紧急免疫接种，同时要搞好消毒卫生工作。

2. 治疗措施

羊梭菌性疾病发病急、病程短，很难见到明显症状就因毒素中毒而死亡，因此，治疗效果多不满意。发病初期，可考虑使用抗毒素血清治疗。羔羊出生后12小时内口服土霉素或其他敏感抗菌药，连用3天，对预防羔羊痢疾具有一定的作用。做好肝片吸虫的驱虫工作，有利于控制羊黑疫的发生、发展。

四、牛出血性败血症

（一）概述

牛出血性败血症，简称“出败”，又叫牛巴氏杆菌病，是由特定血清亚型的多杀性巴氏杆菌所引起牛的一种高度致死性传染病。以高热、肺炎、急性胃肠炎及内脏器官广泛性坏死为特征。我国将其列为二类动物疫病。

（二）病原

本病病原为多杀性巴氏杆菌，属于巴氏杆菌科、巴氏杆菌属，革兰氏染色阴性、两端钝圆、中央微凸的短杆菌。除多杀性巴氏杆菌外，溶血性巴氏杆菌对牛也有致病力。

（三）流行病学

1. 易感动物

多种家畜（鸡、鸭、猪、牛、羊、马、兔等）及人类均可感染多杀性巴氏杆菌。

2. 传染源

病牛排泄物、分泌物和带菌牛为主要的传染源。

3. 传播途径

主要是呼吸道、消化道传播，也可经损伤的皮肤、黏膜及吸血昆虫叮咬而传播。带菌牛受外界刺激影响后，抵抗力降低，病菌可趁机发生内源性感染。

4. 流行特点

本病无明显季节性，但季节交替、气候剧变、闷热、潮湿、多雨时较多发，一般为散发或地方流行性。

（四）临床症状与病理变化

1. 临床症状

潜伏期 2 ～ 5 天，病程可分为急性败血型、肺炎型和水肿型。

（1）急性败血型：病初发高烧，达 41℃～ 42℃，精神沉郁、食欲废绝，呼吸困难，黏膜发绀，鼻流带血的泡沫；随之出现全身症状，稍轻时，病牛表现为腹痛、开始下痢，便中混有黏液、黏膜片及血液，恶臭，有时尿血。拉稀开始后体温下降，常于 24 小时内虚脱死亡，或突然死亡。

（2）肺炎型：最为常见。病牛呼吸困难，有痛性干咳，口含泡沫状唾液，鼻流无色或带血泡沫。叩诊胸部，一侧或两侧有浊音区；听诊有支气管呼吸音和啰音，或胸膜摩擦音。严重时病牛头颈前伸，张口伸舌，迅速窒息死亡。

（3）水肿型：多见于牛、牦牛，病牛颈部、咽喉部及胸前部皮下出现迅速扩展的炎性水肿；同时伴有舌及周围组织的高度肿胀，舌伸出齿外，呈暗红色；患畜呈高度呼吸困难，皮肤和黏膜发绀；眼红肿、流泪。病牛常因窒息死亡。

2. 病理变化

（1）急性败血型：剖检时常无特征病变，只见黏膜和内脏器官表面有广泛性的点状出血。

（2）肺炎型：主要病变为纤维素性胸膜肺炎，胸腔有大量蛋花样液体积聚，肺与胸膜、心包粘连；肺组织肝变，切面红色或灰黄色，有散在小的化脓、坏死灶。

（3）水肿型：主要可见肿胀部位呈出血性胶样浸润。

（五）诊断

根据流行病学特点、临床症状和病理变化等可做出初步诊断，必要时进行实验室诊断。常用的实验室诊断方法有细菌分离培养与鉴定、动物试验、PCR 等。

（六）防治

1. 预防措施

（1）平时的预防措施。采用生物安全综合防治法。加强饲养管理，注意通风换气、防暑防寒；避免过度拥挤，减少或消除降低机体抗病能力的不利因素；加强牛舍及运动场消毒卫生工作，杀灭环境中可能存在的病原体；坚持全进全出制；在老疫区，可定期接种牛出血性败血病菌苗。

（2）发病时的预防措施。发生本病时，病牛进行隔离治疗，病死牛深埋处理，牛舍可用5%漂白粉或10%石灰乳等彻底消毒。对于同群假定健康牛应用高免血清、磺胺类药物或抗生素做紧急药物预防，隔离观察一周后如无新病例出现，可再注射菌苗。用菌苗进行紧急接种预防，应注意被接种牛在接种前后至少1周内不得使用抗菌药物，同时还应做好潜伏期患病牛发病的紧急抢救准备工作。

2. 治疗措施

发生本病时，应立即隔离患病牛并严格消毒其污染场所，在严格隔离的条件下对患病牛进行治疗。发病初期可用高免血清治疗。常用的治疗药物有青霉素、链霉素、庆大霉素、磺胺类、四环素类等多种抗菌药物。高免血清与抗生素联用的治疗效果更佳。在应用抗菌消炎疗法的同时，可辅以解热、镇痛、补液、解毒、强心等对症疗法。中药疗法也不失为一种良好的治疗选择。

五、羊支原体肺炎

（一）概述

羊支原体肺炎是由绵羊肺炎支原体、丝状支原体山羊亚种和山羊支原体山羊亚种等类型的支原体引起的一种高度接触性传染病，又可被称作羊传染性胸膜肺炎。该病的主要临床特征有体温升高、咳嗽、肺部、胸部、胸膜发生浆液性和纤维素性炎症等，发病率和死亡率均很高。

（二）病原

本病病原体通常包括绵羊肺炎支原体、丝状支原体山羊亚种、山羊支原体山羊肺炎亚种等支原体，都是革兰染色阴性的细小多形性微生物，存活能力非常强。

（三）流行病学

1. 易感动物

在自然条件下，丝状支原体山羊亚种和山羊支原体山羊肺炎亚种只感染山羊，且不超过 3 岁的山羊最易感，而绵羊肺炎支原体的宿主谱较广，可感染不同品种、性别、年龄的羊，大耳羚、牛、鹿等反刍兽也能感染。

2. 传染源

病羊和带菌羊是本病的主要传染源。

3. 传播途径

本病具有很强的接触传染性，主要通过空气飞沫经呼吸道传播。尤其是阴冷潮湿、羊群饲养密度大等因素，更有利于空气飞沫传播的发生。

4. 流行特点

本病常呈地方流行性，多发生在山区和草原地区；一年四季均可流行，主要见于冬春季节；此外，高温多雨的夏季发病率也较高。

（四）临床症状与病理变化

1. 临床症状

根据病程和临床症状的差别，通常可分为最急性、急性和慢性三种类型。

（1）最急性型：病初体温升高到 41℃～ 42℃，精神萎靡，食欲减退甚至废绝，呼吸急促且伴有痛苦鸣叫。数小时后病羊开始咳嗽，呼吸困难，鼻腔流出带血的浆液。12 ～ 36 小时内，渗出液充满病肺并进入胸腔，病羊卧地不起，四肢伸直，呼吸极度困难，全身颤抖；黏膜高度充血、发绀；呻吟哀鸣，不久后即窒息死亡。病程一般不超过 4 ～ 5 天，有的病例可在 12 ～ 24 小时内死亡。

（2）急性：该型最为常见。病初体温升高，接着出现湿咳，并伴有浆液性鼻漏。4 ～ 5 天后，干咳且痛苦，流铁锈色黏液℃脓性鼻液，稽留热，食欲锐减，呼吸困难，痛苦呻吟，眼睑肿胀、流泪，且有黏性分泌物（图 7-6、7-7）。口半张、流泡沫状唾液。头颈伸直，腰背拱起，腹肋紧缩，最后病羊倒卧，极度衰弱。有的病例可发生腹部鼓胀和腹泻，口腔中可见溃疡，唇、乳房等部位的皮肤可发疹，病羊濒死前体温降至正常体温以下。病期多为 7 ～ 15 天，有些可长达 1 个月。多数孕羊发生流产，耐过羊转为慢性型。

（3）慢性：夏季多发。全身症状比较轻微，通常由急性病例转化形成，体温升高至 40℃左右。病羊有时咳嗽和腹泻，鼻涕也时有时无，身体衰弱，被毛无光。很多管理不当的行为，如病羊未及时隔离、饲养管理不当或机体免疫力下降时，可引起继发感染，会加重羊的病情，严重者迅速死亡。

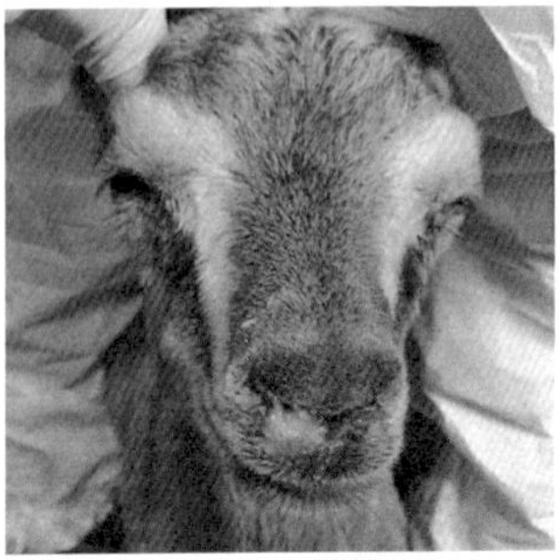

图 7–6 流黏液——脓性鼻涕

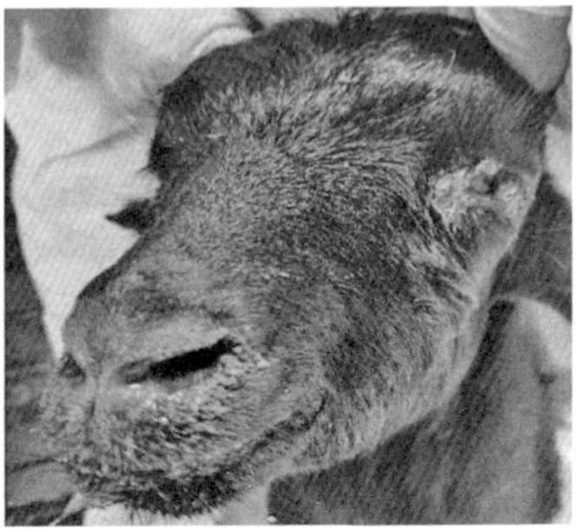

图 7–7 鼻、眼分泌物增多

2. 病理变化

病死羊的特征性剖检病变为增生性、间质性肺炎。常见胸腔有淡黄色积液，暴露在空气中易凝固。胸膜变厚、粗糙，可与肋膜、心包膜等发生粘连，其上附着有黄白色的纤维素性渗出物（图 7–8）。肺瘀血，实质出现肝变，实变区与健康肺组织的界线很明显，切面呈大理石样变（图 7–9）。病羊纵膈淋巴结和支气管淋巴结肿大，切面多汁且伴有出血。急性病例还可见胆囊、肝、脾和肾肿大。

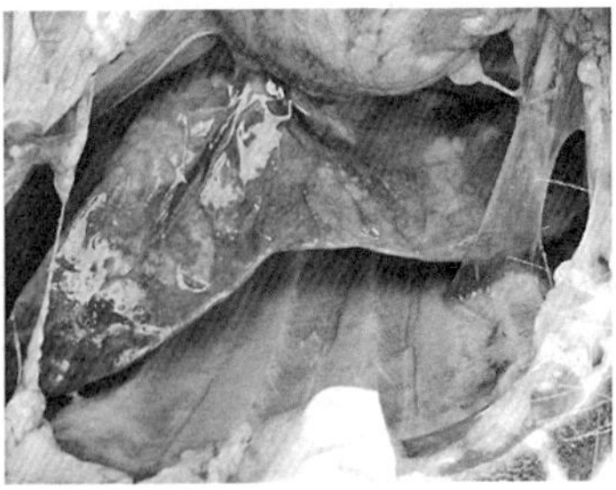

图 7–8 肺胸膜、肋胸膜粘连

图 7–9 肺瘀血、肝变

（五）诊断

根据流行病学特点、临床症状和病理变化等可做出诊断。确诊常用的实验室诊断方法包括：支原体的分离培养与鉴定、动物接种试验、PCR 等。

（六）防治

1. 预防措施

（1）平时的预防措施。采用生物安全综合防治法。坚持自繁自养，加强引种检疫。加强饲养管理，注意通风换气、防暑防寒、饲养密度等。加强消毒卫生工作。定期接种丝状支原体山羊亚种氢氧化铝苗及弱毒苗，绵羊肺炎支原体灭活苗等。应根据当地发病情况和病原流行情况，合理选择疫苗种类。

（2）发病时的预防措施。发生本病时，病羊进行隔离治疗，及时对病死羊的尸体按国家规定进行无害化处理，污染的羊舍、环境等要彻底消毒。对同群其他羊应用抗生素做紧急药物预防。也可用疫苗进行紧急接种预防。

2. 治疗措施

早期治疗效果较好，晚期较差。可用新胂凡纳明（914）静注配合对症治疗，效果较好。也可用土霉素、四环素、氟苯尼考、泰乐菌素等结合对症治疗，同时加强护理。但药物治疗却无法彻底根除患羊体内病原体，且长期使用抗生素类药物会导致耐药性产生，因此，防治该病还要坚持以预防为主的原则。

六、牛羊附红细胞体病

（一）概述

牛羊附红细胞体病是由附红细胞体寄生于牛羊红细胞表面引起的，以急性黄疸性贫血、体温升高、下痢、消瘦、衰竭死亡为特征的人畜共患传染病。

（二）病原

附红细胞体，简称“附红体”，又称嗜血支原体，是支原体科、支原体属的成员，常寄生于人、牛、羊、猪及啮齿类的红细胞。其中使牛发病的主要是牛嗜血支原体，使羊发病的主要是绵羊 / 山羊嗜血支原体。

（三）流行病学

1. 牛附红体病

牛附红体只感染牛，不感染山羊、绵羊、鹿等。各年龄段的牛都可以感染，其中成年牛更容易生病。主要有直接接触、血液、媒体昆虫和垂直传播四种传播方式。蜱、蚊、蠓是主要的媒体昆虫。该病主要发生在夏秋季节，具有明显的季节性。

2. 羊附红体病

各个品种、年龄段的羊都可感染发病。该病的传播途径目前还未完全明确，主要有直接接触、血液、媒体昆虫和垂直传播等方式。该病通常在高热、多雨、吸血昆虫繁殖的季节易发，特别是夏秋季节的多雨时期，我国羊群常在每年 6 ～ 8 月达到发病高峰，往往呈地方性流行。

（四）临床症状与病理变化

1．临床症状

牛附红体病：病初患牛食欲不振、异食沙石、土块，喜喝水，随后体温明显升高，往往可达到 40℃～ 42℃，呈现稽留热，精神萎靡，食欲不振，反刍减少，瘤胃蠕动减弱；鼻镜干燥，流浆液性鼻液，呼吸急促，喘气明显，呈现腹式呼吸，脉搏增数；腹泻，粪便恶臭。可视黏膜、乳房及阴户黏膜可见不同程度的苍白、黄染，贫血，机体急剧消瘦。孕牛可流产，严重者卧地不起，出现血红蛋白尿。母牛泌乳量减少。病程持续时间不同，短时间只有几天，长时间可达一年，严重时甚至死亡。

羊附红体病：发病初期，病羊精神不振，食欲减退或不食，羊体逐渐消瘦，体温明显升高。发病中期，患羊行走无力，严重的甚至卧地不起。同时伴有腹泻、呼吸道等症状。发病后期，病羊腹泻严重，同时伴有贫血。有的病羊出现瘫痪、羊体发颤，随病情恶化，最终衰竭而死。母羊感染本病后，生产性能会受到影响，受胎率低，很容易出现流产现象。

2．病理变化

牛附红体病：剖检病变主要尸体消瘦，可视黏膜苍白；血液稀薄，凝固不良；皮下、浆膜下、全身脏器点状出血；胸腔积液，腹水增多；腹膜、网膜黄染；肝脏、胆囊、脾脏、肾脏肿大和黄染；心冠脂肪黄染，心内、外膜点状出血；脑出血；肺炎和肺水肿。

羊附红体病：主要剖检病变为发生贫血和黄疸，皮肤有紫色斑块，皮肤及可视黏膜黄染。网膜黄染、浆膜点状出血。血液通常呈淡红色，有时也呈酱油色，质地稀薄，血凝不良。全身性黄疸，皮下组织以及肌间浸润，散布有斑状出血。肝脏发生变性、肿大，质软、发黄，胆囊发生肿大，含有大量的浓稠胆汁。心脏质地较软，心外膜和冠状脂肪发生黄染和出血，心包液明显增多。脾脏发生肿大且质地较软，淋巴结发生肿大，切面明显外翻，胸腔、腹腔存在黄色积液。肺脏发生水肿，弹性变差，存在出血点。

（五）诊断

根据流行病学特点、临床症状和病理变化等可做出初步诊断。确诊常用的实验室诊断方法有分离培养、血涂片镜检法、动物试验、ELISA、PCR 等。

（六）防治

1. 预防措施

（1）平时的预防措施。针对该病，目前仍无可用的疫苗，只能采用生物安全综合防治措施。加强引种检疫、饲养管理、消毒卫生工作等。消灭吸血昆虫（如虱、蚤、蜱等），切断传播途径尤为重要。夏季在畜舍内定期喷洒药物，消灭蚊蝇等吸血昆虫，散养户可在圈舍外罩上防蚊网。定期采血化验，“早发现、早治疗”。对于有发病史的牛羊，可在配种前或产犊前饲喂抗附红体药物，也可以每年春季静脉注射抗附红体药物。

（2）发病时的预防措施。发生本病时，病畜及时进行隔离治疗，对病死畜的尸体进行无害化处理，污染的圈舍、环境等要彻底消毒。对同群其他牛羊使用抗生素做紧急药物预防。

2. 治疗措施

治疗本病应首选对支原体敏感的大环内酯类抗生素，如红霉素、罗红霉素、阿奇霉素等，支原净、氟喹诺酮类如左氧氟沙星和莫西沙星也有一定效果。同时辅以对症治疗，如静注葡萄糖液、维生素 C、维生素 K 等，以增强机体抗病力，促进病愈。

七、牛梨形虫病

（一）概述

该病旧称焦虫病，由巴贝斯科和泰勒科的多种梨形虫寄生于牛的红细胞内引起的血液原虫病的总称，包括牛巴贝斯虫病和牛泰勒虫病，前者的主要特征为高热、贫血、黄疸和血红蛋白尿；后者的主要特征为高热、贫血、消瘦和体表淋巴结肿胀。我国将其列为二类动物疫病。

（二）病原

牛巴贝斯虫病的病原主要包括牛卵形巴贝斯虫、牛双芽巴贝斯虫和牛巴贝斯虫。牛泰勒虫病的病原是环形泰勒虫和瑟氏泰勒虫。

（三）流行病学

1. 牛巴贝斯虫病

黄牛、水牛、奶牛均可感染。一般两岁内的犊牛发病率高，但症状轻微，死亡率低；成年牛发病率低，但症状较重，死亡率高。当地牛对本地有一定的抵抗力，良种牛和外地引入牛的易感性较高。本病主要经虫媒感染，牛双芽巴贝斯虫可经胎盘传播给胎儿。微小牛蜱是我国牛双芽巴贝斯虫和牛巴贝斯虫的传播者，二者常混合感染；长角血蜱是牛卵形巴贝斯虫的传播者。本病的流行传播具有一定的地区性和季节性。我国南方多在 7 ～ 9 月发生和流行。放牧牛群易发生，舍饲牛发病较少。

2. 牛泰勒虫病

不同年龄和品种的牛都易感，但以 1 ～ 3 岁的牛发病为多，初生犊牛和 4 岁以上的成年牛少发。当地土种牛发病轻微或不发病，多为带虫牛，而外地引入牛几乎都发病，且病情严重，死亡率也较高。病牛和带虫牛是传染源。在我国的内蒙古和东北地区能传播本病的主要是残缘璃眼蜱，这种蜱生活在牛舍内，故本病主要发生在舍饲牛群。发病有明显的季节性，主要发生于蜱活动的季节，即 6 月下旬到 8 月中旬，7 月为高峰期，8 月中旬以后逐渐平息。

（四）临床症状与病理变化

1. 临床症状

两类牛梨型虫病的很多临床症状类似，都表现高热稽留，达 40℃～ 41℃，有的高达 42℃，食欲减退，反刍无力或废止；眼结膜苍白，贫血，黄疸，消瘦；便秘或下痢，有恶臭；呼吸加快，心律亢进，肌肉颤抖，甚至卧地不起，有一定的死亡率。不同特征性的症状是，巴贝斯虫病出现血红蛋白尿，而泰勒梨形虫病出现体表淋巴结高度肿大；眼睑下有溢血点，严重者皮肤上还有出血斑。

2. 病理变化

牛巴贝斯虫病剖检可见尸体消瘦，贫血，血稀如水。皮下组织和脂肪呈黄色胶样水肿状；各内脏浆膜黄染。皱胃和肠黏膜潮红、出血。肝、脾肿大，被膜上有少量出血点，肾脏肿大、点状出血。膀胱黏膜充血、出血，有大量血尿。肺淤血、水肿。心肌柔软，心内、外膜出血。

牛泰勒虫病剖检可见全身皮下、肌间、黏膜、浆膜、心外膜等处均有大量出血斑点。全身淋巴结肿大。真胃黏膜可见大小不一的溃疡斑，边缘隆起呈红色，中央凹陷呈灰色。严重者病变面积可达整个黏膜的一半以上。

（五）诊断

根据流行病学特点、临床症状和病理变化等可做出初步诊断，必要时进行实验室诊断。常用的实验室诊断方法有血涂片镜检法、PCR 等。

（六）防治

1. 预防措施

（1）平时的预防措施。采用生物安全综合防治措施。加强饲养管理，提高牛的机体抵抗力；搞好灭蜱工作，有计划地实施轮牧，尽量避开蜱活动的场地，消灭圈舍内及牛身上的蜱；加强引种检疫；在春季注射牛巴贝斯虫病弱毒苗或分泌性抗原疫苗及牛泰勒虫病裂殖体胶冻细胞苗，或在夏秋发病季节对易感牛进行抗梨形虫药物（尼贝尔、咪唑苯脲等）预防；定期检查，及早治疗。

（2）发病时的预防措施。发生本病时，病畜及时进行隔离治疗，污染的圈舍、环境等要彻底消毒。对同群其他牛做紧急药物预防。

2. 治疗措施

治疗本病应首选对牛梨形虫敏感的特效药物，如三氮脒（尼贝尔）、硫酸喹啉脲（阿卡普林）、咪唑苯脲、锥黄素等，也可采取中药疗法；同时辅以强心、补液、止血、缓泻及抗生素类治疗，并加强护理，促进病牛痊愈。

第八章 粪污资源化利用

随着养殖规模的扩大和规模化养殖场的增多，畜禽养殖废弃物（包括畜禽粪便、病死畜禽、污水、垫料等）已成为我国目前的一大污染源。据统计，2013 年各类畜禽粪便量达到 18 亿吨左右，相当于当年工业固体废弃物排放总量的 2 倍，有机污染物中仅 COD 就达到 1.2 亿吨，已超过工业和生活废弃物中 COD 的总和，成为环境污染三大源头之一，可见畜禽养殖业废弃物已成为环境的主要污染源。据统计 2020 年我省肉猪存栏量 1364.06 万头，肉牛存栏量 517.71 万头，肉羊存栏量 382.38 万只，家禽存栏量 12082.48 万羽，根据中华人民共和国农业部《畜禽粪污土地承载力测算技术指南》中的规定，“100 头猪相当于 15 头奶牛、30 头肉牛、250 只羊、2500 只家禽”，2020 年我省畜禽存栏量约为 3724.28 万头猪当量。可见畜禽养殖污染已成为我省面源污染的重要来源，破解粪污综合利用难题迫在眉睫。目前，我省常见的粪污无害化和资源化处理方式主要有生物发酵处理、沼气发酵处理、有机肥加工利用 3 种模式。

第一节 生物发酵处理

一、生物发酵的方法

微生物发酵根据发酵条件的要求主要分为好氧发酵和厌氧发酵。好氧发酵法又分为液体表面培养发酵、在多孔或颗粒状固体培养基表面上发酵和通氧深层发酵几种方法。厌氧发酵是指发酵过程中采用不通氧的深层发酵。然而，无论好氧发酵还是厌氧发酵都可以通过深层培养来实现，这种培养均在具有一定径高比的圆柱形发酵罐内完成，就其操作方法一般分为分批式操作、半分批式操作、反复分批式操作、反复半分批式操作、连续式操作。

（一）分批发酵法

分批发酵又称分批培养，发酵工业中常见的分批发酵方法是采用单罐深层分批发酵法。每一个分批发酵过程都经历接种、生长繁殖、菌体衰老进而结束发酵，最终提取出产物。这一过程在某些培养液的条件支配下，微生物的生长经历了停滞（或调整）期、对数（生长）期、稳定期和衰亡期四个阶段，在各个变化的进程中都受到菌体本身特性的制约，也受周围环境的影响。只有正确认识和掌握这一系列变化过程，才有利于控制发酵生产。分批发酵法的特点：微生物所处的环境是不断变化的，可进行少量多品种的发酵生产，发生杂菌污染能够很容易终止操作，当运转条件发生变化或需要生产新产品时，易改变发酵对策，对原料组成要求较粗放等。

（二）补料分批发酵法

补料分批发酵又称半连续发酵或半连续培养，是指在分批发酵过程中，间歇或连续地补加新鲜培养基的培养方法，其广泛应用于抗生素、氨基酸、酶制剂、核苷酸、有机酸及高聚物等的生产。补料分批发酵法的特点：与传统分批发酵相比，其优点在于使发酵系统中维持很低的基质浓度。低基质浓度一般具有以下优点：一是可以除去快速利用碳源的阻遏效应，并维持适当的菌体浓度，使不致加剧供氧的矛盾；二是可以避免培养基在长期发酵过程中积累的有毒代谢物。

（三）连续发酵法

连续发酵又称连续培养，连续发酵过程是当微生物培养到对数期时，在发酵罐中以一定速度连续不断地添加新鲜液体培养基，又以同样的速度连续不断地将发酵液排出，使发酵罐中微生物的生长和代谢活动始终保持旺盛的稳定状态，在这一发酵过程中，培养基pH 值、温度、营养成分浓度、溶解氧等都保持一定，并从系统外部予以调整，使菌体维持在恒定生长速度下进行连续生长和发酵，进一步提高了发酵的生长效率和设备利用率。

二、牲畜养殖粪便堆肥发酵

堆肥发酵是畜禽养殖粪便无害化、资源化利用的一种重要方式，堆肥不仅可以杀死粪便中的虫卵、病原微生物，而且可以将粪便中复杂有机物分解成易被植物吸收的简单化合物，目前养殖场多利用堆肥发酵设备进行堆肥，既提高了堆肥的效率，又减少了二次污染。

（一）堆肥技术的发展情况

畜禽粪便处理通常采用堆肥及生物发酵的方法进行，经过堆肥处理后，不仅可以杀死粪便中的虫卵、病原微生物，而且可以将粪便中的复杂有机物分解成易被植物吸收的简单化合物。因此，堆肥处理是畜禽粪便无害化、资源化利用的一种重要方式。我国传统的堆肥方式以自然堆肥为主，20 世纪 60 年代以来，随着社会经济的发展，高效快速堆肥技术已成为国内外竞相研究的重点。目前，国外堆肥技术正在向机械化、自动化方向发展，为了防止对环境的二次污染，堆肥也趋向于采用密闭的发酵仓方式。随着我国畜禽养殖业的迅速发展，饲养过程中产生的大量粪便已成为新的污染源，高温好氧堆肥已成为处理和资源化利用粪便的有效途径，目前我国中小型养殖场多用条垛式主动供氧堆肥和转筒式堆肥系统进行堆肥处理，大、中型养殖场多用机械翻堆堆肥、堆肥发酵塔等进行堆肥处理。

（二）堆肥技术的工作原理

畜禽粪便堆肥处理是指在人工控制温度、湿度、碳氮比和通风等条件下，依靠自然界和畜禽粪便自身存在的细菌、真菌等微生物的分解作用，通过高温发酵使其降解为腐殖质的生物学过程。微生物在分解有机物的过程中，不但生成了大量可被植物利用的有效态氮、磷、钾化合物，且进一步合成了新的高分子有机物——腐殖质，而腐殖质是构成土壤肥力的重要活性物质。发酵过程中，堆肥中的水溶性有机物透过微生物的细胞壁和细胞膜被微生物吸收，固体和胶体有机物首先附着在微生物体外，由微生物分泌的胞外酶分解为溶解性物质后再渗入细胞，微生物通过氧化、还原和合成过程，把一部分有机物氧化成简单的无机物，释放出生命活动所需的能量，其余有机物转化为生物体所必需的营养物质以合成新的细胞物质，微生物逐渐生长繁殖产生更多的生物体。同时，有机废物也发生了各种物理、化学及生物的变化，逐渐趋于稳定化和腐殖化，最终形成良好的有机肥。

堆肥化过程中根据氧气的供应情况将其分为好氧堆肥和厌氧堆肥，好氧堆肥又称为高温堆肥，指在氧气充足的条件下，通过好氧微生物对畜禽粪便进行分解。在好氧堆肥过程中，好氧微生物对畜禽粪便分解的过程中会产生大量的热量，粪便温度一般可以达到55℃～60℃，最高可达80℃～90℃，粪便分解较为彻底，而且堆置周期短、异味少、可以大规模采用机械处理。厌氧堆肥是指在氧气不足的条件下，借助厌氧微生物堆肥发酵，堆制温度低，工艺简单，成品堆肥中氮素保留较多，但堆置周期过长，一般需3～12个月，异味浓烈，粪便分解不够充分，主要用来生产沼气。现代化的堆肥处理工艺中，大都采用好氧堆肥。

（三）堆肥处理的工艺流程

现代化的堆肥处理，通常由预（前）处理、主发酵（也称一次发酵、一级发酵或初级发酵）、后发酵（也称二次发酵、二级发酵或次级发酵）、后处理、脱臭和贮存等工序组成。

1. 预处理

不同畜禽粪便的预处理需要根据不同粪便的排放方式、粪便量、养分含量等特点，选择不同的处理方法。牛粪便属于冷性肥料，其中的有机质部分较难分解，腐熟较慢，发酵温度较低；羊粪质地较细，含水量少，羊尿中氮和钾含量较高，其氮素形态主要是尿素态，已被分解利用。针对牛粪和羊粪，预处理主要是利用燃料、太阳能、风能等除去粪便中的水分，使含水率降低到 55% 左右。

2. 主发酵

主发酵一般在发酵装置内进行，小型养殖场也可在露天进行，由于堆肥原料、空气和土壤中存在大量的各种微生物，所以堆肥原料投入后很快就进入发酵阶段，通过翻堆或强制通风向堆内供应氧气，在好氧微生物的作用下进行有机物的分解，同时产生的热量使堆温升高。通常将堆肥化物料从温度开始上升到开始降低为止的阶段，称为主发酵阶段（或主发酵期），该阶段可分为发热阶段和高温阶段，猪粪一般为 1 ～ 2 周。

（1）发热阶段

堆制初期至堆温升至 45℃左右时称为发热阶段，该阶段以中温、需氧型微生物为主，此阶段嗜温性微生物利用堆肥中的可溶性有机物进行旺盛繁殖，蛋白质、淀粉类、糖类等易分解的物质迅速分解，释放出二氧化碳、氨和大量的热量，堆内温度不断上升，此阶段一般需要 1 ～ 3 天。

（2）高温阶段

当堆内温度高于 50℃时，即进入高温阶段，此时堆内的嗜温性微生物随着温度的升高而逐渐被生活在 45℃～ 65℃的嗜热菌取代，最佳温度一般为 55℃，该阶段各种病原菌、寄生虫卵和杂草等均可被杀灭，但当堆温升高到70℃以上时，大多数嗜热性微生物会出现死亡、休眠现象，堆肥中除可溶性有机物继续被分解转化外，主要分解纤维素和半纤维素等复杂的有机物，同时开始了腐殖化过程，出现腐殖质，当堆温降到70℃以下时，处于休眠状态的嗜热性微生物又开始活动，继续分解纤维素，使高温持续一段时间。此后，有机物分解强度减弱，产热量减少，堆温逐渐下降。

3. 后发酵

后发酵阶段即堆肥腐熟阶段，当堆内温度下降到50℃以下时，嗜温性微生物又占优势，此时，有机质的腐解作用仍继续进行，堆肥可进一步腐熟，腐殖质不断增加。此阶段的特征是：物料中尚未分解和较难分解的有机物进一步被分解，使之变成腐殖酸、氨基酸等比较稳定的、易被农作物吸收的腐殖质。后发酵阶段时间长短视畜禽粪便种类和添加的水分调节材料性质而定，一般当堆肥内部温度降低至40℃以下时就表明后发酵阶段结束，可以进行堆肥的风干和后续加工了。通常纯猪粪堆肥后发酵阶段需要2周的时间，添加秸秆类材料时需3～4周，而添加锯末、树皮等情况下需要6周以上。

4. 后处理

后处理是对发酵熟化的堆肥进行处理，主要去除在前处理工序中还未完全去掉的玻璃、塑料、金属、小石块和陶瓷等杂物，可以用回转式振动筛、惯性分离机、磁选机、硬度差分离机、风选机等预处理设备分离去除上述杂质，并根据堆肥应用的要求，对其进行后续的处理，如制成颗粒料或添加一些化肥制成营养全面的有机复合肥，经处理后得到的精制堆肥含水率在 30% 左右，碳氮比值为 15 ～ 20，为了贮存的方便，通常还要进行干燥处理，使其含水率降至 13% 以下。

5. 除臭与贮存

（1）除臭

堆肥过程中，不可避免地要产生一些臭气，尤其在主发酵阶段产生的臭气量较大，如氨气、硫化氢、甲基硫醇、胺类等，为了避免环境污染，必须对产生的臭气进行处理。除臭处理就是采用遮蔽剂、中和剂、吸附剂等方法除去粪便中的臭味，目前最经济有效和最常用的除臭方法是生物除臭法，即利用微生物分解、转化臭气成分已达到除臭的目的。一般有土壤除臭法、珍珠岩棉除臭法、堆肥氧化吸附除臭法、活性污泥除臭法、泥炭土除臭法和锯末除臭法等。堆肥氧化吸附除臭法，即将腐熟堆肥置入脱臭器，堆高 0.8 ～ 1.2 米，将臭气通入系统，使之与生物分解和吸附及时作用，氨、硫化氢的去除效率均可达到 98%以上。

（2）储存

堆肥一般在春秋两季使用，所以夏冬两季生产的堆肥只能贮存，堆肥处理厂应建立可贮存半年生产量的库房，贮存方式可直接堆放，也可以装袋，要求盛装堆肥的袋子干燥而透气，以免受潮而影响肥效。通常堆肥产品可作为有机肥产品的基础原料，如果堆肥产品主要用于农场自身，则达到无害化要求、实现完全腐熟即可使用；如果堆肥产品用于加工商品有机肥产品，则应按照有机肥产品标准要求进一步加工生产。

三、常见堆肥发酵的方式

（一）条垛式堆肥发酵

条垛式堆肥是将原料堆积成窄长垛，垛的断面为梯形或三角形，采用机械或人工进行定期翻堆，实现堆体中的有氧状态。具体堆制方法是：先将畜禽粪便与微生物发酵菌剂（也可以不加微生物菌剂）、发酵用的各种辅料混合，粪便与辅料比例遵循碳氮比值 20 ～ 25 的原则，最适含水量为 55% ～ 60%；将禽畜粪便堆成长条状，堆体高度为 1 ～ 1.2 米，宽为 1.5 ～ 3.0 米，长度视场地规模和禽畜粪便数量的多少而定。一次腐熟时间为 2 周，堆体温度需达到 55℃～ 65℃，每隔三天进行机械或人工翻堆，彻底腐熟需 60 天。

条垛式堆肥最大的优点是技术简便易行，操作简单。翻堆机、铲车是主要设备，设备投资较低。缺点是堆体占地面积较大，堆体发酵和腐熟较慢，堆肥周期长；易受环境温度的影响，并且翻堆过程会产生大量恶臭气体，环境污染较大；若通过人工翻堆，劳动力成本较大。

（二）静态通风堆肥发酵

与条垛式堆肥不同，静态通风垛系统在堆肥过程中不进行翻堆，而是通过鼓风机和埋在地下的通风管道向堆体内通风，保证堆体内的有氧状态，堆体高度一般为 0.8 ～ 1.5 米。静态堆肥系统一般由静态发酵池和控制系统、通风系统、进料出料传输系统组成。静态堆肥需要足够的氧气供应，通气量一般为 0.05 ～ 0.2 立方米 / 分钟，通风系统既决定静态通风垛能否正常运行，也是温度控制的主要手段，所以堆体中的空隙率很重要，以 30% 最为理想。通风不仅为微生物分解有机物提供氧，同时也排除堆体内的二氧化碳和氨气等气体，并蒸发水分使堆体散热，保证了适宜的发酵温度。由于羊粪颗粒致密，羊粪堆体具有较大的孔隙率，为堆体的通风曝气提供了良好的条件，因此比较适宜采取静态堆肥。

该法的优点：堆肥在静态发酵池中完成，占地面积相对较小；仅需风机供氧，设备投资小；系统中供氧充足，发酵时间短，约为 4 星期，发酵过程对环境污染小。

（三）槽式堆肥发酵

槽式堆肥一般在长而窄的被称作“槽”的通道内进行，槽壁上方铺设有轨道，在轨道上安装翻堆机，可对物料进行翻搅，槽的底部铺设有曝气管道可对堆料进行通风曝气，是一类将强制通风与定期翻堆相结合的堆肥系统。槽式堆肥目前在各类规模化养殖场中被广泛应用。翻抛机的搅拌提高了堆体的疏松度，有利于对堆体进行充氧，同时可以使最底部物料和最上部物料都能经过高温过程，堆出的产品更加均匀。在发酵槽底部安装通风管道系统，通过强制通风来保证发酵过程所需的氧气。物料一般在入槽后 1 ～ 2 天即可达到 45℃，发酵周期为 15 ～ 30 天。

槽式堆肥工艺的主要优点是：处理量大，发酵周期较短，机械化程度高，可精确控制温度和氧气含量，臭气可收集易处理，不受气候影响，产品质量稳定。主要缺点：设备较多，操作较复杂，土建成本较高。

（四）搅动固定床式堆肥发酵

搅动固定床式反应器的结构通常由多层平面构成。进料口在反应器的上部，新鲜的禽畜粪便接种微生物发酵菌剂和发酵所需的各种辅料，搅拌均匀后经传动输送带或料斗设备提升到塔式发酵仓内，从第一层逐层向下推移，物料在各层之间可以停留不同的时间，在塔反应器内经过翻板的翻动逐层下落和通风，快速发酵除臭、脱水、干燥。整个过程中进料和出料是连续的，通气管位于反应器下部，由许多支管组成，外接风机，在反应器上部设废气出口，产生的废气收集处理后排放。

（五）筒仓式堆肥发酵

该反应器堆肥系统是一种从顶部进料底部卸出堆肥的筒仓，结构通常由多层平面构成，每天都由一台旋转桨或轴在筒仓的上部混合堆肥原料，随后从第一层逐层向下推移，物料在各层之间可以停留不同的时间，在反应器内经过翻板的翻动逐层下落和通风，快速发酵除臭、脱水、干燥。以筒仓式密闭反应器为例，反应器高度一般为 4 ～ 6 米，物料从仓顶加入，仓底出料，用高压涡轮风机强制通风供氧，以维持仓内物料的好氧发酵。物料发酵周期约为 7 ～ 10 天。

（六）滚筒式堆肥发酵

滚筒式堆肥反应器是一个使用水平滚筒来混合、通风以及输出物料的堆肥系统。新鲜禽畜粪便加入作物秸秆和微生物发酵菌剂，混合搅拌，含水量调节到 55%左右，并充入 40℃～ 45℃热蒸气或热空气，物料在筒内经 8 ～ 10 小时发酵后，再加温到 80℃，持续

1 小时以上，以杀灭细菌和虫卵。

筒仓式堆肥发酵和滚筒式堆肥发酵主要用于中小规模养殖场的有机固体废弃物就地处理。该工艺的主要优点是：发酵周期短，占地面积小，无需辅料，保温节能效果好，自动化程度高，密闭系统臭气易控制。主要缺点是单体处理量小，发酵不充分，发酵干燥成本高，大规模项目需要较多设备投资。

四、羊场粪污生物发酵处理方法

（一）简易坑储羊粪处理法

1. 简易坑储羊粪处理法特点及原理

简易坑储羊粪处理法，具有三少两低一高特点，即：投资少、占地少、能耗少，劳动强度低和技术含量低，效益高。不用考虑温度、湿度、碳氮比、pH 的高低和通风条件，适合存栏 200 ～ 500 只小规模和高架床养羊户。该技术的原理是利用农作物和秸秆吸收羊粪的水分并产生热量，加快羊粪的发酵周期，同时杀死粪污原料中的细菌、病毒、寄生虫。如结合塑料大棚利用太阳能效率更高，污染更低。

2. 工艺流程

将现有的羊粪与秸秆、锯末屑、蘑菇渣、干泥土粉等按适当比例混合成物料。1000 千克物料（鲜料约 2500 千克）加 1 千克发酵剂，按 1 千克发酵剂加 5 千克麸皮（或玉米粉）稀释后再均匀撒入物料堆，混拌发酵。注意：一是在做堆时不要做得太小，太小会影响发酵，高度在 1.5 ～ 2.0 米之间，宽度 2.0 ～ 3.0 米，长度在 3.0

米以上的堆发酵效果比较好。发酵过程注意适当供氧与翻堆，升温控制在65℃左右，温度太高对养分有影响。二是发酵过程中注意适当供氧与翻堆（温度升至75℃或以上时要翻倒几次），温度控制在65℃左右，温度太高破坏养分。

（1）发酵池的要求

规格长5.0～10.0米，深2.0米左右，宽度可根据羊存栏量灵活确定，一般在2.0～4.0米，通常根据羊舍存栏和当地有机肥使用等情况修建1～2个发酵池。一般每百只羊每天的产粪量为100千克左右，发酵池建在羊舍后端，距离羊舍100～200米处。发酵池最好地平以下部分占2/3。池子可为水泥池或土坑加塑料薄膜，最好建塑料小拱棚，效果更佳。

（2）物料水分控制

一般鲜羊粪添加辅料（锯末、麦草粉、秸秆粉或稻壳），含水量保持在65%左右，辅料分为单独使用，即：秸秆原料不粉碎，直接铺垫于发酵池底部或分层铺垫，羊粪覆盖于辅料之上或混拌。或秸秆原料粉碎3～5厘米，经由羊粪混合后置于池内发酵两种。羊粪通过发酵腐熟后即可出场。

（二）塑料大棚风干处理

利用廉价的能源处理羊粪。适合于存栏在于1000～2000只的高架床养羊场。该方法是在塑料大棚内铺摊一定厚度的羊粪，为了充分利用大棚的有效面积减少投资，可采用多层方式。利用太阳能提高大棚内温度干燥羊粪，其蒸发能力极强，夏季可达到4.5～5.0升/（平方米·天），冬季也在2.0升/（平方米·天）左右。利用排风扇排出的空气风干羊粪。大棚的建筑面积可依据上述情况而定，采用此种方式处理羊粪最好配置除氨设备。

（三）密闭式大棚发酵处理技术

密闭式大棚羊粪发酵处理技术，采用静态强制通风好氧发酵，在欧美已广泛的应用，本技术集欧美、东亚并结合国内廉价的阳光大棚工艺于一体，相对罐式、桶式发酵投资较少，处理量大且能耗更低、更环保，更适应存栏千只以上的养殖场（或小区）。其主要处理步骤如下：

1. 大棚规格的选择

根据羊场规模设置大棚的数量，一般设置为双棚或多棚，进行配合交替循环发酵处理。大棚规格同简易发酵池，面积 100 ～ 300 平方米，发酵周期一般在 30 天左右。每个棚每天可以进料 5000 ～ 10000 千克混合好的发酵物料。

2. 粪便的运输及发酵

利用铲车运送羊粪、辅料、菌种，并混合，最后采用有氧发酵，在密闭大棚中，采用全自动曝气技术进行供氧和排湿，处理过程中无需翻垛，减少了有害气体的排放量。

3. 除臭

最后使用工业上技术成熟的二级除臭装置和废热处理方法去除异味，即可排放无毒、无味的气体。

第二节 沼气发酵处理

沼气发酵又称为厌氧消化、厌氧发酵，是指人畜粪便、秸秆等有机物质在一定的水分、温度和厌氧条件下，通过多种微生物的分解代谢，最终形成甲烷和二氧化碳等可燃性混合气体的过程。牛羊粪尿及污水经沼气发酵可达到杀灭病菌实现无害化处理的效果，同时可产生沼气作为生产和生活能源，沼液沼渣可作为农业有机肥料。牛羊粪尿中含有丰富的有机质（见表 8-1），可作为产甲烷微生物的基料，生产沼气（甲烷），为牛羊养殖场和附近居民提供生活和生产能源。

表 8-1　牛、羊粪养分含量

名称	有机质（克 / 千克）	氮（克 / 千克）	磷（克 / 千克）	硫（克 / 千克）	碳氮比
牛粪	180	13.4	5.33	0.022	13.43
羊粪	278	44.2	31.20	1.344	6.49

一、湿法厌氧发酵

湿法厌氧发酵工艺主要适用于粪污混合物的处理，总固体质量分数一般在 20% 以下。根据反应器效率可分为低负荷反应系统、高负荷反应系统和高效高负荷反应系统。

（一）低负荷反应系统

包括常规厌氧反应器、全混式反应器（CSTR）、厌氧接触消化器（ACP）。常规厌氧反应器无搅拌装置，原料在其中呈自然沉淀状态，效率较低。结构较简单，投资小，应用广泛，适合处理高浓度、高悬浮物的有机废水。散户养殖或小型养殖场可采用此类型。全混式反应器是在常规厌氧反应器的基础上安装了搅拌装置，效率较高，适用于高浓度及含有大量悬浮固体原料的处理，投资较小，原料适用性广，物料、温度分布均匀，原料与底料接触充分，发酵速率和容积产气率较高。厌氧接触消化器是在全混式反应器的基础上增加了一级沉淀池，反应器排出的混合液首先在沉淀池中进行固液分离，产生的污泥部分回流至厌氧反应器。适用于悬浮固体浓度较高的处理。其优点是投资小、易启动、耐冲击负荷、反应器的有机负荷率和处理效率较高。缺点是出水 COD 较高、出水水质相对较差，增加后续处理工艺负担，固液分离相对困难。

（二）高负荷反应系统

主要包括厌氧滤器（AF）、厌氧流化床和膨胀床反应器（AFBR）、上升流厌氧污泥床反应器（UASB）、塞流式反应器（PRR）、高浓度塞流式工艺（HCF）等。厌氧滤器、厌氧流化床和膨胀床反应器主要适用于处理低固体悬浮物（SS）的有机废水，其中厌氧滤器中微生物累积易发生堵塞和短路情况，厌氧流化床和膨胀床反应器能耗、投资和运行成本高。上升流厌氧污泥床反应器适用于处理 SS 含量较低的有机废水，消化器结构简单，负荷率高，工艺稳定性好，出水 SS 含量低。塞流式工艺细分有两种，一种是普通的塞流式反应器（PFR），另一种是改进的高浓度塞流式工艺（HCF）。PRR 适用于高 SS 废水的处理，尤其适用于牛粪的厌氧消化，固体含量可以提高到 12%；不需要搅拌；池形结构简单，投资少、能耗低、运行方便、故障少，稳定性高。但固体物容易沉淀池底，影响反应器的有效体积，使小时 RT 和 SRT 降低，效率较低；需要固体和微生物的回流作为接种物；因该反应器占地面积或体积比较大，反应器内难以保持一致的温度；易产生厚的结壳。HCF 进料浓度高，干物质含量可达 8%；能耗低，不仅加热能耗少，而且装机容量小，耗电量低；与 PFR 相比，原料利用率高；解决了浮渣问题；工艺流程简单；设施少，工程投资省；操作管理简便，运行费用低；原料适应性强（畜禽粪便、碎秸秆和有机垃圾均可）；没有预处理，原料可以直接入池；卧式单池容积偏小，便于组合。

（三）高效高负荷反应器

高效高负荷反应器包括膨胀颗粒污泥床反应器（EGSB）、内循环厌氧反应器（IC）、升流式固定床反应器（USR）等。EGSB 反应器占积小，水力停留时间短，有机负荷和处理率高，运行稳定等优点，适用于处理 SS 含量较少和浓度相对较低的有机废水。IC 反应器投资成本小，容积负荷高，小时 RT（水力停留时间）较短，上升流速大，抗冲击负荷效果好，适用于 SS 含量较少和浓度相对较低的有机废水。USR 反应器结构简单，适用于高 SS 含量和浓度相对较低的有机废水。

二、干法厌氧发酵

干法厌氧发酵技术工艺主要适用于处理TS质量分数20%～50%的牛羊养殖场固态废弃物。干法工艺运行费用较低，且有容积产气能力，需水量低，产生沼液少。干法反应器主要分为连续式厌氧反应器和序批式厌氧反应器。反应器具有有机负荷高，处理量和产气率大，操作方便与投资少的优点，但发酵设备装置的选型仍然是目前解决的难点。

三、沼气、沼液、沼渣的资源化利用

（一）沼气资源化利用

沼气经净化后储存，可以直接用于供气、供热、发电等，也可以用灌装的车用燃料、民用燃气等。见图8-1。

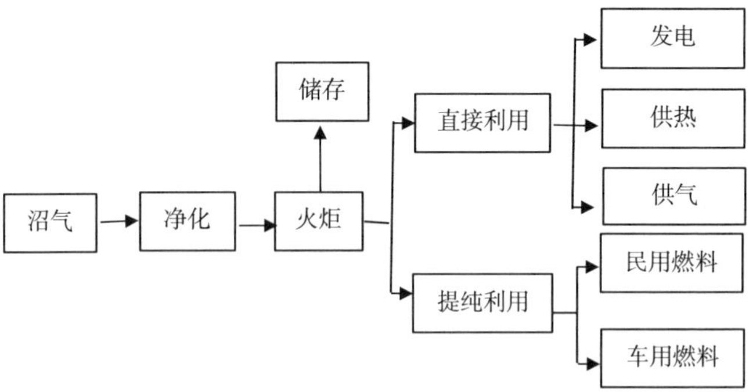

图8-1　沼气利用技术途径

（二）沼液资源化利用

沼气工程副产物经过固液分离后得到的沼液，可以通过沼气工程回流利用、田间利用、高值化利用等技术路径进行利用，也可以先经过营养元素回收利用后，剩余部分经深度处理后达标排放。见图 8-2。

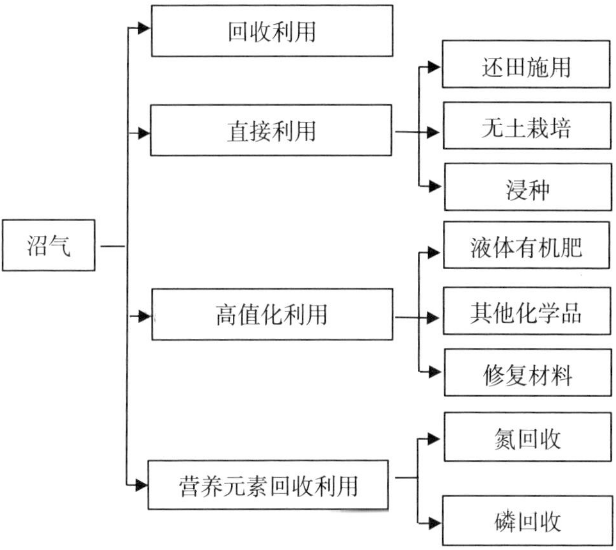

图 8-2　沼液利用技术途径

（三）沼渣资源化利用

沼渣经发酵后可以作为底肥、追肥等直接利用，或农作物秸秆、木屑等废弃物混合后经过好氧发酵处理生产有机肥料，也可以经调质后用作栽培基质、养殖垫料等利用。见图 8-3。

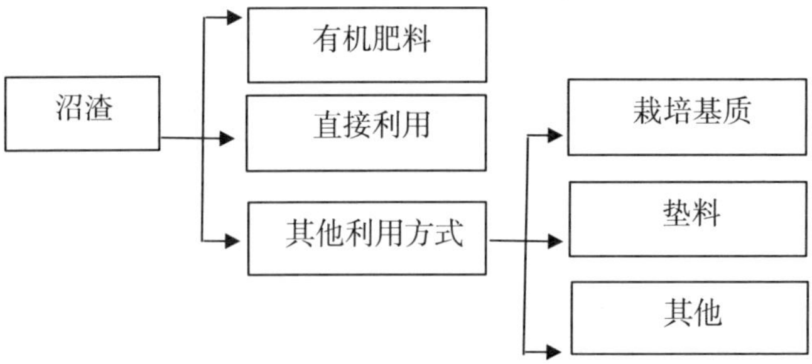

图 8-3　沼渣利用技术途径

第三节　有机肥加工利用

堆肥是指在一定水分、碳氮比和通风等人工控制条件下，通过微生物作用，实现有机废弃物无害化、稳定化的过程。新鲜牛、羊粪尿含有丰富的氮、磷、钾，此外还含有钙、镁、铁等多种矿物元素，同时牛羊粪中也有丰富的有机质。牛羊粪尿是制作有机肥料的理想原料。常见的牛、羊粪有机肥加工主要为好氧堆肥工艺，见图 8-4。

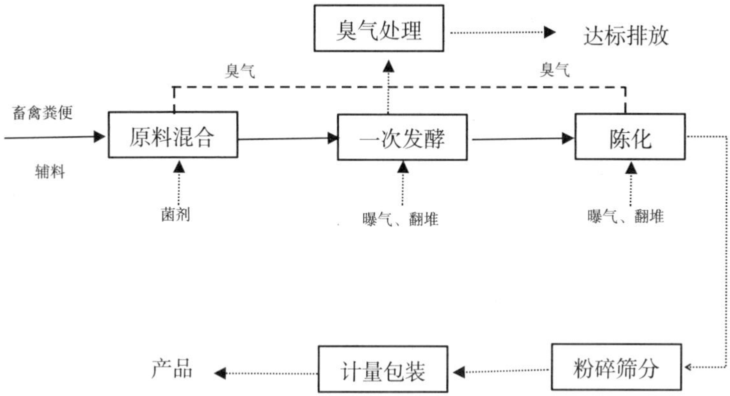

图 8-4　畜禽粪便堆肥工艺流程图

目前常见好氧堆肥工艺主要是有条垛式发酵、槽式发酵和反应器堆肥 3 种方式。具体介绍如下：

一、条垛式发酵

条垛式堆肥工艺一般是用铲车将经过预处理的牛、羊养殖场粪便及辅料进行混合，然后在发酵区堆制成长条形的堆或条垛，采用铲车或条垛翻堆机进行翻堆搅拌曝气，翻堆频率为每周 3 ～ 5 次，完成好氧发酵过程。经过 20 ～ 30 天的一次发酵后，堆体体积减小；通过铲车将条垛整合，进行二次发酵，待温度降低并稳定后，产品即完全腐熟，总堆肥周期 40 ～ 60 天。

适合对象：大中小型养牛、羊养殖场或基地。

场地、设备设施及用具：条垛式堆肥场地应包括辅料储存区、原料混合区、条垛发酵区和成品暂存区等单元，场地规模建议见表

8–2。应配备粉碎机、铲车、翻堆机（可用铲车代替）等设备，不同规模条垛设备选型见表 8–3。

优缺点：工艺优点主要是工艺简单，操作简便，投资少。主要缺点是发酵时间长，占地面积大，臭气不易控制，产品不稳定。

表 8–2 不同规模条垛设施建设建议

规模	面积	建议要求
1 吨 / 天	500 ～ 1000 平方米	地面硬化，阳光板，考虑渗滤液排水
10 吨 / 天	3000 ～ 5000 平方米	地面硬化，彩钢机构，考虑渗滤液排水
50 吨 / 天	7000 ～ 12000 平方米	地面硬化，彩钢机构，考虑渗滤液排水

表 8–3 不同规模条垛设备选型

规模	1 吨 / 天	10 吨 / 天	50 吨 / 天
粉碎设备	1 吨 / 小时的粉碎机	4 吨 / 小时的粉碎机	4 吨 / 小时的粉碎机
运输设备	铲车（0.8 立方米）	铲车（1.7 立方米）	铲车（3 立方米）
翻堆设备	铲车（0.8 立方米）	铲车（1.7 立方米）或条垛翻堆机	铲车（3 立方米）或条垛翻堆机
翻堆机宽（米）	1.8	2.3	3.1
翻堆机高（米）	0.8	1	1.4
条垛总长（米）	80	500	1300
推荐条垛数	4	8	15

二、槽式发酵

槽式堆肥是组合强制通风与定期翻堆一类的堆肥系统。槽式堆肥一般长而窄的“槽”内进行。槽的底部铺设有曝气管道，对堆料进行通风；上方安装轨道翻抛机，定期对物料进行翻搅，发酵周期为 30 ～ 40 天。

适合对象：大中型养牛、羊养殖场或基地粪便集中处理。

场地、设备设施及用具：场地应包括原辅料车间、发酵车间、陈化车间、加工车间、成品库房。不同规模下参考设施面积见表 8-4。条垛发酵区和成品暂存区等单元。应配备进出料、混料、翻堆、供氧的各类设备。各车间设备配置见表 8-5。

表 8-4　不同规模条垛设备选型

规模	1 吨 / 天	10 吨 / 天	50 吨 / 天
原辅料车间	100 ～ 200 平方米	400 ～ 600 平方米	800 ～ 1200 平方米
发酵车间	300 ～ 400 平方米	1200 ～ 1500 平方米	2400 ～ 3000 平方米
陈化车间	150 ～ 200 平方米	600 ～ 800 平方米	1200 ～ 1500 平方米
加工车间	200 平方米	1000 平方米	1500 平方米
成品库房	100 ～ 200 平方米	800~1000 平方米	1500 ～ 2000 平方米

表 8-5　不同规模槽式堆肥设施各单元设备一览表

规模	工艺参数	1 吨 / 天	10 吨 / 天	50 吨 / 天
原辅料车间	混料方式	铲车	铲车或混料机	铲车或混料机
发酵车间	进料方式	铲车	铲车或混料机	自动布料
	出料方式	铲车	铲车或混料机	自动布料
	供氧方式	鼓风机	鼓风机	鼓风机
陈化车间	陈化方式	陈华仓	陈华仓或陈化槽	陈华仓或陈化槽
	供氧方式	铲车翻到	鼓风机	鼓风机
加工车间	产品模式	粉状肥料	粉状肥料	粉 / 粒状肥料
主体设备		翻堆机、鼓风机、铲车	翻堆机、鼓风机、混料设备、自动进出料设备、曝气中控设备、铲车	翻堆机、鼓风机、混料设备、自动进出料设备、曝气中控设备、铲车

优缺点：槽式发酵因为可以在发酵槽内建立围护结构，特别适合温度较低的地区及气候较寒冷的季节。其特点是占地面积约为条垛式的 1/3，发酵周期及成本介于条垛式和塔式发酵中间，约一个月，发酵效率大大提高。具有热利用充分、发酵速度快、耗能低、除臭快、生产环境好、不受气候影响、占地面积小，自动化程度高等特点。具有发酵周期短、处理量大、可精确控制温度和氧气含量、不受气候影响，产品质量稳定且臭气可收集处理、可实现无人驾驶等优点。但因为要建发酵槽，造成发酵场固定，有一定的局限

性，透气性也没有条垛式好，需要投入设施设备。槽式发酵翻堆机在翻抛功能的基础上有的设计加氧装置，可增加透气性；有的增加了打碎搅拌功能，适合于粪便型、糟渣类和纤维较多、黏性小的发酵物，这样可以省去原料搅拌打碎这些前处理工序，减少了生产环节。槽式翻堆机要在固定轨道上行走，大多采用电机驱动，其价格主要与电机功率有关。

三、反应器堆肥

反应器堆肥是一种在堆肥反应器内进行有机固体废弃物好氧发酵处理的高效堆肥工艺。堆肥反应器设备具有改善和促进微生物新陈代谢的功能，运行搅拌混合、曝气通风等控制堆体的温度、含水率、氧气，结合机械进出料系统，高效发酵，缩短发酵周期（7 ～ 14 天），实现自动化堆肥生产。

适合对象：大中型养牛、羊养殖场或基地粪便集中处理。

场地、设备设施及用具：场地主要包括原料暂存区、反应器设备区和产品储存区，场地占地面积建议具体见表 8–6。设备设施主要为筒仓式堆肥反应器 / 滚筒式堆肥反应器，以及铲车、物料输送机、除臭塔等附属设施，见表 8–7。塔式发酵过程是将牛、羊粪便进行脱水或除杂处理后，加入辅料和微生物菌剂经混合搅拌后，用皮带运输机输送至发酵塔顶层，以后每天翻塔一次，经过 7 天后完成发酵过程。

优缺点：塔式发酵所需设备从原辅料搅拌接种、进料、翻料到出料全部自动运作，并能连续进料和出料。其特点是占地面积最小，效率最高，发酵周期仅一周，但投资大、设备费用及设备维护费用最高。

表 8–6　不同规模反应器堆肥设施占地面积

规模	反应器设备区面积	原料暂存区面积	产品储存区面积
2 吨 / 天	50 平方米	90 平方米	300 平方米
5 吨 / 天	60 平方米	90 平方米	600 平方米

来源：全国畜牧总站等，《畜禽粪污资源化利用技术丛书：粪便好氧堆肥技术指南》。

表 8–7　不同规模反应器堆肥设备选择

设备配置		2 吨 / 天	5 吨 / 天
筒仓式堆肥反应器	容积	50 ～ 60 立方米	80 ～ 90 立方米
	附属设施	铲车 / 小推车 / 除臭塔	铲车 / 小推车 / 除臭塔
滚筒式堆肥反应器	容积	80 ～ 90 立方米	160 ～ 170 立方米
	附属设施	铲车 / 物料输送机 / 除臭塔	铲车 / 物料输送机 / 除臭塔

来源：全国畜牧总站等，《畜禽粪污资源化利用技术丛书：粪便好氧堆肥技术指南》。

四、堆肥产品质量标准

生产的猪场粪便（沼渣）有机肥猪粪有机肥，应达到有机肥料（NY525—2021）规定的各项要求。其中，外观颜色为褐色或黑褐色，粒状或粉状，均匀，无恶臭，无机械杂质；猪场粪便（沼渣）有机肥技术指标应符合表 8–8 要求；猪场粪便（沼渣）有机肥中重金属限量指标应符合表 8-9 要求；蛔虫卵死亡率和粪大肠菌群数应符合表 8-10 要求。

表 8-8　有机肥料技术指标

项目	指标
种子发芽指数（GI）（%） 有机质的质量分数（以烘干基计）（%）	≥ 70 ≥ 30.0
总养分（氮＋五氧化二磷＋氧化钾）的质量分数（以烘干基计）（%）	≥ 4.0
水分（鲜样）的质量分数（%）	≤ 30
酸碱度（pH）	5.5 ～ 8.5
机械杂质的质量分数（%）	≤ 0.5

来源：有机肥料 NY525—2021。

表 8-9　有机肥料中重金属指标的含量限值

项目（毫克 / 千克）	指标
总砷（As）（以烘干基计）	≤ 15
总汞（Hg）（以烘干基计）	≤ 2
总铅（Pb）（以烘干基计）	≤ 50
总镉（Cd）（以烘干基计）	≤ 3
总铬（Cr）（以烘干基计）	≤ 150

来源：有机肥料 NY525—2021。

表 8-10　有机肥料中微生物和寄生虫卵指标的含量限值

项目	指标
粪大肠菌群数（个 / 克）	≤ 100
蛔虫卵死亡率（%）	≥ 95

来源：生物有机肥 NY884—2021。

第九章 牛羊屠宰加工

牛羊屠宰加工，是按照一定的方法和程序对牛羊进行宰杀，并将其肉品和内脏等副产品进行分割和加工的一门实用技术。牛羊经过规范的屠宰加工可保障产品安全和提高肉品质，提供多样化的消费产品。从营养学角度看，牛羊肉有高蛋白、低脂肪、低胆固醇、丰富的氨基酸及矿物质等特点，是高营养畜产品，有提高免疫力、预防贫血、加速新陈代谢等功效。虽然牛羊肉营养丰富，但容易受微生物污染而腐坏变质，不能满足现代人对食品安全、健康的要求。危害分析与关键控制点系统（HACCP）作为预防性的食品安全控制体系在肉类屠宰加工业中的应用已得到普遍认同。运用 HACCP 体系规范整个屠宰加工流程，控制微生物等有害物的污染，提高产品的卫生质量，在一定程度上可保障食品安全。

我国的牛羊屠宰加工，从传统手工作坊加工方式转变为现代化工业生产机械加工方式。近 10 年来，我国在牛羊屠宰加工技术方面，不断吸取总结前人经验，开发制造了一些先进设备，还引进了一些国外的先进技术和设备，使我国现在牛羊屠宰方面的技术水平与世界发达国家的差距大大缩小。现在的牛羊屠宰加工主要是以现代化的机械化加工为主，并配合现代化的科学管理来完成的。其设备按作业工序大致可分为致昏设备、刺杀放血设备、浸烫设备、刮毛设备、剥皮设备、开膛设备、内脏取出设备、胴体修整机械、输送设备等。

牛羊屠宰加工作为肉制品工业化生产的前提，其作业过程的机械化也是现代化生产的一个重要标志。机械化的生产，使得劳动生产率得到了大幅度的提高，同时降低了劳动者的劳动强度，也使劳动环境得到了进一步的改善，并且使产品的加工质量得到了提高和稳定，消除了人工作业的弊端，减少产品的交叉感染，提高产品的卫生质量。在改善肉品加工工艺的完善方面，也起到了积极的促进作用。

第一节 牛屠宰加工

一、概述

我国肉牛屠宰加工产业化起步较晚，基础设施和设备落后，致使优质牛肉产量低，并且牛肉市场质量安全监管体系有待完善，优质优价的机制也尚未实现，一些小型屠宰加工企业依然存在操作不规范的现象，扰乱了牛肉市场的秩序，严重影响了肉牛产业的发展。目前国内牛肉屠宰和加工还是非正规屠宰商贩和正规屠宰企业并存的模式，且非正规屠宰商贩占多数。特别是贵州本地牛肉行业深加工水平低、质量监控缺失等问题，严重阻碍了本地牛肉产业发展。

优质牛肉生产是一项系统性的工作，不仅要从细节着手，做好每道工序，更要将最新的科研成果运用到生产中，提高产品的品质。食品行业产品的质量是关键，而牛肉的质量把控关系到整个牛肉产业链，即上游肉牛饲养、中游肉牛屠宰加工和下游牛肉产品的销售流通三大块。因此，提高牛肉质量，从而提升我国牛肉在国际上的竞争力，就必须从牛肉整个产业链上着手，加强政府的引导作用，确保相关企业严格按照《中华人民共和国食品安全法》对牛肉质量的每一个环节进行严加防控。同时政府与企业应当联手完善质量追溯体系，如 HACCP 体系，实现品质有源可抓。在整个质量追溯体系建立过程中，提高牛肉质量的最终利益获得者是消费者，因此加强向消费者宣传质量追溯体系，从而使其能够了解认可并选择该食品，形成可循环的消费体系是至关重要的。为充分发挥贵州本地肉牛肉质细嫩鲜美、肉味浓厚的优点，促进当地肉牛产业的发展，本章节以贵州本地牛为例，着重介绍贵州牛肉的屠宰和加工过程的基础知识。

二、肉牛屠宰加工流程

肉用畜禽经过刺杀放血、解体等一系列处理过程，最后加工成胴体（即肉尸，商业学称为白条肉）的过程叫作屠宰加工。屠宰加工是进一步深加工的基础，也就是初步加工。肉品质的影响因素有肉的品种、饲养条件、饲养年龄、屠宰加工条件与方法等，其中屠宰加工的条件和方法是主要因素之一。

参考国标 GB/T19477—2018《牛屠宰操作规程》，肉牛屠宰过程如图 9-1 所示：

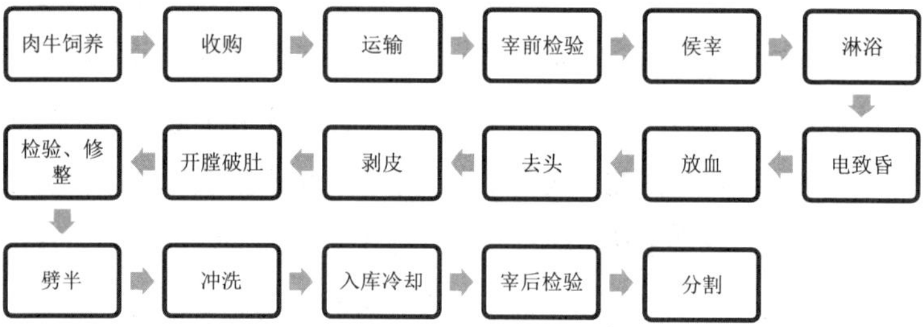

图 9-1　肉牛屠宰过程流程图

三、屠宰前处理

（一）宰前运输

运输一直被认为是一种会损害动物福利和影响肉品质的主要诱导应激因素。动物运输中经常会产生各种各样的生理刺激和心理刺激，破坏其体内平衡和新陈代谢，从而增加酶和激素的活动。在装载运输过程中谨慎地操作、良好的设施、合适的装载密度和平稳的驾驶技术都可以将装载和运输初始阶段的应激反应降至最低。因此正确的处理和运输可以减少肉用犊牛的应激，防止瘀伤，提高牛肉的质量。

到达目的地后，优质牛肉的生产企业不能采取暴力驱赶的方式将牛赶进赶牛道，要设计“迷道”的形式让牛自觉地进入屠宰车间。迷道系统是一种圆形回转的畜栏设计，它利用牛倾向走回头路的自然习性，也就是当牛沿着特殊设计的畜栏边缘前进时，它们已经完全迷失方向，当牛转了180度以后，它们会以为正在回到原先出来的方向，迷道曲线要保证牛能够看见它前面的伙伴，不会看见末端工人的活动。其作为一种动物福利，不仅能减少动物的疼痛和痛苦，有效降低动物的应激反应，而且能提高肉品的品质。

（二）宰前禁食和静养

宰前禁食会影响肉牛能量的代谢，进而引起屠宰后的一系列生物化学变化，从而影响宰后肉的pH值、持水力、嫩度、色泽度等肉质指标，同时宰前禁食会减少屠宰过程中粪尿的污染，提高卫生水平。畜禽宰前应断食12～24小时，断食时间必须适当，研究结果表明宰前长时间禁食对不同品种的牛肉嫩度的影响不同，一般牛宰前断食24小时。适当的宰前禁食可以降低胴体污染率，并通过影响肌肉能量代谢、内源酶活性、蛋白变性等改善肉品质，还可以提高屠宰率，缩短排酸时间，加快厂房周转，提高企业效益。禁食时间过长会使畜禽过度饥饿，引起躁动，产生损伤，胴体重降低，应激刺激增加以及因肌肉糖原含量降低而对肉品质造成负面影响。在屠宰前，若饲喂大量饮食将不利于放血和内脏的清洗。

肉牛的入栏进圈也会影响动物福利和肉质。在宰前休息期间，不同年龄和体型的动物之间的接触、健康和生病的动物接触、动物缺水以及通风和温度的不足都可能导致动物干渴、脱水、焦虑、躁动、创伤、冷热等应激。因此，牛进厂（场）后，应充分休息12～24小时，待宰时间超过24小时的，宜适量喂食。

（三）宰前供水

为保证肉牛正常的生理机能、调节体温以及促进粪便的排出，从而使宰时放血完全，获得高质量肉类，宰前肉牛可断食，但不能断水，建议供给充足的1%食盐水。屠宰过程中有放血一环节，若牛胃肠道内积水过多，胃内容物易从食道流出污染胴体，且内脏的处理也会造成一定困难。因此，应在宰前3小时停止给水。

（四）宰前清洗

肉牛通常经过长途运输到屠宰厂，在路途中，牛毛、牛皮、牛蹄、粪便等携带某些微生物，这些微生物可能会随着屠宰及后续加工工艺进入人体。麻电前的冲洗淋浴，可使畜禽洁净，减少对烫毛池和清水池的污染。同时，经过冲洗淋浴干净的畜禽，麻电时导电快，麻电质量高，放血安全。另外宰前淋浴还可促使外周毛细血管收缩，便于充分放血。麻电前冲洗在一定程度上可减少屠宰工艺的外来污染物，提高加工环境卫生，是屠宰工艺不可减少的环节之一。一般室内上下左右均安装有喷头，淋浴水温夏季为20℃左右，冬季以38℃为宜，喷淋时间为2～3分钟，以清除体表的污物，保证屠宰时清洁卫生。淋浴时水柱不应过急，应如毛毛细雨，使牲畜有凉爽舒适的感觉。

四、屠宰过程及其操作要点

（一）电致昏

电致昏是指用单杆式电昏器电击牛体，使牛昏迷。屠宰加工中通过电刺激增强肉质的嫩度，刺激电流通过神经系统（宰后4～6

分钟内）或是直接使肌膜去极化引起肌肉收缩，使肉的糖酵解速率提高大约 100 倍，导致肉的 pH 值快速降低，从而使肉在较高的温度下进入尸僵状态，避免冷收缩的发生。同时，电刺激可以加快牛胴体的嫩化过程，减少肉的成熟时间，是一种肉类的快速成熟技术。电击参数宜为：电压不超过 200 伏，电流 1 ～ 1.5 安，作用时间 7 ～ 30 秒。

（二）放血

放血过程可选择卧式或立式放血，放血刀应经不低于 82℃的热水一头一消毒，刀具消毒后轮换使用。实际操作步骤为：从牛喉部下刀，横向切断食管、气管和血管进行放血，放血时间约为 9 分钟。然后，再进入低压电刺激系统接受脉冲电压刺激，电压为 25 ～ 80 伏，用以放松肌肉，加速牛肉排酸过程，提高牛肉嫩度。

（三）去头

将牛头从颈椎第一关节前割下，将喉头附近的甲状腺摘除，取下的牛头，挂到同步检验挂钩上或专用检验盘中。

（四）剥皮

分别锁紧两后腿皮，使毛皮面朝外，启动扯皮设备，将牛皮卷扯分离胴体。扯到尾部时，减慢速度，用刀将牛尾的根部剥开。在扯皮过程中，边扯边用刀具辅助分离皮与脂肪、皮与肉的粘连处。扯到腰部时，适当提高速度。扯到头部时，把不易扯开的地方用刀剥开。分离后皮上不带脂肪、不带肉，皮张不破损。对扯下的牛皮编号，并放到指定地方。

（五）开膛破肚

从胸软骨处下刀，沿胸中线向下，贴着气管和食管边缘，割开胸腔及脖部。用开胸锯开胸时，下锯应准确，不破坏胸腔内脏器。

（六）检验、修整

同步检验按照GB 18393—2001《牛羊屠宰产品品质检验规程》要求执行；同步检疫按照《牛屠宰检疫规程》要求执行。修整具体操作为：取出脊髓、内腔残留脂肪放入指定容器中。修去胴体表面的淤血、残留甲状腺、肾上腺、病变淋巴结、污物和浮毛等，应保持肌膜和胴体的完整。

（七）劈半

将劈半锯插入牛的两后腿之间，从耻骨连接处自上而下匀速地沿着牛的脊柱中线将牛胴体锯（劈）成胴体二分体。锯（劈）过程中应不断喷淋清水。不宜劈斜、劈偏，锯（劈）断面应整齐，避免损坏牛胴体。

（八）冲洗

用清水由上而下冲洗整个牛胴体内外、锯（劈）断面和刀口处。

（九）入库冷却

按顺序推入牛胴体，胴体应排列整齐、间距应不少于10厘米。入预冷间后，胴体预冷间设定温度0℃～4℃，相对湿度保持在85%～90%，预冷时间应不少于24小时，副产品预冷间设定温度3℃以下。预冷后，胴体中心温度达到7℃以下，副产品温度达到3℃以下。宰后胴体冷却降温的速度越快，越有利于抑制微生物的生长繁殖，冷却的时间越短，重量损失越小。在一定的温度和湿度的条件下，让牛肉冷却排酸。排酸目的主要是利用牛肉中所含的各种分解酶的作用，使游离氨基酸、游离脂肪酸、次黄嘌呤核苷酸等与风味有关的成分在肌肉中蓄积，从而改进牛肉的质量，使牛肉色泽变好，风味变佳，柔软细嫩，增加牛肉的适口性。根据牛肉的档次不同，冷却排酸的时间也不同。高档牛肉其胴体需在冷却间内停留 3 ～ 6 天，普通牛肉在冷却间停留 24 小时后。当胴体温度达到 7℃时即可进入下一道工序。

五、宰后检验

将牛的胴体、牛头、内脏、蹄等实施同步卫生检验。根据《中华人民共和国动物防疫法》和《中华人民共和国进出口动植物检疫法》中的有关规定，卫生检验后屠体的处理如下：

合格的：检验合格作为食品的，其卫生检验、监督均依照《中华人民共和国食品卫生法》的规定办理。

不合格的：检出检疫部门公布的一类传染病、寄生虫病的其阳性动物及与其同群的其他动物全群扑杀，并销毁尸体；检出检疫部门公布的二类传染病、寄生虫病的其阳性动物应扑杀，同群动物在动物检疫隔离场和动植物检疫机关指定的地点继续隔离观察；检出一般性病害并超过规定标准的，可由专业技术人员按规程实施卫生无害化处理。

六、牛肉分割

牛胴体分割是指以满足市场需求为目的，以胴体部位肉形态、质量、烹饪与加工用途等特性为依据，对动物卫生检疫检验合格的牛胴体加以规范、精细分割的加工过程，以便进一步加工或直接供给消费者。

为了规范各企业牛胴体分割方法，我国于 1988 年开始相继颁发多个分割、分级标准（如表 9–1）。

表 9–1　我国牛肉分割、分级标准

标准号	标准名称	标准状态	标准适用范围	备注
GB/T9960—2008	《鲜、冻四分体牛肉》	现行有效	适用于鲜、冻四分体牛肉	代替 GB/T9960—1988
GB/T17238—2008	《鲜、冻分割牛肉》	现行有效	适用于鲜、冻带骨牛肉，按部位分割、加工的产品	代替 GB/T17238—1998
NY/T676—2010	《牛肉等级规格》	现行有效	适用于牛肉品质分级，不适用于小牛肉、小白牛肉、雪花肉的分级	代替 NYA676—2003
GB/T27643—2011	《牛胴体及鲜肉分割》	现行有效	适用于各类肉牛屠宰加工企业	
GB/T29392—2012	《普通肉牛上脑、眼肉、外脊、里脊的划分》	现行有效	适用于普通肉牛的分级，不适用于小牛肉、小白牛肉、雪花肉的分级	
NY/T3379—2018	《牛肉分级》	现行有效	适用于健康活牛屠宰加工后经兽医卫生检验合格的牛分割肉	代替 SB/T10637—2011

分割牛肉是指新鲜带骨牛肉经剔骨、按部位分割而成的肉块。我国牛肉分割通常分为 8、13、15 个部位，如图 9–2 所示。贵州牛肉分割实物图如图 9–3 所示。

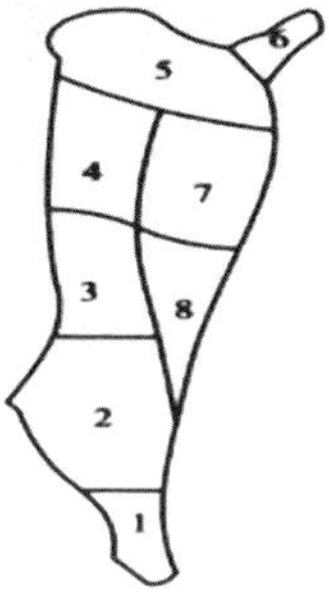

1.后腿肉　　2.臀腿肉
3.后腰肉　　4.肋部肉
5.颈肩肉　　6.前腿肉
7.胸部肉　　8.腹部肉

图 9-2　牛肉分割示意图

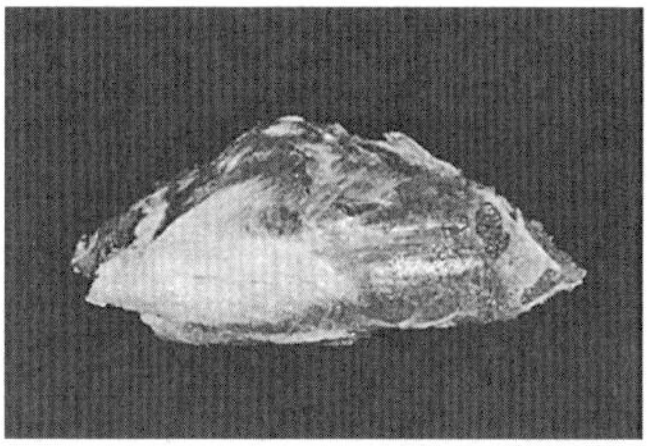

1. 大三角（正面）

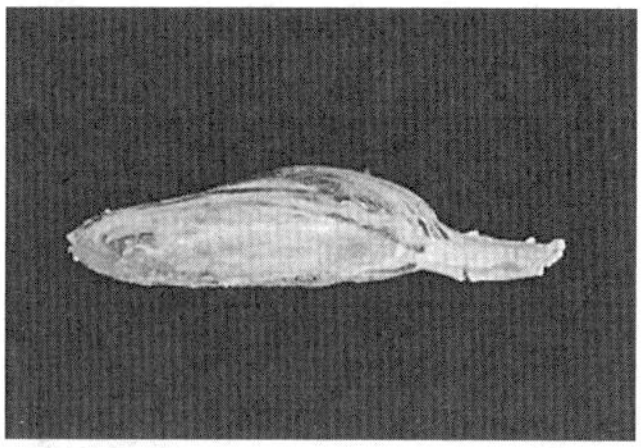

2. 独腱（正面）

3. 脖肉（正面）

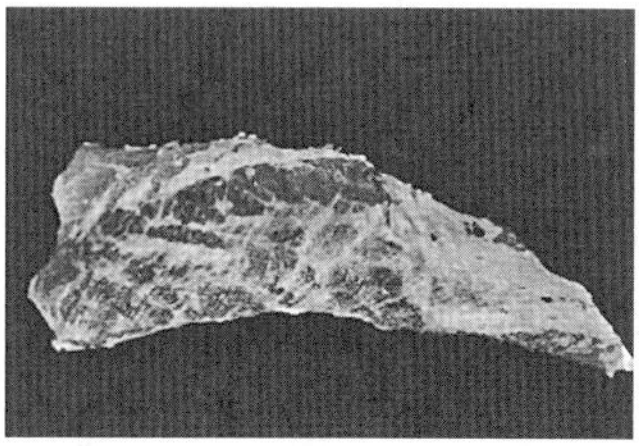

4. 腹肉

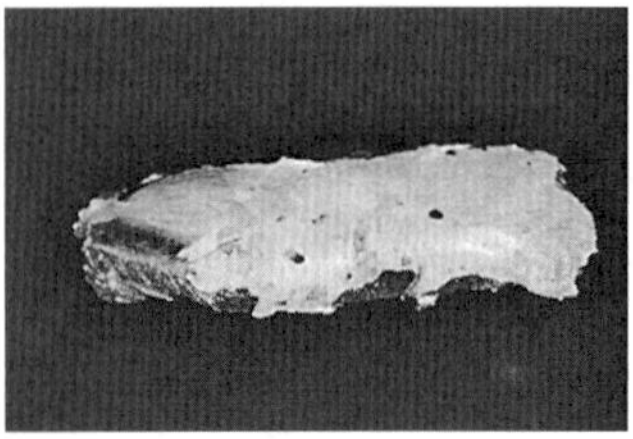

5. 扁肉（正面）

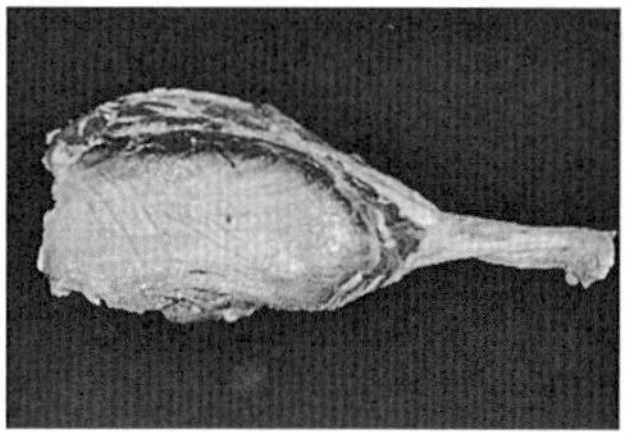

6. 龟腱（正面）

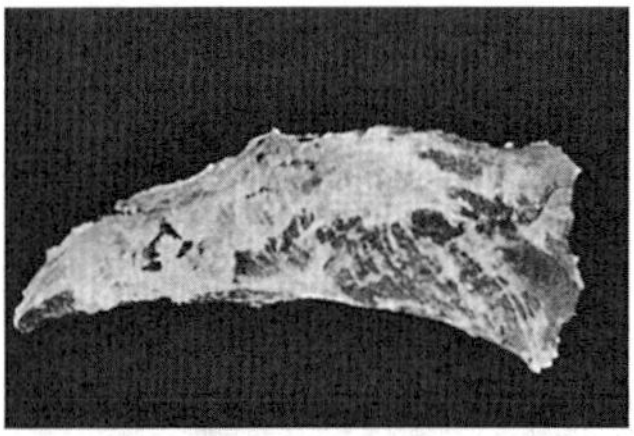

7. 大黄瓜条

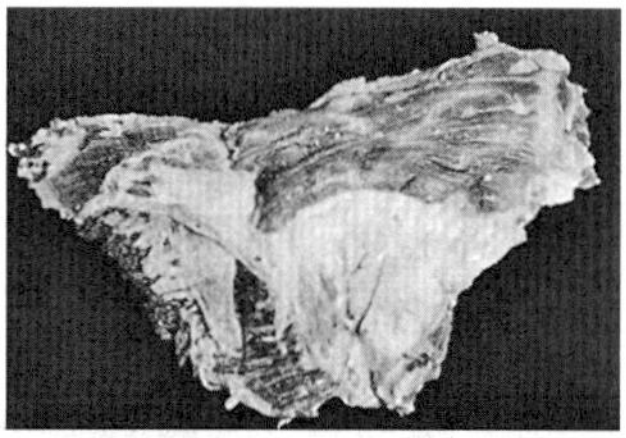

8. 牛腩（正面）

9. 穼肉（正面）

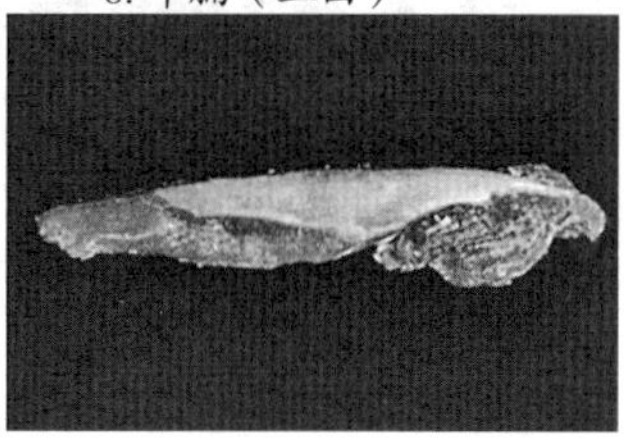

10. 内脊（正面）

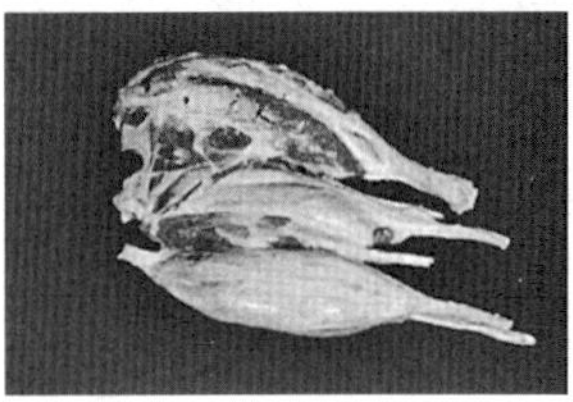

11. 后腱

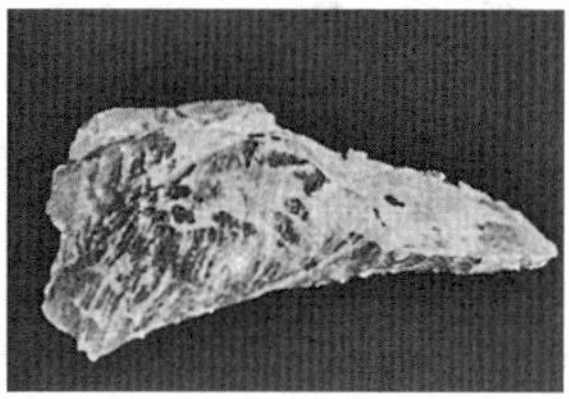

12. 辣椒肉

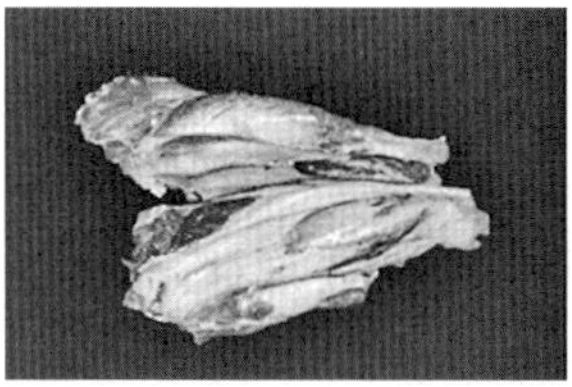
13. 前腱

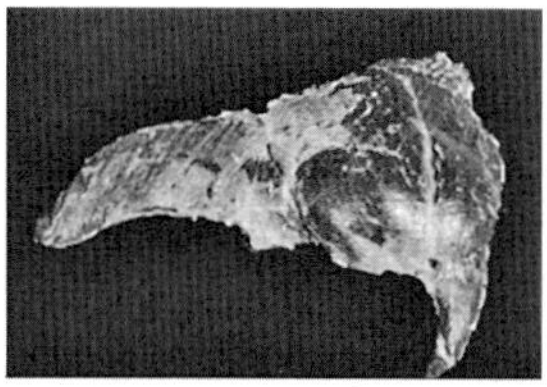
14. 尾龙扒（正面）

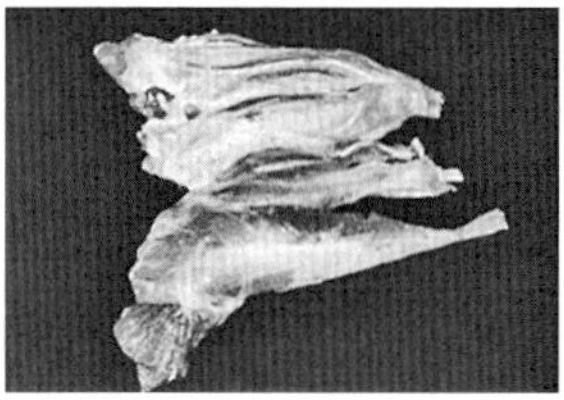
15. 排腱

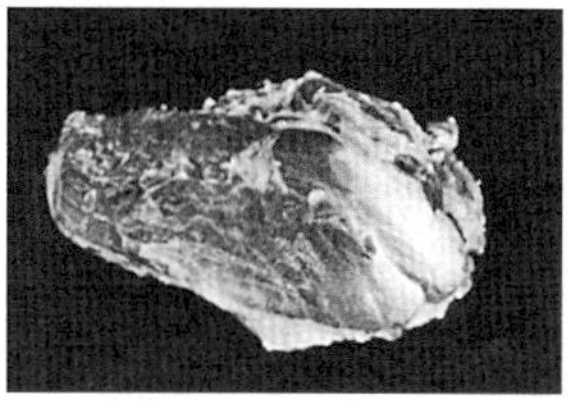
16. 针扒

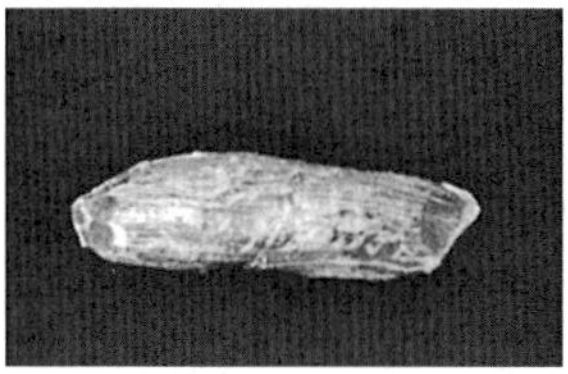
17. 有盖针扒（正面）

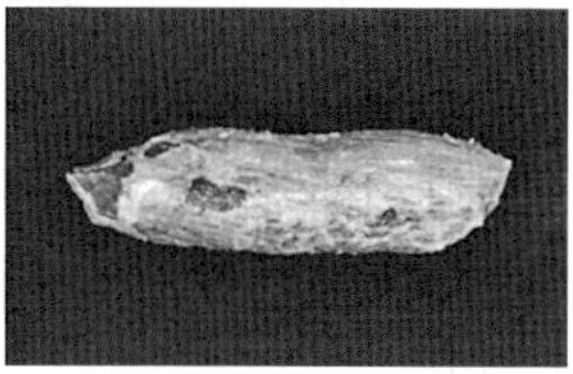
18. 小黄瓜条（正面）

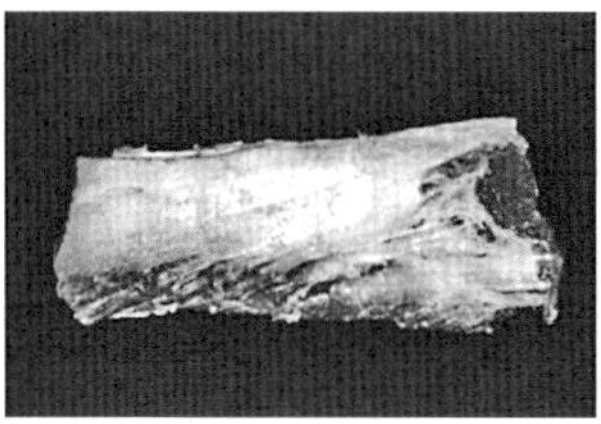
19. 西冷（正面）

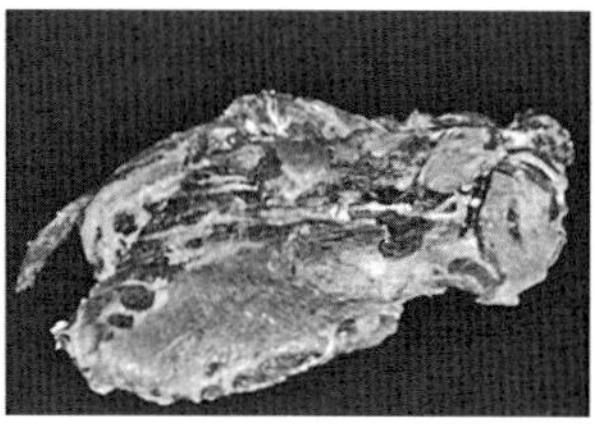
20. 胸肉

图 9-3　贵州牛肉分割实物图

七、肉牛屠宰 HACCP 体系建设

危害分析与关键控制点体系 HACCP 作为预防性的食品安全控制体系在牛肉屠宰加工业中的应用已得到普遍认同。运用 HACCP 体系规范整个屠宰加工流程，控制微生物等有害因子的污染，能保障食品安全和提高产品的卫生质量。参考 GB/T19477—2018《牛屠宰操作规程》、GB12694—2016《畜禽屠宰加工卫生规范》中的牛宰前管理规范，对牛屠宰过程进行危害分析（HA），找出关键控制点（CCP），并确定各 CCP 的关键限值、监控程序和纠偏措施，分析牛宰前工序存在的显著危害，找出有效控制这些危害的方法和措施，确保牛宰前的卫生安全。

食品安全追溯系统就是一头牛在养殖场的时候，耳朵上会被植入一个耳标，里面是一个 RFID 标签，记录了它的产地、生长过程信息。送到屠宰场以后，这些信息会自动转存到系统中，被加工成分割肉以后，会产生一个新的唯一标识，记录前面的信息以及屠宰场的信息。超市销售出去的产品，消费者可以通过超市的终端进行相关信息查询。这样就构成了一份完整的牛肉食品安全追溯链条。真正建立起生产者和消费者之间的面对面关系。一旦出现肉品质量问题，可以通过追溯体系迅速找出问题的所在。

表 9-2　肉牛屠宰 HACCP 体系

工序关键控制点（CCP）	显著危害	关键限值（CL）	监控				纠偏措施	档案记录	验证措施
			内容	方法	频率	监控者			
宰前检验	致病微生物污染；兽药及添加剂残留	来自非疫病区的证明书及兽药残留等检验合格报告	产地动物卫生监督机构出具的《动物检疫合格证明》	审阅	每批	宰前卫检员	不合格拒收	检验报告及证明合格记录	每日审核记录表
停食静养	无显著危害	充分休息 12 ～ 24 小时，宰前 3 小时停止喂水，测体温	严格控制饮食，抽样测量体温	体温测量；感官检查	每批	兽医检验人员	发现问题及时进行记录	记录每次抽检的牛羊状态	每日审核记录表
冲洗	牛表面细菌残留；污染物残留	保持一定的水压和水量，冬季温度 38℃，夏季 20 ℃左右	控制水压、温度	压力表、温度表	每 2 小时	操作人员	及时调节水压、温度	记录操作	每日审核记录表

续表

工序关键控制点（CCP）	显著危害	关键限值（CL）	监控				纠偏措施	档案记录	验证措施
			内容	方法	频率	监控者			
开膛掏脏	消化系统破裂内容物及携带病原菌污染胴体	开膛掏脏破裂率为零	胴体	视检	逐头	内脏卫检员	剔除污染胴体，单独进行冲洗消毒	开膛掏脏监控记录	每日审核1次记录，每周对胴体进行擦拭检测微生物
快速冷却	微生物增殖	宰后1h内冷却，胴体温度<4℃，冷却时间<24h	宰后到制冷室时间、胴体温度及冷却时间	温度计、计时器度量	每批	制冷人员	如发现温度波动大，应及时查找原因对制冷等设备整改	预冷监控记录	
分割剔骨	微生物增殖	分割间温度<12℃	温度和分割时间	温度计测量，计时器计时	逐头	分割人员	如发现温度波动大，应及时查找原因对制冷等设备整改；应提高分割效率	分割剔骨监控记录	每日审核1次记录

续表

工序关键控制点（CCP）	显著危害	关键限值（CL）	监控				纠偏措施	档案记录	验证措施
			内容	方法	频率	监控者			
包装	微生物增殖	包装间温度<12℃，时间<1h	温度	温度计测量	每批	包装人员	如发现温度波动大，应及时查找原因对制冷等设备整改	包装监控记录	每日审核1次记录
冷藏	微生物增殖	库温0℃～4℃	库温	温度计测量	每批	制冷人员	如发现温度波动大，应及时查找原因对制冷等设备整改	冷藏监控记录	每日审核1次记录
流通	微生物增殖	冷藏车温度<7℃	温度	温度计测量	每批	运输人员	如发现温度波动大，应及时查找原因对制冷等设备整改	流通监控记录	每日审核1次记录
零售	微生物增殖	冷藏柜温度<12℃	温度	温度计测量	每批	销售人员	如发现温度波动大，应及时维修或更换冷藏柜	销售监控记录	每日审核1次记录

八、牛肉应用

牛肉根据部位的不同一般可分成13种之多。每一个部位的柔软度与脂肪含量多少都因肉质而不同。一般来说，牛肉的等级大都是按部位划分的：特级，里脊；一级，上脑、外脊；二级，仔盖、底板；三级，肋条、胸口；四级，脖头、腱子。

新鲜牛肉的直接食用：宜选用短脑（肩胛骨上部）、脖头、哈力巴（牛胯骨）等部位做馅，特点是肥瘦兼有，肉质干实，易搅打酱油，相比嫩肉部位出馅率高15%。适宜炖、煮、扒、焖的牛肉有：胸肉熟后食之脆而嫩，肥而不腻；筋多肉少，熟后色泽透明、美观；肋条筋肉丛生，熟后肉质松嫩；腱子肉呈深红色，熟后鲜嫩松软。溜、炒、炸宜选用瘦肉、嫩肉，如里脊、外脊、上脑、三岔、仔盖、郎头等肉。为保证牛肉的风味和口感，应根据不同的烹调方式，选择不同部位的肉。贵州有名的牛肉粉有花溪牛肉粉、水城带皮牛肉粉等。

牛肉深加工产品则有传统酱牛肉、牛肉干和牛肉酱等。传统酱牛肉，咀嚼略有弹性，组织结构致密，切片性良好，气味香浓，口感咸淡适中、鲜嫩爽口。传统牛肉干体积较小，是便于携带的高蛋白方便食品，因其易于加工、风味独特、贮存期间长。而广为流行的牛肉酱是以牛肉为主要原料，辅以黄豆酱、天然调味料、着色剂和植物油，再配上圆葱、胡萝卜等蔬菜，经过炸、炒和熬制等工序制作而成的一种即食性的调味酱。

加工牛皮作为牛屠宰副产物之一，具有很高的营养价值。目前市场上对牛皮的加工常见于皮革制品，但我国南方也有很多传统的牛皮食用方法，如傣族的炸牛皮、泡椒牛皮等，也有学者研究出牛皮膨化食品、牛皮牛肉复合火腿等。目前大部分牛骨被用于生产骨泥、骨粉、骨油、骨胶，也作为磷酸钙制剂或动物饲料的原料。牛骨中的胶原蛋白经过酶解、分离纯化等手段得到的胶原蛋白肽，具有抗高血压、保护骨健康、抗菌、抗氧化和免疫调节等功效，对于改善人体健康具有重要意义。肠衣是我国重要的出口畜产品之一，在国际上占重要地位，我国所产的肠衣薄而透明，质地坚韧而富于弹性，同时口径适于灌制香肠和灌肠，因此，国内外销量很大，往往供不应求。目前，天然肠衣主要包括干制肠衣和盐渍肠衣。

第二节 羊屠宰加工

一、肉羊屠宰加工流程

现行的肉羊屠宰国家标准有 GB 18393—2001《牛羊屠宰产品品质检验规程》，中国畜牧业协会也发布了团体标准 T/CAAA 035—2020《羊屠宰技术规程》，在羊肉分割方面，中华人民共和国农业部发布了 NY/T 1564—2007《羊肉分割技术规范》。中国北京、河北、吉林等地发布了羊肉屠宰检验的地方标准，如 DB11/T 288—2005《牛羊屠宰检疫技术规范》、DB13/T 963—2008《羊屠宰技术要求》、DB22/T 2740—2017《羊屠宰操作规程》。结合国标以及地方标准，肉羊屠宰加工流程如图 9–4。

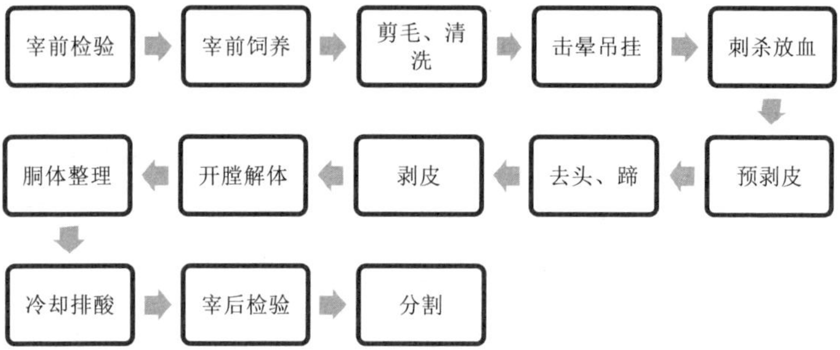

图 9–4　羊肉加工流程

二、屠宰前检验

宰前检验与管理是保证肉品卫生质量的重要环节之一，可分为验收检验、待宰检验和送宰检验三个部分。羊群由产地送到屠宰企业后进行验收检验，兽医人员应查验检疫合格证明，观察羊群的健康状况，清点肉羊的种类及数量，了解途中有无特殊情况发生等问题。经检验健康合格、符合卫生质量和商品规格的肉羊按正常工艺屠宰，对宰前检验有问题的肉羊应及时进行隔离，并作禁宰、急宰、缓宰等处理。

待宰检验的肉羊，需按照肉羊的产地、种类、批次等情况分圈分群进行 24 小时宰前饲养，以缓解羊群的路途疲劳。屠宰前的休息有利于放血和消除应激反应，提高羊的机体抵抗力，减少肌肉和肝脏中的微生物数量，减少羊体内的淤血现象，提高肉的品质。屠宰前 12 ～ 24 小时进行停食静养，供给 1% 的食盐水，保证正常生理机能的同时调节机体体温，促进粪便排泄，有利于放血，从而获得高质量的屠宰产品。为避免屠宰时胃内容物流出污染胴体，需在屠宰前 3 小时停止给水。

送宰检验主要检测肉羊的体温是否在正常范围（38.5℃～40.0℃），检验合格的羊由检验人员签发《宰前检验合格证》。屠宰前为防止肉羊体表的污物和微生物对肉质的影响，需进行剪毛、冲洗等准备工作，同时可以促进肉羊的血液循环，使放血彻底，提高肉的质量。

三、肉羊屠宰工艺过程

（一）致晕

屠宰前应用物理方法（如机械、电击）、化学方法（二氧化碳麻醉法），使肉羊在宰杀前短时间内处于昏迷状态，称为致昏，也叫击晕。目前电击致晕法是最常见也是最广泛的方式。击晕能够避免宰杀时因嚎叫、挣扎而消耗过多的糖原，使宰后肉尸保持较低的 pH 值，同时可减少待宰肉羊的应激反应，防止因恐怖和痛苦造成的血液剧烈流动集于肌肉内而致使放血不完全，以保证肉的品质，增强肉的储藏性。在一些少数民族地区，由于地方习惯采用活羊吊挂，直接割断喉咙和主要血管，使羊大量失血失去知觉而死。

（二）刺杀放血

肉羊击晕之后，将后腿吊挂在滑轮的套脚或者铁链上，经滑轨移动到放血处进行刺杀、放血。挂羊要迅速，从致晕到刺杀放血时间间隔不超过 1 分钟。刺杀放血方法有刺颈放血、切颈放血、心脏放血，刺杀放血的刀应至少准备两把，放血后清洗消毒，轮换使用。肉羊的倒悬放血时间为 5 ～ 6 分钟，一般情况下，家畜全身的血量不可能完全放尽，如果血液为肉羊活重 3.2%，则可判定放血效果良好。

（三）预剥皮

近年来，水平预剥工艺大大提升了剥皮效率，在水平状态下，进行预剥皮，完成后腿、前腿、胸部、肩部等部位的羊皮预剥，实现羊屠宰加工的流水线工作，应用十分广泛。

（四）去头、蹄

去头从枕关节将羊头割下，去蹄从腕关节切下前蹄，从跗关节处切下后蹄，割下的头和蹄统一编号放置指定容器上，便于检验。

（五）剥皮

传统的羊屠宰加工过程中，剥皮方式是从后腿开始，后腿吊挂淋血完毕后不再更换吊钩，工人使用相应的工具进行腹部、胸部和前腿的剥皮作业，然后用手扒开肋部附近的表皮并从背部将羊皮拉扯到臀部以下，这种方式效率极低且劳动强度大。目前大多数肉羊屠宰生产线采用机械剥皮，提升生产效率，减少对羊皮的破坏，减少经济损失。

（六）开膛解体

开膛处理需在剥皮后的 30 分钟内进行，保证脏器和肌肉的质量。首先割开颈部肌肉，分离气管和食管并将食管打结，防止胃内容物流出。沿腹中线划开腹壁膜至剑状软骨处，扯出直肠并伸入腹腔，按压胃部，抓住食管将白内脏取出，同时割下膀胱和生殖器。

取红内脏时应持刀紧贴胸腔内壁，切开膈肌，拉出气管，将心、肺、肝从胸腔中取出。开膛应保持各内脏完好，胴体内无残留内脏，将得到的内脏编号后放在指定容器上，便于检验。

肉羊开膛后进行劈半操作，先用刀将背部从上到下分开，称作描脊或划背，然后用电锯或砍刀沿脊柱正中将胴体劈为两半。

（七）胴体整理

将劈半胴体上残留的毛、血、皮块、粪便等污物和肉上的伤痕、斑点修整干净，保证胴体整洁卫生。

（八）排酸处理

修割、冲洗后的羊胴体应迅速冷却，让羊肉排空残余的血液以及大部分的体液，这个过程被称作冷却排酸。排酸间的温度为0℃～4℃，排酸时间不超过24小时。经过排酸的羊肉，血腥味和水分会变低，这样做的最大好处就是能够抑制微生物的生长繁殖，口感上也会更加鲜嫩，比起新鲜宰杀的热鲜肉更加安全。

四、宰后检验

宰后检验作为羊肉进入市场的最后一个质量控制关口，通过对胴体、脏器所呈现的病理变化和异常现象进行综合分析、判断，找出宰前检验中漏检的病畜并做相应的处理。

检验方法主要以感官检查和剖检为主，对胴体和脏器进行病理学诊断与处理。主要通过“视检”“剖检”“触检”和“嗅检”等方法来实现。一般分为头部、内脏及胴体三个基本检验环节。

羊头的检验主要检查皮肤、唇以及口腔黏膜，注意有无痘疮或者溃疡等病变。内脏检验需要注意各个器官外表的色泽、弹性是否正常，有无出血、充血、水肿、溃烂等病变，必要时剖开器官，检查有无结核、寄生虫、炎症变化。

胴体检验中最重要的是判定放血是否充分，放血不良的特征：肌肉颜色发暗，皮下静脉血液滞留。切开肌肉时，切面上可见到暗红色区域，挤压切面有少量血滴流出。如果胴体放血不良，则需进行细菌学检查，这是评价肉品卫生质量的重要指标。在判定胴体放血程度的同时，需检查皮肤、皮下组织、肌肉、脂肪、胸腹膜、骨骼（尤其是剖开脊椎骨骨盆及胸骨）、关节及腱鞘的状态，剖检具有代表性的淋巴结，注意可能发生的各种变化（出血、皮下和肌肉水肿、脓肿、蜂窝织炎、肿瘤、外伤、肌肉色泽异常、四肢病变等）。

胴体和内脏经过卫生检验之后，肉品正常，肉质良好，内脏正常，则准许食用，加盖“兽医检讫”后即可出场销售。

五、羊肉的分割

分割肉是指宰后经兽医卫生检验合格的胴体，按分割标准及不同部位肉的组织结构分割成不同规格的肉块，经冷却、包装后的加工肉。

羊肉各个部位的肌肉、脂肪、结缔组织以及骨骼的组成都有不同，这影响了可食用部位的数量，也影响肉的品质和风味，所以将胴体进行分割，便于进一步加工或供给消费者。羊胴体的分割方法有 2 段切块、5 块切块、6 块切块和 8 块切块等四种方法，其中 5 块切块和 8 块切块最为常用。在中华人民共和国农业部发布的 NY/T 1564—2007《羊肉分割技术规范》中羊肉分割为 9 个部分。贵州对羊肉的分割是根据羊的部位进行，共分为 7 个部分。具体分割方法如图 9-5 至 9-8 所示。

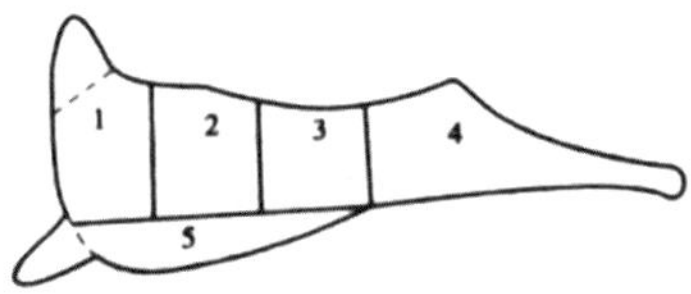

A.羊胴体的5块部分

1.肩颈肉 2.肋肉 3.腰肉 4.后腿肉 5.胸下肉

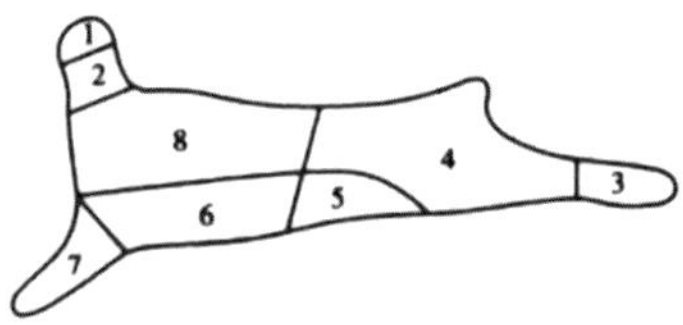

B.羊胴体的8块部分

1.血脖 2.颈 3.后小腿 4.腰腿部 5.下腹 6.胸 7.前小腿 8.肩背部

图 9-5 羊肉的常用分割方式

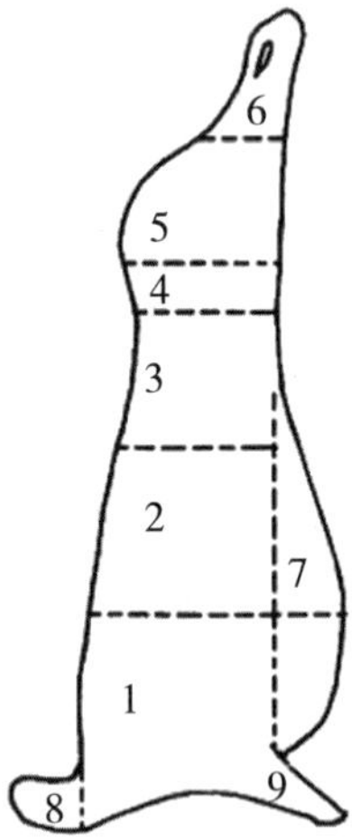

1.前1/4胴体（forequarter）
2.羊肋脊排（rack）
3.腰肉（loin）
4.臀腰肉（rump-booe on）
5.带臀腿（leg-chump on）
6.后腿腱（hind shank）
7.胸腹腩（breast and lap）
8.羊颈（neck）
9.羊前腱（fore shank）

图 9-6　羊胴体的分割方法

（来源：羊肉分割技术规范 NY/T 1564—2007）

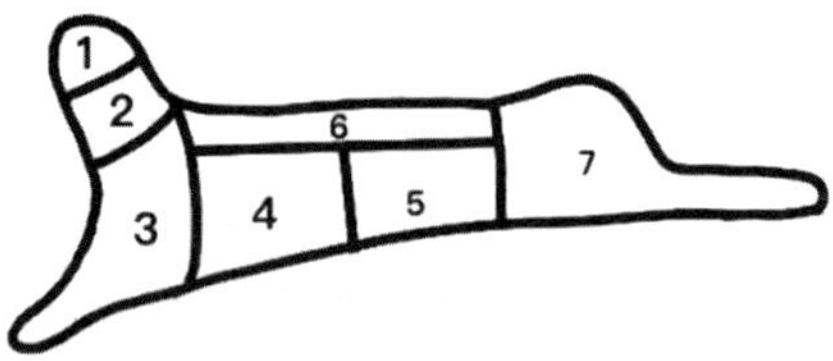

1.头肉　2.颈肉　3.前腿肉　4.肋肉

5.肚子肉　6.脊肉　7.后腿肉

图 9-7　贵州羊胴体分割方法

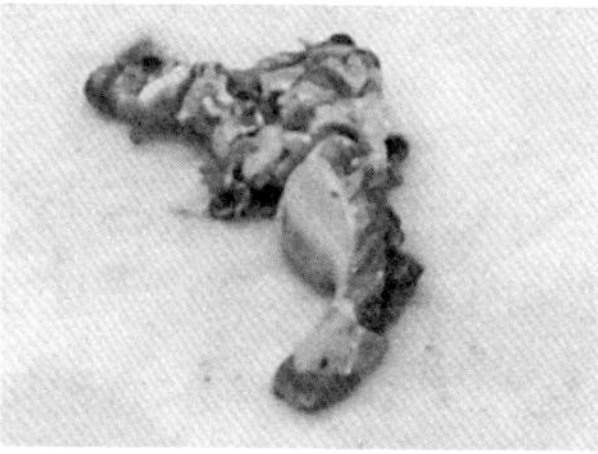

1. 头肉

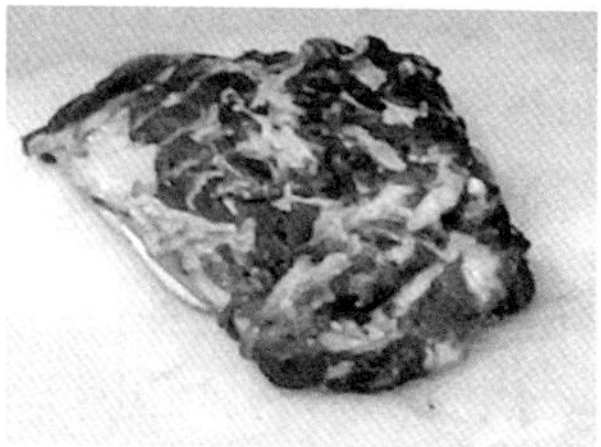

2. 颈肉

3. 前腿肉

4. 肋肉

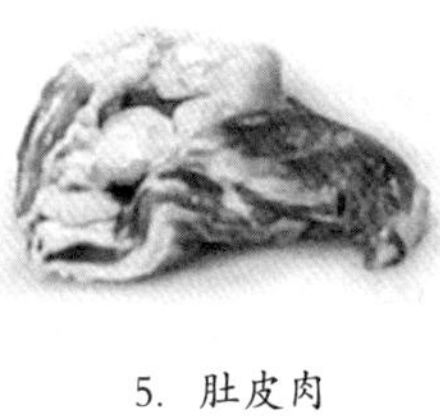

5. 肚皮肉

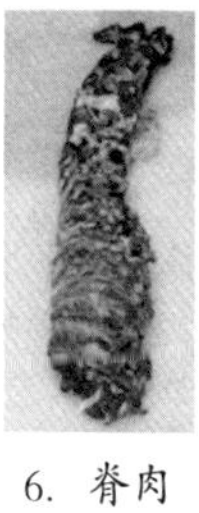

6. 脊肉

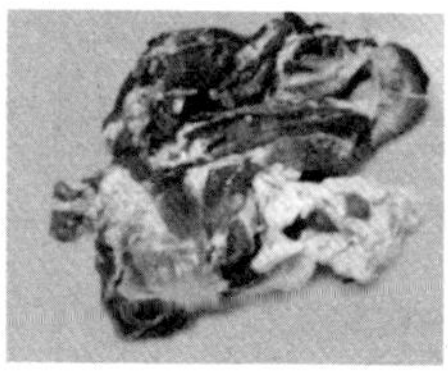

7. 后腿肉

图 9-8 贵州省羊胴体的分割

六、肉羊屠宰过程的 HACCP 控制

肉羊屠宰过程中 HACCP 体系有效保障产品的安全。肉类屠宰加工阶段的常见危害可以分为物理、化学和生物危害。物理的危害

是指在屠宰加工中的外来物质的污染，如头发、金属和灰尘等，也可指来自产品本身的物质例如毛发、碎骨头等。这些物理的危害通常是不能预期的，主要是由于操作不当或者不规范而引起。化学危害是指在羊肉屠宰加工过程中，不正当使用化学物质，羊肉本身的化学物质或者是加工中产生的化学物质，例如防腐剂、霉菌毒素和清洁剂等。生物危害是指在屠宰加工中微生物等产生了不利的影响，例如细菌、病毒和寄生虫等。

根据屠宰加工阶段的工艺流程，按各个阶段逐个进行详细的分析，列出各阶段中可能的物理、化学和生物危害。

表 9–3　肉羊屠宰加工过程危害分析表

流程节点	潜在危害	危害是否显著	判断依据	措施	是否为关键控制点
活羊检疫证明	无	否			否
宰前检验	生物：致病细菌 化学：残留兽药	是	肉羊可能携带致病的细菌病毒等危害人体健康，如口蹄疫、炭疽、羊痘	肉羊提供商需提供检疫合格证书、屠宰场检疫人员进行检疫，记录体温	是
停食	无	否			否
淋浴	生物：羊体携带细菌	是	羊体表面携带的细菌进入人体危害健康	利用合适水温和水压将羊体清洗干净	否
刺杀放血	生物：微生物污染	是	刺杀刀具可能携带细菌甚至是病羊身上的病毒交叉感染	对刺杀的刀具进行消毒处理，多把刺刀在消毒池内轮流使用	否

续表

流程节点	潜在危害	危害是否显著	判断依据	措施	是否为关键控制点
割头、蹄	无	否			否
剥皮	生物：微生物污染 物理：羊皮破损	否	羊皮上所带的微生物污染可能进入胴体	按照规定剥皮，减慢速度，保存羊皮完整	是
开膛去内脏	生物：微生物污染	是	内脏内的细菌微生物与胴体进行交叉感染	扎紧食道防止肠胃内的物体流出，保持内脏完整并与胴体分离	否
冲洗	生物：微生物污染	是	冲洗不彻底导致微生物污染	彻底冲洗，定时加入消毒剂	是
胴体检验	生物：微生物污染	是	携带微生物污染源	以观看检查为主，触摸为辅，进行病体排除，包括（1）观察体表有无病变和带毛情况（2）胸腹腔内有无炎症和肿瘤病变（3）有无寄生性病灶（4）触检髂下和肩前淋巴结有无异常	是
排酸	生物：微生物污染	是	温度的高低影响排酸品质，产生微生物污染	控制在0℃～4℃，湿度在85%～90%，排酸时间不超过24小时	是
剔骨分割	生物：微生物污染	是	工作人员和设备带来的污染	分割间温度低于12℃，分割时间不超过1小时，做好工作人员卫生	是

续表

流程节点	潜在危害	危害是否显著	判断依据	措施	是否为关键控制点
包装整理	化学：化学物质污染 物理：异常物质混入	是	包装材料中携带化学物质，危害健康，肉羊中混有异物如金属、碎骨头等	包装材料有书面合格文档，进行金属检测包装间温度低于12℃	是
速冻	生物：微生物污染	是	温度过高或过低都会影响羊肉质量	速冻库温度控制在-40℃～-28℃	是
冷藏	生物：微生物污染	是	温度过高或过低都会影响羊肉质量	-18℃冷冻	是

（来源：基于HACCP的新疆羊肉屠宰加工可追溯系统溯源信息分析）

七、羊肉应用

羊肉的不同部位也对应不同的食用方法。例如，颈部的肉结缔组织和筋膜较多，传统做法有红烧，做肉馅或丸子。肋肉肥瘦相间，肉质松软，可以通过烤、煎、蒸、焖、炖等多种烹饪方式制得鲜嫩多汁的美食。羊肚子肉（羊腩）带有韧性，肥厚而醇香，常用于清炖、红烧。脊肉作为羊肉最嫩的部位适合熘、炒、炸、煎等方式。前腿肉较嫩且肉质脆，后腿肉硬度适中，口感筋道，一般适合制作烤羊腿或者手抓羊肉。

羊肉的特色食品十分丰富。贵州腊羊肉是腌腊羊肉制品的代表，肉质紧密坚实、色泽红白分明、滋味咸鲜可口、风味独特。酱卤羊肉制品在四川、新疆、北京等地均有售卖，由新鲜羊肉水煮而成，具有酥软多汁、风味浓郁等特点。熏烤羊肉的主要代表有烟熏羊肉香肠、烤全羊、羊肉串等，具有色泽焦黄、表层酥脆、内层多汁等特点。干制羊肉制品备受人们的喜爱，主要代表有羊肉干、羊肉松、羊肉脯等，具有营养丰富、美味可口、体积小、质量小、食用方便、质地干燥、便于保存携带等特点。油炸羊肉制品以食用油为加热介质，高温烹饪，具有香气浓郁独特、表皮金黄酥脆、外焦里嫩等特点，主要代表有油炸羊肉丸、香酥炸羊肉等。发酵羊肉制品利用微生物发酵产生的各种物理化学变化形成特殊的风味和质地，滋味鲜美，主要代表有发酵香肠、羊肉火腿。羊肉除了做烹饪食品，还可以做成羊肉罐头、羊肉酱等方便携带的鲜美食品。

参考文献

[1] 陈溥言. 兽医传染病学：第6版[M]. 北京：中国农业出版社，2015.

[2] 陈怀涛. 牛羊病诊治彩色图谱：第2版[M]. 北京：中国农业出版社，2010.

[3] 程振涛，王开功，冯杰，等. 4种主要牛传染病的血清学调查[J]. 山地农业生物学报，2004(03)：220–223.

[4] 崔占利，张鸿雁，王彦杰. 农业微生物制剂生产和应用[M]. 长春：吉林大学出版社，2005.

[5] 成钢，曾文虎，李淑红，等. 湖区波杂山羊的收购、宰杀与加工[J]. 黑龙江畜牧兽医，2015(05)：100–102.

[6] 丁迪云，孙浩，陈卫东，等. 华南地区优良牧草种植模式调整[J]. 广东农业科学，2020，47(04)：114–121.

[7] 丁建南，王东升. 南方肉羊健康养殖技术[M]. 南昌：江西科学技术出版社，2018.

[8] 董宪兵，赵博，吴迪，等. HACCP体系在酱卤牛肉生产过程中应用[J]. 食品与发酵科技，2021，57(05)：122–126.

[9] 段永兰. 畜禽粪便生产生物有机肥的发酵技术和发展前景[J]. 湖北畜牧兽医，2011(02)：12–13.

[10] 冯定远 . 饲料加工及检测技术 [M]. 北京：中国农业出版社，2012.

[11] 葛诚，沈德龙，李俊 . 微生物肥料生产应用基础 [M]. 哈尔滨：黑龙江科学技术出版社，2000.

[12] 葛诚 . 微生物肥料的生产及应用技术 [M]. 北京：中国农业科学出版社，2000.

[13] 敦伟涛 . 肉羊 60 天育肥出栏技术 [M]. 北京：金盾出版社，2014.

[14] 郭楠，潘满，王子戡，等 . 我国羊屠宰加工关键技术装备现状及发展趋势 [J]. 肉类工业，2020(08)：27–31.

[15] 惠小洋，龙海霞，郭列娥，等 . 响应面试验优化牛皮膨化食品的制备工艺 [J]. 食品与发酵科技，2018，54(02)：30–35；2018，54(02)：91.

[16] 韩磊，王兵，李超，等 . 传统风味牛肉条的工艺研究 [J]. 肉类工业，2021(09)：9–11.

[17] 河北省畜牧业协会，石家庄市科学技术协会 . 新农村建设科技丛书：养羊技术 [M]. 石家庄：河北科学技术出版社，2015.

[18] 何光中，刘镜，杨忠诚，等 . 贵州本地品种肉牛生产雪花牛肉的试验研究 [J]. 黑龙江畜牧兽医，2015(03)：82–84.

[19] 韩志立 . 肉牛屠宰加工中影响牛肉品质的关键工序的探讨 [J]. 肉类工业，2017(09)：46–48.

[20] 金东航 . 牛病类症鉴别与诊治彩色图谱 [M]. 北京：化学工业出版社，2020.

[21] 姜勋平，丁家桐，杨利国，等 . 肉羊繁育新技术 [M]. 北京：中国农业科技出版社，1999.

[22] 贾慎修，祝廷成 . 中国饲用植物志 [M]. 北京：农业出版社，1987.

[23] 蒋培红，魏敬才 . 家庭养羊技术指南 [M]. 北京：中国农业大学出版社，2003.

[24] 孔健 . 农业微生物技术 [M]. 北京：化学工业出版社，2005.

[25] 刘兴明 . 南方草地开发利用现状及存在的问题 [J]. 养殖与饲料，2012(03)：79–82.

[26] 卢泰安 . 养羊技术指导：第 3 次修订版 [M]. 北京：金盾出版社，2005.

[27] 陆春美，崔秀明，王承萧，等 . 清真屠宰工艺对牛肉品质的影响机制研究 [J]. 食品科技，2017，42(07)：113–117.

[28] 刘丽丽 . 微生物肥料的生物学及生产技术 [M]. 北京：科学出版社，2005.

[29] 李凯伦，李鹏，王萍 . 牛羊疫病免疫诊断技术 [M]. 北京：中国农业大学出版社，2006.

[30] 刘森轩，崔昱清，王复龙，等 . 我国常见家畜胴体分割及分级技术发展 [J]. 肉类研究，2014，28(03)：18–24.

[31] 刘丹丹，吴子健，刘忠敏，等 . 滚揉方式对中式传统酱牛肉品质的影响 [J]. 肉类研究，2021，35(07)： 15–20.

[32] 李兴民 . 畜产品加工技术 [M]. 北京：化学工业出版，2006.
[33] 李敬，孙宝忠，李海鹏，等 . 我国牛皮加工增值途径探析 [J]. 黑龙江畜牧兽医，2016(19)：113–115.
[34] 刘登勇，魏法山，高娜，等 . 我国天然肠衣产业发展的影响因素和对策研究进展 [J]. 肉类研究，2017，31(01)：42–47.
[35] 刘艳军，张月强，于成鹏，等 . 畜禽粪便厌氧发酵产气特性研究 [J]. 现代农业科技 2021,18:174–176.
[36] 鲁鸿佩，孙爱华 . 临夏地区紫花苜蓿病虫害发生现状调查及其防治对策 [J]. 草业科学，2008，25(07)：130.
[37] 鲁速 . 牛骨胶原蛋白肽功效研究进展 [J]. 现代养生，2021，21 (14)：7–10.
[38] 娄玉杰，姚军虎 . 家畜饲养学 [M]. 北京：中国农业出版社，2009.
[39] 莫放，李强 . 繁殖母牛饲养管理技术 [M]. 北京：中国农业大学出版社，2011.
[40] 米晓丹，韩玲，余群力，等 . 牛皮与牛肉制火腿的原辅料配比及工艺优化 [J]. 食品与发酵科技，2018，54(01)：71–75；2018，54(01)：144.
[41] 潘耀谦,刘兴有,冯春花.牛传染性疾诊治彩色图谱[M].北京:中国农业出版社，2019.
[42] 潘满，王洪燕，李鑫熠，等 . 冷鲜羊肉屠宰加工工艺及关键因素分析 [J]. 包装与食品机械，2016，34(05)：69–72.

[43] 潘满，王洪燕，李鑫熠，等.冷鲜羊肉工业化屠宰加工生产初探[C].江苏无锡：2015 年国际包装与食品工程、农产品加工学术年会，2015.

[44] 潘周雄，夏先林，鲁文普，等.贵州黎平黄牛杂交改良初步研究[J].黄牛杂志，2005(06)：1–5.

[45] 全国畜牧总站，中国饲料工业协会，国家畜禽养殖废弃物资源化利用科技创新联盟.畜禽粪污资源化利用技术丛书：粪便好氧堆肥技术指南[M].北京：中国农业出版社，2018.

[46] 任继周.草地农业生态学[M].北京：中国农业出版社，1995.

[47] 肉羊技术体系营养与饲料功能研究室.肉牛饲养实用技术[M].北京：中国农业科学技术出版社，2009.

[48] 沈思远，王大会，安清明，等.思南牛遗传资源保护选育和改良利用的问题和对策[J].中国牛业科学，2020，46(03)：56–58.

[49] 石灿全.榕江小香羊的越冬饲养管理[J].贵州畜牧兽医，2021，45(04)：35–36.

[50] 宋德荣，周大荣，彭华，等.贵州黑马羊生长发育研究[J].中国农学通报，2013，29(35)：29–33.

[51] 宋德荣，彭华，周礼扬，等.毕节无角黑山羊调查[J].贵州畜牧兽医，2007(02)：9–10.

[52] 史崇颖，何跃军，田洋，等.HACCP 体系在肉牛屠宰及冷却肉加工中的应用[J].肉类研究，2011(07)：41–44.

[53] 王恬，王成章.饲料学[M].北京：中国农业出版社，2018.

[54] 王健，麻小凤 . 规模化羊场粪污资源化利用好氧生物发酵处理技术 [J]. 畜牧兽医杂志，2018，37(04)：84–85.

[55] 王佳 . 中国肉牛屠宰加工企业生产现状及消费者对重组调理牛排态度的调查 [D]. 泰安：山东农业大学，2017.

[56] 王晓佳 . 屠宰前处理对肉牛胴体和肉质的影响 [J]. 畜牧产业，2020(12)：73–75.

[57] 王喆，张慧，丁原春 . 牛肉的初步加工和胴体评定 [J]. 饲料博览，2017(06)：57.

[58] 王喜英，赵辉 . 贵州白山羊产业发展中存在的问题及对策 [J]. 湖北畜牧兽医，2021，42(05)：36–38.

[59] 王伦兴，张洪礼，陈德琴，等 . 黔北麻羊不同部位肌肉挥发性风味物质分析 [J]. 肉类研究，2021，35(01)：47–52.

[60] 吴雪，易鸣，程朝友，等 . 威宁绵羊 GHR 基因克隆及组织表达 [J]. 基因组学与应用生物学，2019，38(01)：1–6.

[61] 王永 . 羊良种引种指导 [M]. 北京：金盾出版社，2004.

[62] 王建平，刘宁 . 生态肉牛规模化养殖技术 [M]. 北京：化学工业出版社，2014.

[63] 王建辰，曹光荣 . 羊病学 [M]. 北京：中国农业出版社，2002.

[64] 谢玉保 . 苜蓿的播种、田间管理及利用方式 [J]. 种植与环境，2013(01)：208.

[65] 夏广金 . 肉制品加工 [M]. 北京：化学工业出版社，2003.

[66] 徐风花，孙冬梅，宋金柱 . 微生物制品技术及应用 [M]. 北京：化学工业出版社，2007.

[67] 徐鹏翔，杨军香，李季．畜禽粪便堆肥工艺与控制参数[J]. 畜牧业环境，2018(01)：33-37.

[68] 谢应才．贵州本地黄牛产肉性能与肉质营养特性研究[D]. 贵阳：贵州大学，2008.

[69] 许厚强．贵州省地方畜禽遗传资源志[M]. 北京：中国农业出版社出版，2019.

[70] 徐丽娜，张佳烨，马阳阳，等．肉牛屠宰过程中微生物污染与防控技术研究[J]. 安徽农业科学，2018，46(30)：190-191；2018，46(30)：225.

[71] 颜艾，王开功，文明，等．贵州地区部分羊场主要疫病的流行情况调查[J]. 畜牧与兽医，2011，43(09)：73-75.

[72] 杨宗禄，梁正文，陶林，等．贵州白水牛品种资源介绍与开发利用[J]. 畜牧与饲料科学，2014，35(10)：33-35.

[73] 杨光，陈小玲，崔玉林，等．贵州白山羊品种资源调查报告[J]. 草业与畜牧，2013(02)：32-34.

[74] 杨宗禄，梁正文，陶林，等．贵州白水牛品种资源介绍与开发利用[J]. 畜牧与饲料科学，2014，35(10)：33-35.

[75] 杨雪，刘翰扬，朱佳文，等．畜禽粪污处理与利用的综合模式[J]. 中国畜牧业，2021(05)：42-43.

[76] 杨雪，张麟，吴永胜，等．羊粪堆肥技术介绍[J]. 四川畜牧兽医，2020，47(05)：41-42.

[77] 杨子姗，李憬，郑锦玲，等．西南地区肉牛产业区域比较优势分析[J]. 云南农业大学学报(社会科学)，2021，15(05)：78-84.

[78] 叶树良 . 肉牛屠宰加工研究 [J]. 肉类工业，2013(02)：26–28.
[79] 严佩峰，邢淑婕 . 畜产品加工 [M]. 重庆：重庆大学出版社，2007.
[80] 张京京，李志刚 . 基于 HACCP 的新疆羊肉屠宰加工可追溯系统溯源信息分析 [J]. 食品工业，2016(10)：5.
[81] 周景明，刘海燕 . 畜产品水产品安全消费问答 [M]. 北京：金盾出版社，2012.
[82] 张彬 . 林间山地黑山羊养殖技术（修订版）[M]. 长沙：湖南科学技术出版社，2018.
[83] 周迪，李俊，李平，等 . 贵州关岭牛、安格斯牛和贵州关岭牛 × 西门塔尔杂交牛肉品质分析研究 [J]. 黑龙江畜牧兽医，2020(24)：49–52.
[84] 张纯新，刘镜 . 威宁牛及其杂交牛生产性能的比较研究 [J]. 黑龙江动物繁殖，2015，23(06)：3–7.
[85] 张麟，徐龙鑫，刘镜，等 . 贵州水牛遗传资源研究及开发利用现状 [J]. 贵州畜牧兽医，2017，41(05)：25–27.
[86] 张林鑫，黄波，陈浩林，等 . 贵州黑山羊不同泌乳阶段乳成分及其相关性分析 [J]. 黑龙江畜牧兽医，2021(08)：42–44.
[87] 张瑜，严琳玲，虞道耿，等 . 柱花草种质抗寒性评价与筛选 [J]. 热带作物学报，2018，39(10)：1887–1892.
[88] 赵有璋 . 羊生产学：第 3 版 [M]. 北京：中国农业出版社，2011.
[89] 张英杰 . 羊生产学 [M]. 北京：中国农业大学出版社，2010.
[90] 张乃峰 . 新编羊饲料配方 600 例 [M]. 化学工业出版社，2010.

[91] 中华人民共和国农业部. 中国肉羊饲养标准：NY/T 816—2004 [S]. 北京：中国农业出版社，2004.
[92] 中华人民共和国农业部. 肉牛饲养标准：NY/T 815—2004 [S]. 北京：中国农业出版社，2004.
[93] 张佳，徐艳，霍晓伟，等. 肉牛屠宰工序微生物污染状况分析和喷淋减菌技术 [J]. 食品与发酵工业，2011，37(10)：209-213.
[94] 郑献进，王金明，黄玮. 中国肉牛产业链分析及肉牛企业发展探讨 [J]. 中国牛业科学，2021，47(02)：50-53；2021，47(02)：64.
[95] 国家卫生和计划生育委员会，国家食品药品监督管理总局. 食品安全国家标准 畜禽屠宰加工卫生规范：GB 12694—2016 [S]. 北京：中国标准出版社，2016.
[96] 国家市场监督管理总局，国家标准化管理委员会. 畜禽屠宰操作规程牛：GB/T 19477—2018 [S]. 北京：中国标准出版社，2019.
[97] 吉林省质量技术监督局. 羊屠宰操作规程：DB 22/T 2740—2017 [S]. 2017.
[98] 国家质量监督检验检疫总局. 牛羊屠宰产品品质检验规程：GB 18393—2001 [S]. 北京：中国标准出版社，2001.
[99] 中华人民共和国农业部. 羊肉分割技术规范：NY/T1564—2007 [S]. 2007.

［100］中国畜牧业协会 . 羊屠宰技术规程：T/CAAA035—2020 [S]. 2020.

［101］河北省质量技术监督局 . 羊屠宰技术要求：DB13/T963—2008 [S]. 2008.

［102］国家标准化管理委员会，国家市场监督管理总局 . 口蹄疫诊断技术：GB/T 18935—2018 [S]. 北京：中国标准出版社，2018.

［103］国家质量监督检验检疫总局，国家标准化管理委员会 . 小反刍兽疫诊断技术：GB/T 27982—2011 [S]. 北京：中国标准出版社，2011.

［104］国家质量监督检验检疫总局 . 绵羊痘和山羊痘检疫技术规范：SN/T 2452—2010 [S]. 2010.

［105］国家标准化管理委员会，国家市场监督管理总局 . 牛结节性皮肤病诊断技术：GB/T 39602—2020 [S]. 北京：中国标准出版社，2020.

［106］国家标准化管理委员会，国家市场监督管理总局 . 牛病毒性腹泻 / 粘膜病诊断技术规范：GB/T 18637—2018 [S]. 北京：中国标准出版社，2018.

［107］国家市场监督管理总局，国家标准化管理委员会 . 动物结核病诊断技术：GB/T 18645—2020 [S]. 北京：中国标准出版社，2020.

[108] 国家质量监督检验检疫总局，国家标准化管理委员会. 动物布鲁氏菌病诊断技术：GB/T 18646—2018 [S]. 北京：中国标准出版社，2018.

[109] 北京市质量管理监督局. 牛羊屠宰检疫技术规范：DB11/T 288—2005[S].2005.

[110] ALEMU B，GARI G，LIBEAU G，et al. Molecular detection and phylogenetic analysis of Peste des petits ruminants virus circulating in small ruminants in eastern Amhara region，Ethiopia[J]. Bmc Veterinary Research，2019，15(1): 84.

[111] AFRC (Agricultural and Food Research Council). Energy and protein requirements for ruminants[M]. Wallingford：CAB International，1993.

[112] BLOWEY R，WEAVER D. Color Atlas of Diseases and Disorders of Cattle，3rd edition[M]. London: Mosby Elsevier Ltd，2011.

[113] MATTHEWS J. Diseases of the goat: 4th edition[M]. Chichester: John Wiley & Sons Limited，2016.

[114] NRC (National Research Council). Nutrient requirements of small ruminants: sheep，goats，cervids，and new world camelids[M]. Washington：The National Academy Press，USA. 2007.

[115] SCOTT P R，PENNY C D，MACRAE A I. Cattle Medicine[M]. London：Manson Publishing Ltd，2011.

[116] SIMON F P，THOMAS J D. Rebhun’s diseases of dairy cattle：3rd edition[M]. St. Louis: Elsevier，2018.